政商现形记

清朝的
权力、贸易与商帮

袁灿兴 著

岳麓书社 ·长沙

《广州城珠江滩景图》（局部）　大英图书馆藏

《姑苏繁华图》（局部） ［清］ 徐扬

太史餅
狀元糕

《采茶 · 种茶 · 制茶 · 贸易图》（局部，约绘制于 18 世纪 ）

《采茶 · 种茶 · 制茶 · 贸易图》（局部，约绘制于 18 世纪 ）

《长崎港南京贸易绘图》（局部）

日本德川幕府实行“锁国”政策，只允许中国船只到长崎港贸易。这幅长卷描绘了中国人在长崎港的商贸活动。

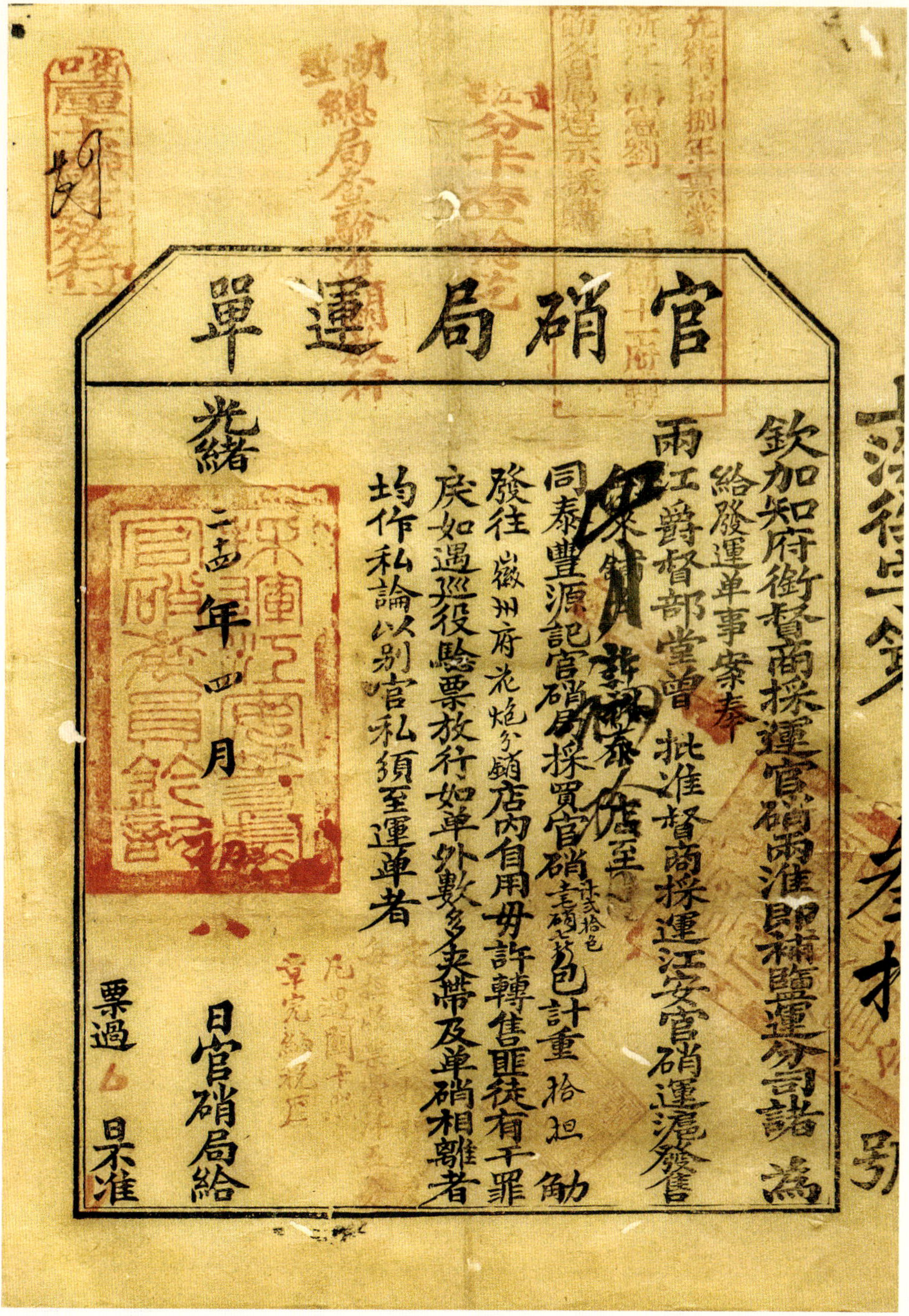

两淮盐运分司给徽商许裕泰的“官硝局运单”

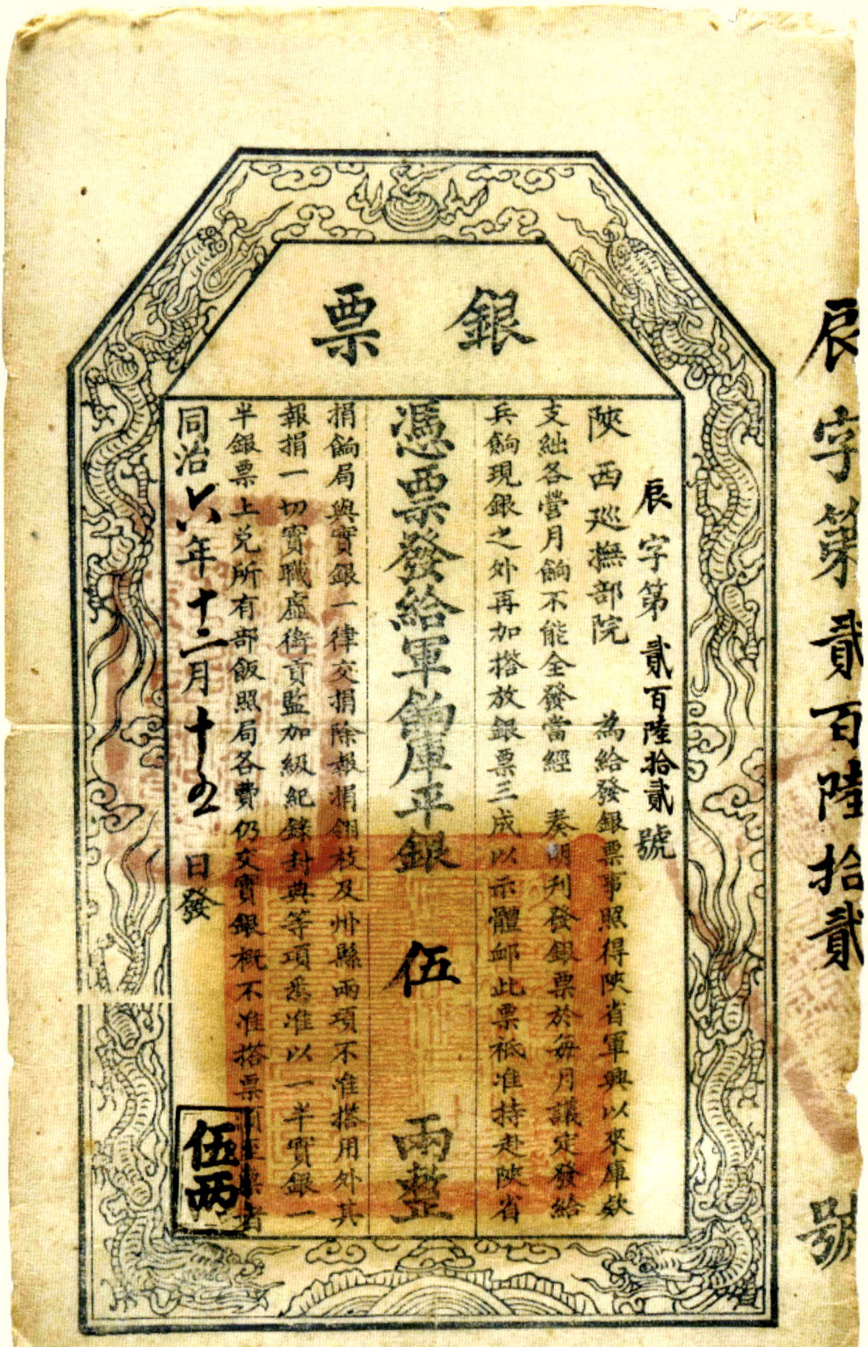

清代银票

自 序

本书的写作，始于本人在北京大学光华管理学院及其他各种场合的授课中，与企业家们聊天互动时的启发感悟。内容主要围绕清代三大商帮，即从事对外贸易的广州十三行行商、从事两淮盐业贸易的徽商、从事口外贸易的晋商展开，通过讲述三大商帮的兴衰，揭示权力对商业的影响。

在写作过程中，本人发现三大商帮在政商关系上各具特点。如晋商形成“游离”型的政商关系，主要在口外从事对蒙古各部、俄罗斯及中亚的贸易，承担了清廷“以商制夷”的任务。行商则是清廷操控下的“傀儡”，每个行商商名都冠以“官”字，代表清廷处理外交、商业事务，奈何他们只是傀儡，随时会被权力摧残，甚至破门灭户。至于徽商，则形成了“依附”型的政商关系，通过大量的捐输，甚至直通皇权，可这种政商关系，也不能使他们常保富贵。

事实上，在权力与市场之间，清代统治者常根据战略目标的不同而采取不同的措施，其核心则是以权力控制市场。以十三行为例，清廷表面上将外贸、外交的权力交给了行商等商业力量，却从各个领域对市场加以控制、对行商加以盘剥。当行商奄奄一息时，清廷既未给予扶持，又强行干涉行商对洋商的借贷。清廷认为其拖欠洋商款项，有损朝廷颜面，遂将欠款行商抓捕流放，没收家产。虽然权力强行干涉市场的运行，但有时也不得不对市场让步。如清廷初始规定，行商不许向外商借贷，可行商走投无路时只能向洋商借贷，清廷只得许可。很多权力意志操作下的措施，在具体市场操作中，根本无法执行，最终成为一纸空文。

再以两淮盐业贸易为例，食盐来自自然，储量丰富，本可以低廉的价格满足所有人的需要。清廷对各处食盐征收税额之后，再交由盐商垄断销售，在生产、运输、销售的各个环节都会产生浮费，官方又对盐商持续加以盘剥，最终导致食盐价格高昂。商人投奔了权力，通过依附权力，结成了政商联盟，再通过盐斤加价等方式，将盐业贸易中产生的各类费用转嫁给普通民众。而食盐的暴利，自然会引发体制外力量的介入与冲击，进而大量私盐充斥市场，挑战权力者制定的不合理规则。于是，普通民众选择了私盐，导致官盐滞销，盐税拖欠，国库匮乏。有清一代，在盐业上虽有各种改革，对盐商也有各类补贴照顾，可利润最为丰厚的盐业，恰恰如同一个无底巨坑，吞噬了一波波盐商。盐业的问题，始终是一个死结，除非官方放弃对暴利的追求，打破垄断，让盐在市场自由流动，不然终究无法解决问题。

到了近代，则出现了新的买办集团，他们虽然脱胎于行商，但与往日的商人不同，他们的财富来自对外贸易；他们懂外语，接触过西方文化，有新式思维，具有自身的独立性。当清廷借重他们开办洋务企业时，形成了买办们所期待的“合作”型政商关系。虽然双方一度在表面上达成“官商一体”，可相关的法律等规章制度没有确立，产权、股权得不到保证，政策缺乏持续性与稳定性，权力随时可以干预市场。待商人入股，企业办好后，常常成为官方随时可以夺取的肥肉。蜜月终究短暂，权力的肆无忌惮，将买办们商业强国的梦想击破。此后出现的东南绅商集团，已经认识到清廷成为中国发展的最大阻力，开始叛离，最后与北洋军头们结成同盟，致使清廷退出历史舞台，走向共和。

这本书的写作，前后耗时三年，参考了大量中外资料，做了许多归纳、整理、比对的工作，导致原本的出版计划一再推迟。在与编辑的沟通交流中，笔者再三调整全书结构，大幅削减、增补内容，希望能以缜密的逻辑、清晰的线条，再现清代商帮沉浮的历史脉络，并总结出不同的政商关系及其影响。

长期的写作过程，是极为消耗心神的，但我沉浸其中。自己一路写来，也是无限感慨，更有无限神伤。写作于我而言，也是一种心灵的庇护，让我对亲人的思念，不再那么痛苦。

谨以此书献给我挚爱的妈妈——黄书琴。

灿兴

2025 年 3 月 3 日

目录

第一章

从海禁到开海：清代为何未能拓殖海外？

对于清代，后世存在颇多指责，如重农抑商、海禁、闭关锁国、以重税盘剥民间等。揆诸历史，却可以发现，清廷对于商业非常重视，所征的税赋并不是特别重，而海禁主要是为了封锁郑氏集团。正是商业促进的流动性、海外贸易带来的天量白银、轻徭薄赋稳定民间等效应，使得清廷能以较高的效率维持近300年统治。

海禁本质：一场对郑氏集团的贸易战

明末之际，世界已进入全球化的时代。在中国的南方，明廷正面临着荷兰人与中国海盗的不断挑衅；而在北方，后金迅速崛起，导致“天下兵聚辽东”。明廷左支右绌，为称雄于东南海上的郑芝龙集团提供了“洗白”的机会。崇祯元年（1628），郑芝龙接受明廷招抚，具备了官方身份，被明廷作为对抗荷兰人的力量。

郑芝龙奠定了郑氏海上集团的商贸模式，其商业架构分为陆商和海商。陆商设在杭州等地，负责采购货物，交给海商。海商设在厦门及附近，其任务是将货物贩运到日本、中国台湾、马尼拉及南洋等地出售。其他海商向郑氏集团缴税后，领取令旗，据此可以航海贸易，无郑氏令旗者不能来往。经由海上贸易，郑芝龙积累巨额财富，富可敌国，“每舶例入三千金，岁入千万计”。

南明弘光朝廷覆灭后，隆武小朝廷在福州成立，隆武帝被架空，郑芝龙操控一切。顺治三年（1646）八月，清征南大将军贝勒博洛攻占浙江，接着向福建进军。郑芝龙无心抵抗，主动放弃仙霞关关隘，清军不战而占据入闽要道。八月二十八日，隆武帝朱聿键在汀州遇害。十一月，郑芝龙准备至福州向清军投降，临行前召儿子郑成功同行，郑成功不从。郑芝龙投降后被清军扣留，送至北京长期软禁，郑氏集团的军事力量由此出现分化，除部分降清外，其余各部随抗清力量出走海上，其中郑鸿逵据金门，郑彩、郑联据厦门，陈豹据南澳，朱寿据铜山。

此年，郑成功于安平起兵，手下不过 90 余人，且没有银钱，恰好郑氏有一艘船从日本贸易归来，郑成功将船上的十万两白银夺取，用来招兵制械，于是从者日众。此后郑成功转战闽南、粤东，势力不断扩大。郑成功海上集团，主力是南郎、北郎。南郎，主要是福建、广东人，多为郑芝龙旧部。北郎乃江浙人及北方巨盗、逃兵等，人数达数十万。

1649 年，郑成功改奉南明永历为正朔。第二年攻入厦门，伏杀郑联。1651 年，郑成功奉旨勤王，出兵粤东，清军乘机攻占厦门，俘获金银钱谷不可胜数。郑成功当即回师，收复厦门。

1651 年，考虑到所部士卒繁多，所占地方狭窄，且“器械未备，粮饷不足”，郑成功与将领会商对策。参军冯澄世提出，应当发展海外贸易，开拓财源，增强军备。于是郑成功令郑泰主管海外贸易，洪旭辅佐，营造海船，至东西两洋贸易。郑成功崛起后，其叔郑鸿逵也将属下兵卒船只全数移交给郑成功，郑氏集团重新统一。此时的郑氏集团占据了厦门、金门、安平、铜山、南澳等沿海据点，兵力雄厚，纵横于东南海上。

在声势浩大的大陆攻势之前，郑成功为了调度军需及军饷，向日本及东南亚各地，派遣了大量船只前去贸易。1653 年，在给荷兰驻台湾长官尼古拉斯·费尔堡的一封书信中，郑成功谈及："数年来，我对满洲人的战争非常困难，迫切需要补充各类物资，所以要开展对暹罗、日本东京以及其他地方的贸易。"1655年，郑成功从中国沿海派遣船只24艘出海贸易，七艘前往巴达维亚（即今雅加达），两艘前往东京，十艘前往暹罗，四艘前往广南（越南），一艘前往马尼拉。①

此一时期，郑成功凭借庞大的海上力量，控制东南沿海贸易。凡商船出海，需领取牌照，每年一换，在海洋上享受郑氏集团的保护。如果船只无牌或是旧牌，被郑氏船只查到，则没收船货，拿解船主、舵工。因为照牌具有相当高的含金量，郑成功资助在日本的同母弟田川七左卫门时，给了他十张照牌，每张值银五百两。②唯恐乃弟不知牌照的价值，郑成功不忘嘱咐："客商请给，须照额输纳，吾弟受其实惠，方可给与。"③

顺治十四年（1657）九月，永历帝接见郑成功的使者杨廷世、刘九皋，询问郑成功兵船钱粮情况。二人回道："舳舻千艘，战将数百员，雄兵二十余万。粮饷虽就地设取，尚有吕宋、日本、暹罗、咬嚁吧、东京、交趾等国洋船可以充继。"④可见，郑

① ［日］岩生成一：《郑成功の一书翰について》，《法政史学》1967年第17卷。

② 之所以姓田川，因郑芝龙将次子过继给妻子田川氏娘家。

③ ［日］太田南亩：《一话一言》卷42，转引自张菼：《关于台湾郑氏的"牌饷"》，《台湾文献》卷19第2期。

④ ［清］江日昇：《台湾外记》，福建人民出版社1983年版，第138页。

氏集团人数众多，需要巨量粮饷，而其所控制的陆地区域有限，在征派、屯田之外，主要依赖于海上商业贸易以获取军饷及各类军需物资，这有别于依靠传统地丁银供养的清廷军队。1661年，荷兰人樊·吕克就曾记录："有两艘中国人在此新修的大帆船，主要载着米、干食品、硝石、硫磺、铅和锡等，也驶往中国沿海去。"[①]

当时，东南亚地区的华人被本国视为弃民，在海外备受殖民地当局的欺压，在马尼拉甚至曾发生过两次屠杀华人的事件。此时郑成功强大的海上力量为海外华人提供了保护与支持，而海外华人也成为郑氏集团开拓商业的有力臂助。1655年，郑成功下达"马尼拉禁令"，限制商船前去马尼拉贸易。禁令直接影响到了马尼拉贸易，迫使西班牙殖民者与郑成功谈判，方才解除禁令。1656年，郑成功颁发针对荷兰的禁令，禁止商船前往巴达维亚、大员（今中国台湾台南一带）等地贸易。荷兰人遣船至广州，希望能与清廷开展贸易合作，却被清廷拒绝。1657年，在荷兰人作出妥协后，郑成功解除禁令，恢复与荷兰人贸易。

可以设想，如果当时郑成功将强大的海上力量投放到海外，经营南洋，则可以自成天地，但郑成功延续王朝思维，将他的主要力量投入到大陆争霸战中。顺治十五年（1658）夏，郑成功领兵出征，船队抵达羊山（今浙江舟山大洋山岛），遭遇飓风，损

① 厦门大学郑成功历史调查研究组：《郑成功收复台湾史料选编》，福建人民出版社1962年版，第210页。

失惨重。

顺治十六年（1659），郑成功再次从闽南率领大军沿海北上，转入长江西进，进攻南京。在镇江城外，郑成功以铁甲兵大破清军骑兵，此后全军进逼南京城下。在南京城外，郑成功未发动攻势，准备长期围城，逼迫城内清军投降。不过清军突然发动反击，郑成功大军战死数万人，狼狈退回厦门。

1660年，清军大举进攻厦门，双方在海陆爆发大战。此番作战，清军凑出了上千艘战船，由投降的施琅等将领带路。双方在海上展开决战，清军先胜后败，在陆地上的清军也遭到大败。此战郑成功拼死一搏，取得胜绩，但局面并未改善。永历小朝廷退入缅甸，陆地上的反清力量已极为薄弱，厦门四面受敌，岌岌可危，郑成功迫切需要另寻基地。荷兰人盘踞的台湾，成为郑成功的不二选择。

顺治十八年（1661）二月，郑成功带领大军从厦门出发，前往金门驻扎，整修船只，等待风信。三月十日，大军至金门料罗湾，郑成功祭江誓师，船队出发。四月初一日黎明，郑成功舰队抵达台湾鹿耳门外海。此时荷兰在台湾有两大要塞，一为位于大员的安平古堡，二为位于台江内陆的赤崁城（今台湾台南一带）。面对郑成功大军，荷兰人自知兵力薄弱，于是退入堡垒中固守。赤崁城的荷兰人在被围困之后，向郑成功投降；安平古堡中的荷兰人则依靠坚固的堡垒困守了将近九个月方才投降。郑成功收复台湾之后不久去世，郑氏集团内部虽有纷乱，仍然称雄于大海之上。

清廷入主中原之后，经过不断征战，将其势力扩展到了南方。在福建、广东、云南三省，清廷将应对南明朝廷、郑氏集团的军事任务交给了三大藩王。在其他地域，清廷强化统治，维持社会稳定，恢复国力，征收财赋，力量不断扩张，统治更加稳固。郑氏集团的存在，对清廷是最大的威胁，其所掌控的海洋力量，能通过水路迅速突破防线，使清军难以设防。

从顺治九年（1652）开始，清廷多次招抚郑氏集团。1654年，郑成功在福建安海接受顺治帝敕谕。虽然郑成功并没有剃发以示归顺，但清廷认为大局已定，于是将驻扎在福建的八旗军回撤。但清廷的招抚政策最终以失败告终，此年十二月，清廷派出大兵征剿郑氏集团。

顺治十二年（1655），闽浙总督屯泰（佟岱）进入浙江、福建后，秘密调查郑氏集团的商业来源。屯泰查出内陆暗中运输出海的货物有丝绸、香料、中药、油、钉、铁、铜、锡等。他认为，郑氏集团能够维持其强大力量的原因在于内地有商民暗中采购各类货物，“互相接济，遂得肆其猖狂”。此年六月，屯泰请求朝廷于沿海各省施行海禁，“无许片帆入海”，是为清朝申严海禁之始。

顺治十三年（1656），郑成功部将黄梧降清，揭发郑成功有山、海两路，各设五大商，行财射利，“在京师、苏、杭、山东等处，经营财货，以济其用，当察出收拿”。如1657年一艘来自郑氏集团重400吨的船只，由厦门抵达巴达维亚，船上装有大量的铜、金、丝、唐纸、瓷器、茶叶、酒以及各类杂货。[1]郑氏集团借助海外贸易获得巨大利润，维持着庞大的军力，在与清廷的征战中，竟然不落下风，乃至可以频频主动出击。

黄梧提出了“剿灭郑逆五策”，其中最毒辣的一策是，建议将山东至广东沿海居民全部内迁，寸板不许下水，彻底截断郑氏集团的财政来源，这便是日后清廷所推行的“迁界令”。黄梧又建议挖掘郑家祖坟，此举深为郑氏所痛恨。至三藩之乱时，郑经曾一度率军攻取福建沿海地区。康熙十四年（1675）十月，郑经攻取漳州后，派人挖开黄梧坟墓，车裂并枭首黄梧的尸体。

芒刺在背，不能不拔。为削弱郑氏集团，顺治十三年（1656）六月，清廷正式颁布《申严海禁敕谕》，山东、江南、浙江、福建、广东沿海各地，严禁商民船只私自出海。有与郑氏贸易者，一经查出，“即将贸易之人，不论官民，俱行奏闻处斩，货物入官，本犯家产尽给告发之人”[2]。

为了推行海禁，此年清军放弃舟山，毁城迁民，焚毁房屋，唯恐不尽。[3]但海禁效果一般，沿海商民继续将内地各项物资暗

① [日] 岩生成一：《郑成功の一书翰について》，《法政史学》1967 年第 17 卷。

② 厦门大学台湾研究所、中国第一历史档案馆编辑部：《郑成功档案史料选辑》，福建人民出版社 1985 年版，第 169 页。

③ 顺治十二年（1655），清廷下令，海船必须持有执照方可出洋，违规造两桅以上大船，携带违禁货物出洋贸易者，交刑部分别治罪，但此时海禁政策执行并不严格。

中偷运出海，“一切应用之物，俱恣行贩卖，供送海逆”[①]。

顺治十八年（1661）八月，由于此前的海禁并未奏效，清廷颁布更为严苛的“迁界令”，令江南、浙江、福建、广东沿海居民分别内迁30至50里，商船、民船一律不准入海，广东地区曾连续内迁三次。[②]1670年，据英国人记录：“（英国商船）在中国之诸港口时常受到严重之监视，甚至于既无货物输入，亦无货物输出。且沿海有一条似长城之防线，每隔五小时路程有一座碉堡。”

康熙元年（1662）五月，郑成功逝世后，为争夺郑氏集团的控制权，郑氏内部爆发冲突，郑成功长子郑经最终胜出。此年一支由12艘船、1200余名士兵组成的荷兰舰队从巴达维亚出发，至福建联系靖南王耿继茂，表示愿意剿灭郑氏集团。荷兰人久候北京的回复不至，担心误过季风，于次年3月返航巴达维亚。1663年7月，由17艘战舰组成的荷兰舰队抵达福建闽安镇，愿出兵为清军助攻郑经占领的厦门。10月，在荷兰舰队支持下，清军攻下厦门，战后荷兰人得以在乌沙港进行贸易。战后清廷暂停用兵，且对追求“自由开放贸易”的荷兰人防范极重，而荷兰人则急于攻占台湾，由此双方产生分歧。

① 厦门大学台湾研究所、中国第一历史档案馆编辑部：《郑成功档案史料选辑》，福建人民出版社1985年版，第393页。

② 顺治十二年、顺治十三年、康熙元年、康熙四年、康熙十四年，五次颁布禁海令。顺治十七年、康熙元年、康熙十七年，三次颁布迁界令。

康熙二年（1663）十月，清廷乘郑经丧失金门、厦门之机，试图加以招安。谈判时，郑经坚持参照朝鲜之例，保持双方关系，“若欲削发登岸，虽死不允”。此时海禁的效果渐渐体现，直接影响了郑氏集团的战力与内政。据《闽海纪要》记载，“时（郑）经因迁界，外给不至，而军需迫切，民苦征役”[①]。康熙三年（1664）正月，郑经驻守铜山，由于粮草匮乏，不得不退往台湾。

就在郑氏集团遭受海禁之苦时，荷兰人又前来报复。1663年6月，荷兰舰队入侵，曾一度占领澎湖列岛。1664年，荷兰人再次进犯澎湖列岛，并占领基隆。清荷双方组成联合舰队，准备攻打台湾，舟师行至洋面，骤起飓风，方才折返。1666年，郑经遣军反攻基隆，但未能驱逐荷兰人。

海禁与迁界令的推行，予郑氏集团以沉重打击。郑氏集团依赖海洋贸易得以维持庞大的军事体系，而海洋贸易的货物，如丝绸、瓷器、中药材等，主要来自大陆出产，其所占据的台湾本身可供出口的物品，除了蔗糖、鹿皮之外，相对匮乏。

康熙六年（1667），一艘郑氏商船前往日本长崎贸易，因飓风漂流到济州岛（今为韩国第一大岛）。商船首领林寅观自述，船上装载白糖、冰糖20万斤，鹿皮1万余张，药材、木材各5000余斤，及一些胡椒、纱、绸、缎等货。可知此时，原本大宗贸易商品如丝绸、瓷器等已经匮乏。此外，郑氏集团的海洋贸

① ［清］夏琳：《闽海纪要》卷二，福建人民出版社2008年版，第69页。

易，从人力、资本、后勤到情报，都离不开大陆，此时已经受到全面限制。

海禁也给清廷带来了沉重打击。海禁严格，导致财源杜绝，民生穷困，被迁之民聚集为盗。康熙六年五月，清廷遣使至台湾谈判，开出的条件是："称臣、奉贡并遣子入京为质。"郑经不同意，认为"台湾远在海外，非中国版图"，而应参照朝鲜之例，保持双方关系。双方无法达成一致，最终谈判失败。

康熙十二年（1673），康熙帝发出"撤藩令"后，福建耿精忠决意发动兵变，约郑经出兵配合，并以漳、泉二府相赠。郑经大为心动，率部进驻澎湖，准备配合耿精忠。第二年三月，耿精忠在福州起兵反清。四月，郑经派人到福州，向耿精忠索要漳、泉二府，耿精忠不肯兑现诺言，对郑经使者云："毋作妄想。"郑经大怒，双方大动干戈，经吴三桂调解，方才息兵。

清廷严格的海禁、迁界令，导致粮食、丝绸等大宗商品无法进入郑氏集团控制区域。虽有暴利的诱惑，可在清廷严厉打击下，连民间私贩也逐渐绝迹。郑经采纳陈永华的建议，贿赂清朝将领进行走私，由沿海流民负责转运货物，但终究于事无补。

1670 年，郑经邀请荷兰、英国前来通商。荷兰人对此置之不理，饥不择食的英国东印度公司则与郑经签订商约，"所有进口货物在出售后缴纳百分之三的税，所有出口货物免税"，并在台湾设立商馆。

1675 年，郑经再次占据厦门后，邀请中国及各国商人前来进行贸易，英国人特意在厦门设立了商馆。1678 年，英国东印度公司在厦门、台湾分别投入了三万元的资金和两万元的货物，并为郑氏集团运来了大量的武器，对其加以武装。在台湾、厦门，英国东印度公司并未能开拓业务，郑氏集团主要需求是军火，可供输出的物资有限，虽然有糖出产，可价格比印度、南洋所产还要高。

此时郑氏集团自身控制区域有限，缺乏稳定有力的大后方，“偏僻海外，地窄民穷，频年征战，几不聊生”[①]。康熙十八年（1679），厦门英国商馆便观察到，台湾王（郑经）的境况很不好，难以抵抗清军，财富日益消耗，不得不向控制区域的民众横征暴敛，但所得终究有限，不能安抚军队，军队因为缺饷发动叛变的可能性让英国人大为忧虑。

至康熙十九年（1680），清廷出兵收复金门、厦门、铜山诸岛，郑氏所属军队因为断粮缺饷，不战而溃。康熙二十年（1681）正月，郑经病逝。经过一番血腥争斗后，12岁的郑克塽被拥立嗣位。康熙二十二年（1683），施琅率水师攻台，闰六月初八日，郑克塽请降，清廷收复台湾。当清军水师逼迫之时，郑氏集团曾有过最后的会商，一度准备全军撤出台湾，向东南亚地区发展，以开辟另一片新天地，只是最终不了了之。收复台湾后，为笼络人心，1699年，康熙帝特许郑成功、郑经父子灵柩

---

① 章开沅主编：《清通鉴》（顺治朝、康熙朝），岳麓书社2000年版，第792页。

归葬大陆，葬于福建南安覆船山郑氏祖茔内。康熙帝特赐挽联，予郑成功以高度评价："四镇多二心，两岛屯师，敢向东南争半壁；诸王无寸土，一隅抗志，方知海外有孤忠。"

康熙二十三年（1684），清廷开海禁，四口通商。海禁一开，各国船舶纷纷来华贸易，由此带来了康熙时代的繁荣，中国对欧洲出口的大宗产品茶叶，风靡欧洲，为中国带来海量白银。

内循环与沿海贸易的兴盛

以长江出海口为界，清代海船主要分两种。向北面海域（北洋）航行的是沙船，即平底船，因为北部海域风浪相对较小，故可通航。沙船从北方海域南下时，多运豆麦，因此又称“豆船”。往南面海域（南洋）航行的乃是尖底船，因为此段水域风浪较大，尖底船抗风浪性强，此种船只又分为广船、福船两种。在长江口附近被广泛使用的平底海船，加上在福建等地建造的尖底海船，二者极大促成了中国沿海航运活动的繁盛，以上海为中心的环中国沿海航运由此展开。

其中，沪上沙船贸易规模颇大，康熙二十三年开海禁后，南北贸易发达，关东豆、麦每年运至上海者达千余万石，棉布、茶叶等南货运至山东、直隶、关东者也不可胜数，货物多由沙船运输。

大豆是北方地区向南方输出的重要物资。大豆运送到南方有各种用途，如制作各类豆制品、磨制成油，豆饼则可以用来肥田。当时上海人由海路前往关东，“每岁四五至”。山东一些地区，如青、莱、登三府等环山沿海之地，土地贫瘠，“种豆之处，十居六七”，每年江苏等处客商载货前来，多买豆运回。山东本地山路崎岖，车运艰难，所产作物不能运往他郡销售，全赖出海，流通民间。由于沙船贸易，“上之以办国课，下之以资日用”。

道光年间协办大学士英和在《海运疏略》中记录，“上海沙船有三千余号”。道光年间包世臣则记录，“沙船聚于上海约三千五六百号”。沙船大者可装米一千四五百石，中号可装八九百石，小者可装四五百石。[①] 当时每造一船，大者需银近万两，小者也要四五千两，实力强大的船主，甚至拥有四五十艘船。

康熙年间，上海县船户张与可，又名张羽可、张御科等，因开有张元隆洋行，故称张元隆。张元隆拥有海船颇多，后据江苏巡抚张伯行调查，他在上海县有船二十八只，加上冒领照票的船只“当又不止百只”[②]。张元隆富甲一方，他曾自造贸易沙船多艘，走海贸易，结果引发清廷官员打击，致家破人亡。

康熙四十九年（1710），张元隆领取上海县上字七十三号牌照，在此年六月初六日，装载布匹、瓷器等货，价值数万金，在海关输税后，前往辽东贸易。此时清廷已放开海禁，但出海贸易需要领取牌照（船照）。牌照一年一换，领取牌照时，根据船只大小缴纳费用。牌照主要登记船主姓名、籍贯及前往何处、做何生业，此外也记录舵工、水手的姓名、籍贯及人数。

---

① ［清］陶澍：《查看海口运道，并晓谕商船大概情形折子》，载《陶澍全集·奏疏一》，岳麓书社 2010 年版，第 260 页。

② ［清］张伯行：《正谊堂文集》卷二《沥陈被诬始末疏》，《四库全书存目丛书》集部第 254 册，齐鲁书社 1997 年版，第 27 页。

六月十九日，沙船行至山东文登县马头嘴时，遭遇海盗鸟船两只，海盗们呐喊扬帆，靠近沙船，试图登船抢劫。沙船上携带有护船火炮两门，开炮之后，“贼不敢逼，彼此相持两昼夜”。原来，自开放海禁后，考虑到出海贸易者有被海盗抢劫的风险，清廷大度地许可海船可以携带武器。[①]所配备的武器，根据船只大小与人数，由地方督抚确定，船返回之时，进行武器数量核对，以防变卖流失。

六月二十一日，沙船靠到近岸，船上人员以为附近有汛口水师官兵哨船可来支援。六月二十三日，海盗方面反而得到三艘鸟船增援，而汛口并无水师官兵，客商水手寡不敌众，用小船登岸逃生。海盗登上沙船，搬空货物，将火炮两门一并劫去。至于沙船，则被海盗放火焚烧。

当沙船在山东沿海被劫去货物后，张元隆递交诉状，陈述经过，同时警告官府，海盗可能北上奉天、辽阳等地抢劫，请官方警惕：“凡有封疆职任者，能不为之过计乎？”[②]此时，张伯行已至

---

① 康熙二十三年开放海禁后，清廷一度许可船只出洋携带武器自卫。康熙五十九年（1720），清廷下旨，沿海各省出洋商船，概行禁止携带炮械军器。雍正六年（1728），清廷放松控制，规定近海的商船、渔船不许携带武器出海，“至往贩东洋、南洋之大船，原与近洋不同，准其携带”。远洋船只携带的武器有数量限制，枪不得过八杆，腰刀不得过十把，弓箭不得过十副，火药不得过二十斤。雍正八年（1730），又准每船带炮二位。清廷对华船出海携带武器，严加管控，但华船如果在海外购买火炮，则允许带回国内，由地方官以时价购买，收储以备军用。

② ［清］张伯行：《正谊堂文集》卷二《海洋被劫三案题请》，《四库全书存目丛书》集部第254册，齐鲁书社1997年版，第13页。

江苏任巡抚，他对从事海洋贸易的商贾极为厌恶："先生以吴地滨海，奸商贪利，下洋勾引匪类，出入无忌，终为东南隐忧。"[①]在张伯行眼中，张元隆就是名低贱的商贾，现在却来指点国是，这激起了多疑病患者张伯行的警惕。

康熙四十九年（1710）十一月初四日，上海县又呈报另外一起海上被劫案。华亭县船户张永升称，他于本年八月二十日前往关东贸易，于九月十八日被海盗抢劫。水手马祖被掳上海盗船，随船行动，后海贼南下在福建沿海被释放登岸。据马祖供称，贼首为郑尽心，副贼乃郑尽海，贼众有六百余人。

郑尽心海盗团伙在北方海域活动猖獗，竟然一路北上，至盛京锦州双岛登岸进行抢掠。当地防御官兵杀死海盗三十六人，擒获一人，才得知海盗头目乃郑尽心。海盗被官兵击败后，从海上退回南方。清廷对此股海盗非常重视，行文沿海各省督抚严加搜捕。

此年年底，根据皇帝指示，两江总督噶礼、江苏巡抚张伯行出海巡视。十一月十二日，两江总督噶礼由南京出发，经长江至镇江入运河，十六日至苏州，会晤江苏巡抚张伯行。十七日，督抚各自领兵出发至上海，准备出洋。到了上海后，张伯行发现，自己虽是巡抚，手中也有自己统领的军队"抚标"，但没有水师，无法出海。可噶礼到了上海，却有十余艘大海船可用，且装设华

① 费元衡：《诰授光禄大夫礼部尚书加二级赠太子太保谥清恪敬庵张先生行状》，载《清碑传合集》第1册，上海书店出版社1988年版，第262页。

美，于十二月初六日由吴淞江扬帆出海而去。

张伯行无船可乘，停滞不前。他听闻噶礼在上海时，十余条船上的装设皆是张元隆一手操办，船上舵工、水手也是张元隆所调遣。又闻张元隆之弟张令涛，一路随船护送，至宁波入口，一同返回江宁。张元隆“厚督轻抚”，让张伯行心中很是不满，准备加以打击。[①]

就在十一月二十五日，据崇明县呈报，此年八月初三日，松江水师营弁兵出洋巡缉，盘获赶缯船[②]一只，查验船票系松江府华亭县上海牙行张御科（张元隆）所领。船上有余元亨等舵工、水手共 25 名，据船票记录都是华亭本县人氏。讯问后发现，舵工、水手有 23 人系福建籍，有两名系宁波人氏，此外还有搭船福建人 9 名，客商 6 名。海船出海，船上人员如果籍贯不符，违背清律，要查拿治罪。

张伯行当即下令，将该船舵工、水手人等由崇明县解来，发上海、常熟、华亭三县究讯。又令署上海县事周葑、常熟县知县章曾印，共同提审张元隆。此前六月、九月的两起海船被劫案，都牵涉张元隆的商船，张伯行本就对张元隆心怀不满，此时张元隆又刻意交好总督噶礼，更让张伯行痛恨。

张伯行甚至怀疑张元隆与海盗郑尽心存在勾结。他不知从何

① 张伯行的儿子在乃父的年谱中云，张元隆以洋货来馈，价值千金，又想为张伯行铺设海船，被乃父回绝。但所述并无旁证。

② 赶缯船：大型福船的一种，可作战船、捕鱼和运送木材之用。船底为防藤壶等海虫腐蚀，涂上白灰或白漆，又称“白底船”。

得到小道消息，称康熙四十九年九月间，张元隆听闻海盗郑尽心北上劫掠失败，唯恐与其勾结之事败露，“使伊弟张令涛夤入督臣内幕，多将洋货贿赂”[①]。

康熙五十年（1711）正月，张伯行回到苏州，于正月二十三日行文上海县，提审张元隆。不想上海县在正月二十七日报称，张元隆已于去年十二月二十四日病故。张伯行认为此中必有蹊跷，在患病、身死的过程中，上海县“并无印勘各结申送”。他认为，“张元隆身死是真，则其畏罪可知；若系诈死，其情更属叵测”。张伯行对案件持续追索，使张元隆族人及部分船行中人被捕入狱，甚至有身死狱中者。

至康熙五十一年（1712），吏部复议后认为：“张伯行畏缩不能出洋，反诬陷张元隆通盗，不审不结，拖毙多人，不能严拿盗贼，迟延命案。又妄行参奏，有玷大臣之职，应如所题革职。”由此可见，张伯行所处理的张元隆勾结海盗案，纯属构陷。

在当时的南北贸易中，以上海为中心，形成了环中国沿海贸易圈。沪上沙船运货北上，载回大豆等土产；福建、广东商人则将糖等各类南货，运至上海，再由上海运货返回。贸易带来了上海的极大繁荣，嘉道年间上海人曹晟记录：“自海禁既开，民生日盛，生计日繁，金山银穴，区区草县，名震天下。”[②]环中国沿海贸易圈的中心，以沿海城市如天津、宁波、福州等为中心，又

① ［清］张伯行：《正谊堂文集》卷二《沥陈被诬始末疏》，《四库全书存目丛书》集部第254册，齐鲁书社1997年版，第26页。

② ［清］曹晟：《觉梦录》，上海古籍出版社1989年版，第98页。

形成了次一级的小型贸易圈。乾隆元年（1736），长芦巡盐御史三保奏报，过去一年间，进入天津港的福建船只多达 78 艘，全部由福建商人经营，运载的货物包括松糖、白糖、桂圆、纸张、粗碗等。中国沿海与台湾的航运关系也活跃起来，特别是厦门与台南、福州与淡水之间的航运已成为常态。乾隆十七年（1752）七月新柱奏称，厦门税口委员报告，乾隆十七年五月下旬至七月上旬期间，从台湾进入厦门的海船有 310 艘，带来了 25400 石的食米。

宁波与镇江之间每年来往的船只有 200 余艘，从镇江运往宁波的货物有米谷、生猪，从宁波运回的货物则有砂糖、纸张、席子等。从台州、温州前往宁波的船只，运输木炭、蜜柑、雨衣、明矾等，返回时则运输药品、棉花、油等。宁波每年有 110 余艘船只，运载竹子、纸张、明矾、木柴等，前往牛庄、芝罘、锦州、天津等北方城市，返航时运输北方的大豆、豆饼、枣子、花生、花生油等。[①]

沙船、鸟船不仅在中国大陆沿海航行，还航行到海外，为国内商品寻找海外市场。从 18 世纪中叶到 19 世纪下半叶，每年有十多艘中国船只定期抵达“闭关锁国”的日本长崎。康熙二十七年（1688）是中国船只抵达长崎数量最多的一年，达到了惊人的 194 艘。到达长崎的船舶中，来自福州的船舶占总数的 23.2%，

① ［日］《清式帆船贸易概况》，载《通商报告》明治十九年（1886）第 2 回，第 108—109 页。

宁波船舶占16%，来自厦门的船舶占14.4%，来自上海的船舶占11.8%，来自广东的船舶占8.7%，这五种船舶占74.1%。[①] 当然，在至日本的华船之中，有部分船只是从事沿海贸易时，遭遇风浪漂流至日本。

持续了将近三十年的海洋贸易繁荣，在康熙帝晚年时却发生改变，被视为逆流。康熙五十五年（1716），康熙帝称自己“南巡”至苏州、杭州时，见船厂“每年造船出海贸易者多至千余，回来者不过十之五六，其余悉卖在海外，赍银而归”，且中国船只多有运输内地米至海外者，这引起了他的警惕。

另一方面，在施琅收复台湾后，反清魁杰多人“乘船赴小吕宋，转至爪哇、马六甲各处”。且海禁放开后，大批内地民众前往南洋（东南亚），多有定居者，充实了海外华人力量。清廷既担忧海外反清势力壮大，造成威胁，也忧虑华人与西方各国结合，“以窥中土”，冲击内地的统治秩序。对此，康熙帝忧心忡忡地表示：“海外如西洋等国，千百年后，中国恐受其累……务须安不忘危。”

此时康熙帝春秋已高，行事更加保守谨慎。1717年，他推行南洋禁航令：“凡商船照旧东洋贸易外，其南洋吕宋、噶喇吧等处，不准商船前往贸易，于南澳等地方截住，令广东、福建沿海

---

①［日］松浦章：《中国帆船による东アジア海域交流》，《周縁の文化交涉学シリーズ》，2012年。

一带水师各营巡查，违禁者严拿治罪。”[①] 南洋禁航令颁布后，外国船只不受限制，可以继续前来中国贸易，但在南洋地区定居的华侨两千多人回国。此时中国沿海贸易仍然旺盛，南方的商品持续涌入北方。如康熙五十六年（1717），直隶总督管理巡抚事务赵弘燮在一份奏折中记录，此年有福建泉州府晋江县双桅洋船一只，船户陈顺兴，水手 19 名，其中装运客货粗碗 15000 个、白糖 500 篓、糖果 24 桶、冰糖 30 桶、竹笋 26 把、鱼翅大小 5 捆、乌糖 4 篓，水手带货碗 10000 个。又有泉州府晋江县双桅洋船一艘，船主蔡兴利，水手 19 名，装载白糖、冰糖、糖果、粗碗、粗小碗、鱼鳔等货物。[②] 由此份奏折可知，糖类是北方需要的重要商品之一，“在运往天津的南方货物中，糖是第一位的”[③]。

雍正继位之初，曾称赞南洋海禁政策：“十数年来海洋平静，最为得法，惟宜遵守定例，不可更张。”但一些大臣不这么认为，雍正元年（1723），户部尚书田从典奏称，有福建海船前来贸易，“偶闻会试举子，竟有随海货船而至者”，由此产生感触，海船所图不过是利润，何不用海船贩米？既可获得数倍之利，也可解决北方缺米问题。

---

① 噶喇吧（Kelapa）：指荷属东印度的首府巴达维亚。Kelapa 在马来语中意为“椰子”。清《海岛逸志》载：“椰名噶喇吧，吧国地多椰，华人因称曰噶喇吧。”华人也称雅加达为“椰城”。

② 中国第一历史档案馆编：《康熙朝汉文硃批奏折汇编》第 7 册，档案出版社 1985 年版，第 1048—1049 页。

③ ［日］松浦章：《清代帆船沿海航运史の研究》，关西大学出版部 2010 年版，第 38 页。

实际上南洋禁航令形同虚设，中国各股海船继续走海南洋，官方也无法查禁。雍正元年（1723）到巴达维亚的中国商船有21艘，1724年有18艘。[①] 雍正二年（1724），蓝鼎元呼吁解除南洋海禁，他在《论南洋事宜书》中云："今禁南洋，有害而无利，但能使沿海居民富者贫，贫者困，驱工商为游手，驱游手为盗贼耳。"[②]

雍正四年（1726）四月，浙江定海总兵张溥奏称，根据南洋禁令，对所有出海船只严加盘查。但很多华船以出海至日本买铜为借口，实际上多前往吕宋、噶喇吧、西洋一带，每年于十二月、正月之间，由上海或定海挂号出洋，至六月、七月返回。自张溥到任以来，雍正二年到有12只，雍正三年到有7只，所运回货物，俱系燕窝、丁香油、哆啰呢、羽毛缎等项，并无铜斤。查得此项洋船，今年由定海出洋8只，普陀汛出洋有7只，共15只。[③]

雍正五年（1727），在推行南洋海禁十年后，清廷解除海禁。此次开南洋海禁，重要的考虑是南洋出产大米，而福建、广东沿海缺米，可由南洋等地获得补充。由此中国商船获准前往南洋贸易，打破了葡萄牙人独揽南洋贸易的局面，并与葡萄牙人争夺中国货源。

康熙中期以来，中国沿海及海外航运极为活跃，沙船、鸟船的贸易活动不仅在中国大陆沿海广泛开展，而且在海外也广泛

---

① 吴建雍：《清前期中国与巴达维亚的帆船贸易》，《清史研究》1996年第3期。

② ［清］蓝鼎元：《鹿洲初集》卷三，清文渊阁《四库全书》本。

③ 台北故宫博物院编：《宫中档雍正朝奏折》第5辑，台北故宫博物院1978年印行，第864页。

开展。一些从广东、福建开往日本长崎的商船，停靠在上海、宁波、乍浦，以及舟山群岛的舟山、普陀山等地，装卸货物。中国帆船在从长崎返航时，停靠江南各港口，也在江南各港口出售部分日本货物。也就是说，它们没有直接从长崎返回华南，而是在江南沿海停靠卸货，然后返回。

如上所述，清代的中国帆船进行贸易，大多不是从始发地航行到目的地的直线贸易形式，而是遵循始发地到停靠港再到目的地等复杂的航行路线。可以说，这也是从简单、线性的海上贸易形式逐渐向复杂贸易形式转变的时代。①

“自 17 世纪下半叶以来，中国帆船控制了中国大陆沿海以及东海和南海海域的制海权。最大的原因是朝鲜和德川日本实行闭关锁国政策，禁止本国船只出国，而中国帆船的航行能力超过了这些东亚国家。”②

但中国帆船业的兴盛，不过是大清帝国内部的循环及部分内循环对外的放射，并未形成全面的海洋思维与对外开拓的国策，且清廷对华商出海又有着各种打压。随着时间的推移，曾经兴盛的中国海外贸易逐渐衰退。

更值得注意的是，清代南北贸易与对外贸易的兴盛，动力来自民间。中国民间的商业资本与商人，在清廷许可的范围内，以

---

① ［日］松浦章：《康熙雍正时代における上海·宁波の沿海航运》，载《关西大学文学论集》2016 年卷 66。

② ［日］松浦章：《清代帆船沿海航运史の研究》，关西大学出版部 2010 年版，第 72 页。

上海为中心，通过南北沿海的贸易完成了内循环，而进一步对外开拓、探索的驱动力，则被官方牢固压制。康熙末期，上海县大海商张元隆被江苏巡抚张伯行迫害，便是例证。

道光十二年（1832）二月，英国东印度公司决定派遣船只前往中国沿海探索，“确定帝国北部口岸，在多大程度上可以逐渐向英国商业开放”[①]。此次派遣的船只为“阿美士德”号（Lord Amherst），船长为礼士（Rees），此外还有胡夏米、甲利（化名）等“中国通”随行。

在上海，胡夏米等人观察了上海内循环贸易的盛况：“在七天之内，共有400艘大小不同……的帆船经过吴淞驶往上海。起初几天进口的都是从天津、辽宁等地开来的，主要装载面粉和豆类的北方四桅帆船。后来福建帆船也开始涌到，其数目每天在30艘到40艘之间，其中有许多来自台湾、广州、东方群岛、安南和暹罗的船只。”[②]

这种盛况，是清廷许可范围内的经济内循环，而进一步打开国门，与外界进行经济、文化的全面交流，则是清廷坚决拒绝的。沪上商人在与胡夏米等的交往中，表达了与英国人贸易的愿

① Robert Bickers，“The challenger：Hugh Hamilton Lindsay and the rise of British Asia，1830s—1860s”，*Transactions of the Royal Historical Society*，Vol.（2012），p.149.

② Charles Gutzlaff，*Journal of Three Voyages along the Coast of China in 1831，1832，& 1833*，London：Frederick Westley and A.H. Davis，1834，p.269.

望。胡夏米等人认为，上海优良的港口和可供通航的发达河道，使上海可以成为整个东亚的商业中心。私下交流时，上海县知县温纶湛甚至对胡夏米表示："足下定知吾等官民均望准许尔等在此贸易，因双方均可由此获利也。然皇法不允，无可奈何矣。"

"皇法不允，无可奈何"，这是几千年来中国商业力量无奈的悲叹！

华商为何未能开拓海外？

腰间挎着帕兰刀，穿过婆罗洲河畔茂密的灌木丛，听着鸟的啁啾，树上有猴子在撒野，河中有鳄鱼在潜伏，莽林之中，满是野猪猖狂踏过去的蹄印……泥泞、细雨、杂草、野兽，在这样陌生的环境中，华人们艰难开拓着，作为个体在他乡生存，却得不到任何来自故土的支持，反而受到本国的各种打压限制。

康熙二十三年（1684），清廷解除海禁，允许外国人来华贸易，同时也许可中国商人出洋贸易。在马六甲以东的各个商业口岸，活跃着中国人、日本人、葡萄牙人、西班牙人和荷兰人，中国商人在其中扮演着最重要的角色，一度成为远东地区国际贸易中最活跃的商人群体。但华商出洋贸易面临颇多限制，导致华商在海外的贸易竞争中，先天就有劣势。

首先，在船只上，华船出海便有颇多限制。

康熙二十三年规定，清廷允许500石以下船只出海贸易，由此规定不准打造双桅、500石以上的洋船。第二年，允许商船用双桅，但有很多限制。比如，规定梁头不得超过一丈八，舵手人等不得超过28名。船只未造之时，要具呈州县严查，如果是殷实良民，亲身出洋贸易，在澳甲里族各长及邻人当堂画押保结后，方准建造。[1]

船只造完后，州县要亲验并烙号刊名，然后发给牌照。出海贸易时，不得将海外所造船只带回国。如果确实是船只损坏而更换的海外所造船只，归国时要禀报地方官并经海关监督，验看相符，方才准其进关。

由于对出海船只吨位的限制，中国出海商船的载重量一般在 200 吨左右，载货量完全无法与欧洲船只竞争，导致运费高昂。据陈希育研究，外国商船平均贸易额为 150000 两，而中国商船贸易额却只在 21000 两至 42000 两之间。[2] 外国商船要缴纳 1950 两规礼银，而中国一等商船则要缴纳 1200 两。华船的最大贸易额不到洋船的三分之一，平均下来华船所缴纳的规礼银更多。此外，在对中国商船与外国商船征收船钞时，是按照船只的面积来计算，而不是体积。外国商船体积大、吃水深，同样的面积要比中国商船载货量更多，这意味着中国商船要支付更多船钞，在竞争中处于不利地位。

其次，在对外出口的商品种类上，清廷对华商也有很多限制。

如黄铜，既可以用来铸造武器，也可铸造铜钱，自然在禁止出口之列。乾隆十四年（1749）下令，严禁将红黄铜器、铜斤私贩出口。白银是清代的流通货币，清廷执行“只进不出”策略，

① 澳甲制是保甲制在渔村的变种。

② 陈希育：《中国帆船与海外贸易》，厦门大学出版社 1991 年版，第 349 页。

严禁金银出口，乃至金属制品出口也被禁止，只有少数烹调器皿除外。在出海时，华船不得携带金银及铜钱，如此一来，贸易资本便受到限制。

铁及铁器乃军备物资，一向不许私运出境。废铁也不许贩卖，有贩卖出边境者，照贩卖硫磺律处理。“卖与外国及明知海寇，卖与者绞监候。”[1] 雍正九年（1731）下令：“违者照捆载废铁出洋之例治罪。”[2] 清代海外贸易的违禁物品林林总总，花样繁多，甚至船只出海时的压舱石也是违禁之物。

清代人口激增，人多地少的矛盾激化，对于米粮，清廷也执行“只进不出”之策，只许粮食进口，不许出口。康熙四十七年（1708），江浙地区米粮价格上涨，清廷认为是私贩米粮出口导致，于是加强管制出海船只携带的米粮数，“如违禁装载五十石以外贩卖者，其米入官”。此后对出洋船只所携带的米粮数加以细化。

嘉庆十四年（1809）规定，船只出海不准多带米粮，根据船上人数与往返程所费时间，每人每天可以携带一升米粮，不许多带米谷及麦豆杂粮。豆类也是重要粮食，一样在控制之列，“贩豆人等照偷运米谷出洋例治罪”[3]。华船出海贸易，首先就被米粮

① [清] 梁廷枏总纂，袁钟仁校注：《粤海关志校注本》卷十七，广东人民出版社 2002 年版，第 348 页。

② 《官修大清会典则例》卷一百十四《兵部》，清文渊阁《四库全书》本。

③ 《官修大清会典则例》卷四十八《户部》，清文渊阁《四库全书》本。

数量所困。[①]

对对外贸易最重要的商品生丝及丝织品，清廷也加以严控。乾隆二十三年（1758），因为江、浙等省丝价日昂，清廷禁止丝斤出口。此后清廷又扩大禁令，禁止出口绸缎、棉、绢各类织品。但生丝及各类丝织品是清廷对日贸易换取铜料的重要商品。禁止丝类产品出口，导致铜料进口不足，国内铜钱紧缺，江苏巡抚陈宏谋就认为："今丝斤已禁，若将绸缎一概禁止，所带粗货不敷易铜。"乾隆二十五年（1760），清廷特准至日本采办铜斤的皇商、民商等，携带一定量丝斤、绸缎。此后乾隆帝一度许可英国、荷兰、瑞典、琉球等国购买土丝及二等蚕糙丝，但中国商贩仍然不可以购买。

丝及丝织品的出口禁令，导致中国商人在海外贸易中无货可售，取消禁令的呼声不断。一些地方要员也提出，禁止丝出口以来将近五年，丝价并未下降，遇到蚕丝收成不好时，价值更昂。乾隆二十九年（1764），清廷取消生丝出口禁令（头等丝仍不许出口），但对出口数量有所限制。福建出海商船，每船准带土丝1000斤、二等蚕糙丝1000斤。广东出海商船，每船准带土丝

---

① 清廷严禁粮食出口，在特殊情况下，清廷也会许可粮食、铜料等禁物出口。康熙三十六年（1697），朝鲜发生灾荒，康熙帝同意将盛京储存粮食，售卖给朝鲜。雍正十三年（1735），吕宋粮食歉收，至厦门欲购麦二三千石，雍正帝下令许可。雍正七年（1729），暹罗国王遣使，想购买弓二十张，红铜线十担，这些都是禁止出口的物资。雍正帝不想开禁，就采取额外恩赏的方式处理。乾隆元年（1736），暹罗国建造寺院，需要铜料，想到广州采购。清廷不想突破禁令，"特加恩赏给八百斤，后不为例"。

1000 斤、二等蚕糙丝 600 斤。[①]

与此同时，外国商船由广州运载生丝出洋的数量远在中国商船之上，每船可达一万斤。欧洲船只本来吨位就大，所运丝数量又高于中国商船，在竞争中处于绝对优势地位。丝绸、茶叶是中国海外贸易的大宗，但清廷限制华船丝绸出口数量，导致中国商人在东南亚市场上所占份额进一步缩减。

除了粮食、生丝、茶叶等大宗贸易商品之外，还有大量物资也在禁止出口之列。乾隆二年（1737）下旨："舆图违禁等物，禁勿售与（洋商）。"书籍、地图等一直被清廷严控，不许出口。至于各类生活用品也被严控，"其出洋货物，则漳之丝绸，纱绢，永春窑之瓷器，及各处所出雨伞、木屐、布匹、纸札等物……在所严禁"。

除了上述不利因素之外，出于怀柔远人的考虑，清廷在征税时，进口税率往往要低于出口税率。对进口商品所征收的货税，一般在货物价值的 1% 至 2%，多则 6%。康熙末期至雍正年间，生丝、丝织品、甘草、大黄、铜、糖、茶叶、生锌等出口货物每担的货税率，最高的生锌为 7.7%，最低的茶叶为 0.4%，平均为 4%，一般为 6%。[②] 研究者认为，以 1708 年为例，哪怕将额外增加的 6% 的附加税加到货税上，还是比欧洲国家征收的关税低得多，特别

---

① 江苏赴日本采办铜料船，每船准带二、三等蚕糙丝一千二百斤；一般出洋商船，每船准带蚕糙丝三百斤。浙江赴日本采办铜料船和出洋商船，每船准带土丝一千斤、二等蚕糙丝一千斤。

② 黄启臣：《清代前期海外贸易的发展》，《历史研究》1986 年第 4 期。

是茶叶税，中国出口时只征 0.4% 至 0.8%，英国则高达 200%。[①]

“如果对清朝关于本国商民出海贸易与外国商人来华贸易的基本政策、关税征收和具体管理措施进行比较，可以发现清朝采取的是有利于外国商人却不利于本国商人的海外贸易政策。”[②]清廷实行减税制度，优待外商，以招揽贸易。康熙二十三年（1684），粤海关将洋船原额税减去“十之二”。第二年，于原减之外，再减二分。康熙三十八年（1699），再次减免英国商船税收，以招揽贸易。

对于各国船只运米粮来华，清廷还有大幅的关税减免政策。雍正二年（1724）、雍正六年（1728）下旨，暹罗商人运米来华时，其他货物可以免税。乾隆二年（1737），对歉收地区进口米粮免税，乾隆八年（1743）改为按运粮数量减免税收，外国来华船舶带米 10000 石以上者，免其船货税银十分之五，5000 石以上者免十分之三，米不足 5000 石的外国船只可免十分之二。[③]但中国本国商船前往东南亚贸易，运载大米回国，却没有享受货物免税待遇。乾隆十七年（1752），由于米价昂贵，乾隆帝方才同意，

① ［美］马士：《东印度公司对华贸易编年史（1635—1834 年）》第一、二卷，区宗华译，中山大学出版社 1991 年版，第 104 页。

② 陈尚胜：《论清朝前期国际贸易政策中内外商待遇的不公平问题——对清朝对外政策具有排外性观点的质疑》，《文史哲》2009 年第 2 期。

③ 道光四年（1824），两广总督阮元上奏，认为海外米船来华免税不合理：“近年以来，洋米罕到。询之洋商，据称外夷运米远来，难免完纳船钞，而放空回国，远涉重洋，并无压舱回货抵御风浪，该夷等既惮风涛之险，又无多利可图，是以罕愿载运。”由此取消运米来华免税的规定。

中国出洋船只运米回国，参照外洋番船之例，分别减免船货税。

通过一系列差异性政策，清廷有意识地将华商从事的海洋贸易从远海压缩到近海。至嘉庆朝，在近海航线上，中国商船密集，川流不息。但前往日本、吕宋、巴达维亚（雅加达）贸易的华船数量已大幅下降，中国海上商业力量在远东的远洋贸易中无足轻重，曾经华商称雄大海的时代一去不返。

两相对照，在东南亚，西班牙人占据了马尼拉，荷兰人占据了巴达维亚，葡萄牙人一度占据马六甲，后被荷兰夺取。马来半岛、印尼群岛、菲律宾群岛基本上被西班牙、荷兰等国控制。各国以国家力量，全力支持商业力量在东南亚的开拓。荷兰在马六甲布置军舰，拦截他国商船，在安汶岛强制种植丁香，在班达岛上种植豆蔻，将其他岛上的丁香树、豆蔻树砍光，保证对香料的控制。英国则以印度为基地，不断渗透，进入东南亚区域。1786年，英国与吉打苏丹签订不平等条约，将槟榔屿划归英国控制，此后逐步攻占马来半岛。1795年，英国击败荷兰，占据马六甲。1819年，英国占领了新加坡。1826年，英国将新加坡、马六甲和槟榔屿合并为“海峡殖民地”，控制了亚洲与欧洲之间的航道。西班牙、荷兰、英国在东南亚控制的区域不断通过军事手段，开拓商业。与西方各国强大的军事、经济实力相比，在东南亚的中国商人逐渐丧失了优势。

同时，对华人前往海外经商，清廷也有很多限制。

康熙朝中叶，搭船前往南洋谋生的华人日益增多，他们在当地定居，从事农耕、手工业与商业。对此清政府既不鼓励，也不禁止。康熙五十五年，康熙帝认为海外华人对清廷统治构成威胁，“海外有吕宋、噶喇吧等处，常留汉人，自明代以来有之，此即海贼之薮也”[①]。于是出台南洋禁令，不许商船前往南洋吕宋、噶喇吧，对华人出海加以限制，凡康熙五十六年前出洋之人，限期三年内归国，康熙五十六年以后私去者及停留久居者则不准归国。

此时的华商，在南洋贸易中尚有发言权。康熙五十四年（1715），荷兰东印度公司决定将出售给中国商人的胡椒涨价。康熙五十七年（1718），在南洋禁令与抵制荷兰涨价的双重作用下，中国商船停止驶往巴达维亚，切断了茶叶供给。荷兰东印度公司不得不在雍正二年表态，礼遇中国商人，对巴达维亚的贸易这才恢复了。

出于对清廷的畏惧以及对华人贸易与劳动力的需求，在乾隆朝以前，荷兰人对巴达维亚的华人“相待甚优”。“华侨是巴达维亚最勤奋的居民、最聪明的手工艺人，参与各行各业的贸易活动，他们实际控制了这座城市的商业命脉。”

雍正五年（1727），清廷取消至南洋贸易的禁令，但仍然禁止民众私自出国和久居海外的华人归国。在雍正帝看来，此等在海外从事贸易者多是不安分之人，对逾期不归者，“朕意应不令其复回内地”。雍正十一年（1733），在噶喇吧的漳州华侨陈魏、

①《清实录》第六册《圣祖实录》卷二七〇，康熙五十五年十月壬子条，中华书局1985年版，第649页。

杨营等，携带家眷私自归国，被官府擒获，分别捐谷8000石、5000石，方才得脱。

随着清廷对华侨的抛弃，荷兰人开始加大对华侨的勒索，华侨的处境日益恶劣。1727年6月，荷兰东印度公司决定：最近十年至二十年内居留在巴达维亚的中国人，凡未申请居留准许证者，一概遣送出境。不久又规定，自此年8月15日起，半年以内，华侨可以申请居留证，每人须缴两块银圆作为证件费。1729年又规定，任何华侨在限期满后未领取居留证者，视作“非法偷漏入境或藏匿未报之人”，一经发现即逮捕入狱。

乾隆元年（1736），郝玉麟上奏，请求开禁，允许海外华侨归国。乾隆帝却坚持，康熙五十六年以前出洋者可以归国，以后私往者不准回国。同时规定：“至定例之后，仍有托故不归，复偷渡私回者，一经拿获，即行请旨正法。”①

登基后的乾隆帝雄心勃勃，“欲得西洋诸国之夷心”，着手整顿海关陋弊，降低关税，以加惠远人，展示天朝大国的魅力，吸引万邦来朝。但乾隆帝的努力，在“红溪惨案”中遭到了重创。

乾隆五年（1740），荷兰东印度公司将华侨拘留审查，富裕者交出赎金，穷者送至斯里兰卡岛上做苦工。华侨不堪压迫，乃组织起来，准备自卫。八月十九日（公历10月9日）夜间，荷兰人在巴达维亚对中国人进行大规模屠杀，被杀者一万余人，此即“红溪事件”。荷兰语Chinezenmoord一词，直译为“对中国

① ［清］三泰修：《大清律例》卷二十，清文渊阁《四库全书》本。

人的谋杀”，印尼语 Geger Pacinan 意为“中国城骚乱”。

乾隆六年（1741）四五月，屠杀的消息才传到中国，清廷竟然无所适从。乾隆帝将此案发下讨论，朝中意见分歧，有主张禁止南洋贸易者，有主张继续开放南洋贸易，只禁巴达维亚者。一些大臣认为华侨被杀，乃是咎由自取，如策楞认为，华侨被屠杀，“实则孽由自作”[①]。讨论持续了一年，最终清廷定下处理基调。一方面，认为华侨被杀乃是咎由自取，“朝廷概不闻问”；另一方面，清廷决定禁止南洋商贩，摒绝不通，免得滋生麻烦。

“红溪惨案”的次年，荷兰殖民者遣使至中国谢罪，并对事件加以诡辩，谓事出无奈，以致累及无辜云云。荷兰人的态度让清廷很满意，清廷也大度地原谅了，乾隆七年（1742）宣称：“今海外远夷，悔过自新，均露德泽，应请将南洋诸番，仍准照旧通商。”

乾隆十四年（1749），“红溪惨案”的幸存者之一，福建龙溪华侨陈怡老携带家眷，从巴达维亚秘密回国，被清廷抓获严惩。陈怡老照“交结外国、互相买卖借贷、诓骗财物、引惹边衅例”，发边远充军，银货没收入官。清廷对在海外久居不归为外国效力的华人，格外警惕，“若不严加惩儆，恐内地民人，习以为常，出洋滋事”。

“红溪惨案”后，荷兰人夺走了中国海商原来茶叶贸易份额

①《清文献通考》卷二百九十七《四裔考》，清文渊阁《四库全书》本。

的九成。[①]导致中国与巴达维亚贸易衰落的主要因素，则是荷兰人对中国商船采取更为严厉的限制政策，如限制中国商船搭客的数量，导致华侨数量下降。禁止中国商船到婆罗洲、苏门答腊、马来半岛和香料群岛的贸易，导致华商无货可购。同时对中国商船赴马六甲、望加锡的贸易严加限制。在强行限制中国商船只能在巴达维亚贸易的基础上，又课以重税。于是，中国商船赴巴达维亚城的数量日益减少，1755 年为 10 艘，1776 年为 4 艘。[②]

18 世纪中期之后，英国开始挑战荷兰的海洋霸主地位。1790 年至 1791 年，英国茶叶占据了中国茶叶输出量的九成多，欧洲其他国家则不足一成。[③]当英国介入茶叶贸易之后，中国海商基本上退出了海外茶叶贸易，在茶叶贸易中，中国只起到了生产的角色，而退出了利润更高的流通销售领域。

此外，中国商船对吕宋的贸易，在康熙朝一度繁盛，但随着西班牙殖民当局的打压，吕宋的华商“受害亦最深”[④]，加上中国国内政策调整，导致营商环境恶劣，对吕宋贸易逐渐走下坡路，最后只保留每年十艘船的规模。在华商与暹罗、安南等国的贸易中，原本相对繁盛的贸易，随着西方各国的不断进逼，加之东南

① 张丽、骆昭东：《从全球经济发展看明清商帮兴衰》，《中国经济史研究》2009 年第 4 期。

② 陈希育：《清代中国与东南亚的帆船贸易》，《南洋问题研究》1990 年第 4 期。

③［英］格林堡：《鸦片战争前中英通商史》，康成译，商务印书馆 1961 年版，第 87—89 页。

④［清］葛士浚：《清经世文续编》卷一百十五《洋务十五》，清光绪石印本。

亚各国国内局势复杂多变，导致行商环境恶劣，贸易空间有限，华商逐渐丧失了竞争力。

在研究清代海洋贸易时，有学者发现清代出洋商船的贸易额一直维持在二三万两的水平上，经过100多年的时间，贸易额没有扩大，而是停滞不前。[①]中国海商的力量在郑芝龙、郑成功时代达到了顶峰，此后再无能称雄海洋的中国海商集团。在西方列强的挤压与清廷的打压之下，中国海商在南海贸易中的地位不断下降，最终失去了在海洋贸易中的市场份额。至18世纪末，远东海域、印度洋基本处于欧洲各国势力控制之下，欧洲商船此时纵横海洋。

在西方历史叙事中，最常见的观点是，清廷格外仇视外国人，于是采取各种措施，对西方各国商人进行打压，排斥商业贸易，以保持清廷与世隔绝的状态。然而，将洋商与华商的处境加以比较，则可以清晰看出清廷对于本国商人的打压更甚，洋商则享受到了相当多的优待，堪称“超国民待遇”。

对清廷而言，其国家战略的主线乃是大陆战略，与此相对应的则是朝贡思维。对于海外贸易带来的好处，清廷并未特别重视，相反，清廷忧虑的是华商出海对朝贡体系带来的冲击，故而必须对华商加以打压。至于西方各国商人，在清廷看来，可以通过贸易加以羁縻，厚待洋商，便能达成怀柔远人的目的。

---

① 陈希育：《清代海外贸易的经营与利润》，《中国社会经济史研究》1992年第1期。

值得注意的是，在1500年后，人类开始了全球化的历程，海权备受欧洲各国重视，它们无不以举国之力，来支持商人对海洋贸易的开拓。与之相反，清朝统治者对于海权不屑一顾，认为中国富有四海，乃是天下的中心。在他们看来，对海外的开拓，会带来无穷变数，他们所重视的则是统治的稳定和皇权的永固。

同时，支持海权的拓展，需要有一套全新的制度和一个新兴的社会阶层，需要有强大的冒险精神。中国从来不缺海洋文化与冒险精神，中国文明的对外交流很大程度上来自民间自发的对外探险。但民间的这种商业行为，很难被王朝完全掌控，会冲击王朝的统治，这是历代王朝不能容忍的。

每当华人海外贸易发展到一定程度时，王朝就会予以打压、剿灭，商业力量不断被旧制度所绞杀，故而三千年中国，只能在陆地上不断内循环。中国历史上虽有商业的发展，但皇权垄断一切，商人始终无法形成独立的利益阶层。

财赋关系国本：清廷的造血能力

魏源云："三代以上之天下，礼乐而已矣；三代以下之天下，赋役而已矣。"[1]财赋关系国本，清代能够持续统治将近三百年，能以少数人统治多数人，原因之一乃是在不增加农业税的前提下，能持续不断地增强财赋能力。且每至清廷危机四伏时，往往能扩张财赋之源，这也是清廷能熬过一次次危机的关键所在。

明末，战争遍布南北，遍地残垣，千里骸骨。入清之后，清军控制的地域不断爆发反清起义，对南明、郑成功也在持续用兵。此时的清廷，目之所及，田野则满目荒草，村庄则徒存破壁，人烟几断，触目伤心，一片萧条。直到顺治十五年（1658），民间还未恢复过来，户部尚书王弘祚称："自明季荒乱以来，地土荒芜殆尽，人民逃亡过半，以至徭役缺额，兵饷匮乏。"

为了维持统治，推动战争，清廷必须从民间汲取赋税，征集劳力，可此时民间已是残破不堪，经不起折腾。清廷也意图宽免徭役，与民休养，可现实又逼迫清廷从民间搜刮更多的徭赋。要维持王朝统治，整军经武，就需要增加徭赋；要确保社会稳定，获得民心，就要减少赋税征收，如此就形成了矛盾。

---

① ［清］魏源：《古微堂集》卷二《默觚下》，清宣统元年国学扶轮社本。

在清初，虽然皇帝们再三表示要减轻徭役，可频繁的战事需要使用大量人力搬运粮秣、输送军械，差派劳役乃是常态，陆有供应车马之扰，水有轮派水手之累，各地民间，寥寥孑遗，兽奔鸟散。徭役涉及前方战事，清廷也无心加以控制，但在赋税的控制上，清廷还是较为用心。

入清之后，清廷首先废除了明代加征的“三饷”。顺治元年（1644）七月，谕令废除三饷：“自顺治元年为始，凡正额之外，一切加派，如辽饷、剿饷、练饷及召买米豆，尽行蠲免。”[①] 并令各省大张榜示，晓谕通知，如果官吏有暗中加派，一旦查实，必杀无赦。但地方官员以战事为托词，任意增加赋役。清廷特遣大学士冯铨前往户部彻查徭赋，并拟定《赋役全书》，颁行天下。《赋役全书》的核心思想是取民有制，休养生息。

清初的赋税制度参考了张居正的“一条鞭法”。一条鞭法，即赋役合一，按亩计税，用银交纳。户丁只要出钱，就可以免除力役，从而使户丁有了一定程度的人身自由。清代男子，16 岁至 60 岁为“丁”，女子和未成年男性为“口”，丁口记录于“户”。每五年编审一次人丁，“丁”要服徭役，徭役折算成白银，以银代役，此为“丁银”。

在实际执行过程中，丁银制度存在颇多问题，如豪绅勾结官府躲避丁银，无地农民也要承担丁银，有地农民则被加派。据此，

---

① 《清实录》第三册《世祖实录》卷六，顺治元年七月壬寅条，中华书局 1985 年版，第 69 页。

清廷认为，如果将丁口银数额固定下来，便可避免以上弊端。

按照康熙五十年的丁册，全国人丁总数为2400余万人，核定丁银335万两。[①] 康熙五十一年（1712）二月二十九日，康熙帝宣布："盛世滋生人丁，永不加赋。"此举将康熙五十年的人丁数、丁银固定下来，康熙五十一年之后不再随人口增加而加税。此后额外增丁，不再多征丁银，而丁银总数不变，人丁不断增加，则人均负担不断降低。[②]

康熙帝"永不加赋"的主张也与帝国的治理模式相关。清朝时，中国疆域庞大，官僚机构规模相对较小，中枢通过300里、800里加急等信息传递机制，将中枢的意志传达到地方。但这耗费巨大，耗时亦长，影响了中枢统治的效率、规模和范围。是故清廷中枢的统治被称为"核查各省督抚的行动，而不是在地方事务处理中采取直接的主动性"。清廷对疆域内的统治，是松散地监管，而不是积极、无孔不入地控制。小规模的官僚队伍，固定的田赋，在康熙帝看来，既可以控制统治成本，减少对民间的盘剥，又能维持王朝的良性运转。

① 为弥补人丁死亡导致的人丁缺额，康熙五十五年（1716）加以补充："新增人丁，钦奉皇恩，永不加赋，令以新增人丁补足旧额缺数。除向系照地派丁外，其按人派丁者，如一户之内，开除一丁，新增一丁，即以所增抵补所除。倘开除二三丁，本户抵补不足，即以亲族之丁多者抵补；又不足，即以同甲同图之粮多者顶补。其余人丁，归入滋生册内造报。"

② 清代漕粮征收省份为山东、河南、江苏、浙江、安徽、江西、湖北、湖南八省，顺治二年（1645）定额征400万石。田赋多以银两征收，漕粮省份，"本色"征米，"折色"征银。

“永不加赋”奠定了清代的财政模式，也导致清廷财政能力的薄弱。清廷的财政收入主要来源于直接征收的正赋，此外则是间接征收的盐课、关税以及其他杂项收入。正赋收入在总收入中占据四分之三左右，其他各项收入即杂赋占据四分之一左右。

在正赋中，丁银所占比例相对较小，田赋（农业税）才是大头。据曾担任户部侍郎的王庆云记录，咸丰朝之前，每年各类田赋、盐课税、关税、杂税共计额征 4500 余万两。[①] 康熙、雍正年间，全国每年田赋银大约为 2500 万到 2600 万两，乾隆年间至清末，每年田赋银保持在 3300 万两以上，约占全国财政收入的四分之三。[②]

永不加赋，名义上减轻了民众负担，但人丁税一直保留。雍正朝，进一步推行“摊丁入亩”，将丁银（人丁税）均摊到田亩税当中，两税合并征收。“摊丁入亩”统一了赋税制度，简化了征收手续，在名义上减轻了民众负担（摊丁入亩后，田赋也称地丁钱粮），但实际上，“摊丁入亩”却加重了农民负担。原因是，在理论预设层面，实行“摊丁入亩”，无地贫民不用缴纳丁银，只对土地所有者征取。但在实际操作中，地主会通过提高田租的方式，将负担转嫁给租种土地的无地贫民。

① ［清］王庆云：《石渠余纪》卷三《直省岁入总数表》，北京古籍出版社 1985 年版，第 144 页。

② 彭云鹤：《试论清代的“摊丁入亩”制度》，《北京师院学报》1979 年第 3 期。

康熙帝晚年将田赋固定，可以视为对地方政府及权贵过度汲取民力的预防。但帝国自上而下的改革，未能克服来自下面的阻力，地方官员希望在财政上能有更大的权力。摊丁入亩实施后，正税固定，地方收入却不足，只能另走他途，征收耗羡（火耗）成为首选。

所谓耗羡，是地方州县在征税之后，要将碎银铸造成50两一个的大银锭。在铸造过程中，不可避免地产生损耗。正常铸银的损耗不过百分之一二，官方就将这些损耗额外摊派到民众头上。对于征收火耗，朝廷没有明确规定，地方官员就将火耗加派到十分之一二，或者十分之三四，从而捞取巨额利益，乃至有“州县官止取一分耗羡，此外不取，便称好官”之说。

州县一级捞到钱了，自然要孝敬督抚，督抚们则孝敬京官，彼此共享此项巨利。火耗之外，在盐业、漕运、驿站等领域，官员们也能通过各种手段捞取巨额陋规收入。陋规收入在正常俸禄的十倍以上；地区不同，陋规的收入也不同，但即使是最偏僻的地区，陋规的收入也很可观。与京官相比，地方官获取陋规的机会更多，所得也更为丰厚。

耗羡实际上是地方上的额外灰色收入，康熙朝时，陕西巡抚噶什图奏请将这笔灰色收入归公，收于中央。但康熙帝认为，火耗一项，是州县官员财政吃紧时，在正项之外稍稍增加收入的正常做法，原是地方官员的私事。

康熙帝爱惜羽毛，认为火耗一旦公开推行，则等于将地方官的灰色收入合法化，骂名则由自己承担，“加派之名，朕岂受乎？”[1] 由此康熙帝否决了火耗归公。到了雍正朝，雍正帝则没这么多顾虑，只要能扩充财政收入即可，因而大力推行“火耗归公”，将地方预算外收入纳入预算内管理，原本模糊的灰色收入由此具有了合法性。

雍正元年，山西巡抚诺岷奏请，把当年耗羡银从地方州县提存到省布政司，将之部分抵补亏空，部分发给官员养廉及作为地方公费。雍正帝对此奏大为赞许，认为“上不误公，下不累民”。诺岷将山西的火耗，从每正项一两加三四钱，改为加二钱，全省耗羡银总计50万两，其中养廉、办公费30万两，余下20万两抵补亏空。

山西的试验极为成功，此后在各省逐步推行。各省将此项收入的大部分，根据所属官员多少，从省到州县，按级分配。“火耗归公”加强了省一级的财政能力，使省一级能有余力应对各类突发事件；且此举将耗羡征收加以规范化，虽然谈不上减轻州县民众的负担，但稍微抑制了地方官员的贪腐，强化了王朝中枢的财政统治力。

至乾隆帝登基后，“火耗归公”政策又发生改变。乾隆十二年（1747），上谕军机大臣曰：“各省督抚养廉有二三万两者，有仅止数千两者，在督抚俱属办理公务，而养廉多寡悬殊，似属未

---

① ［清］蒋良骐：《东华录》，林树惠、傅贵九校点，中华书局1980年版，第399页。

均。”[1]据此，朝廷此年规范各省督抚养廉银。在乾隆朝，火耗银被跨省调拨，以盈余之省拨给不足之省成为常态。部分火耗被纳入中央财政，留在省一级的火耗又需要向户部核销，其过程繁琐无比。

总体而言，清廷正式以银两计算的税收，在1700年至1850年间保持稳定，其中约70%来自农业税。随着收入稳定和人口大幅增长，人均税收稳步下降，到1850年，人均缴纳的税收还不到1700年的一半。

后世津津乐道的所谓“黄宗羲定律”，其实是不存在的，每个朝代的覆灭因素皆不相同，哪有什么统一的定律可以套用不同年代？太平天国战争前，清廷的农业税收入基本上维持在4000万两左右，官僚机构不是庞大，而是落伍，根本无法适应社会经济的发展。太平天国战争之后，清廷财政收入不断上涨，则是因为商业税的开征，农业税收的比例一直在降低。

总体而言，清廷的财税收入占GDP的比重一直很低，宋代、明代的税收收入在总量和人均上都超过了清朝时期。19世纪末，虽然清廷财政收入整体增长，但农业税占整个土地所出的2%至4%，且收入的很大部分来自南方富裕省份。到1908年时，清廷财政收入不过占到整个国家GDP的2.4%。整个清代，税收收入仍

① 《清实录》第一二册《高宗实录》卷二九〇，乾隆十二年五月己亥条，中华书局1985年版，第799页。

远低于 GDP 的 5%。[①] 当然，即使税率很低，但因为有庞大的纳税人口、政府运作的低成本、通过商人捐输获得额外的收入，也能使清廷拥有充足的财源，维持其统治。

由于清廷的权力缺乏民意支持的合法性，开国后又面临各种挑战，且以外族入主中原，只能通过轻徭薄赋、量入为出的紧缩财政政策来塑造自身的合法性。这就导致了清廷的税收能力很差，没有强大的公共财政，因此道路桥梁、城市公共设施等公共事业几乎没有财政的支持，更遑论其他民生内容。当第一批清朝官员出国考察时，便惊叹于西欧的政府竟然有钱可以用来开展如此之多的公共设施建设和善举。另一方面，由于地方政府没有制度化的税收体系，财政能力薄弱，地方政府主要依赖额外收入，如包税制、各种陋规等，这就无形中加重了民间的苦难，造成更多小规模的民变。

在 18 世纪后期，以银衡量，欧洲主要国家征收的人均税额是清廷的 15 至 40 倍。英国政府的税收收入更远远超过了经济规模更大、人口更多的清廷。由此可见，清朝的财政能力有限，且有限的财政收入导致清廷无法进一步扩大官僚机构，由此也使得官僚机构的规模远远落后于人口的增长，从而削弱了清廷的行政效率。在一些地区，如大量移民涌入的陕西、四川、湖北三省交

① Loren Brandt, Debin Ma, and Thomas G. Rawski, "From Divergence to Convergence: Reevaluating the History behind China's Economic Boom," *Journal of Economic Literature*, Vol. 52, No. 1 (March 2014), pp. 45-123.

界地区，湖南的部分山区，台湾地区等，清廷的统治未能覆盖，出现了统治的真空地带，于是各种势力充斥，最终爆发了白莲教起义、苗民起义、台湾天地会起义等。

在税收的区域来源上，江南地区承担了沉重的税赋，地方政府效率有限，即使使出浑身解数也难以完成征收任务，因此官员常被褫革降职，导致怨声载道。由此官府想到的办法是，如果将地方各县一分为二，所征钱粮便减少一半，官员的压力自然也分解掉了一半，还不致影响仕途。雍正二年（1724），江苏苏州、松江、常州三府大规模升州析县。升州析县后，苏、松、常、太三府一州钱粮总数未降，但由于属县增多，各县钱粮征收压力大为减轻，地方官被惩罚的概率也大为降低。

快速扩张的人口，有限的行政机构，薄弱的财政状况，使地方政府不得不依赖地方精英从事某些社会治理任务，如营造公共设施、开展社会救济、承担赋税征收等。地方官员也采取了一系列措施来增加地方财政收入，诸如夸大灾荒的严重程度，拖欠税款，与地方土地所有者勾结，将土地从税收名册中删除等。在庞大的帝国体制内，各种陋规层出不穷，但中枢也无力顾及于此了。

康熙二十一年（1682），田赋收入为2634万两银，乾隆三十一年（1766），增加至2991万两银。乾隆十八年（1753），清廷全部关税（包括常关及海关）收入是432余万两，占当时财政收入总额的十分之一左右，而该年江、浙、闽、粤四关的税收合计只有99余万两，外贸税收占比并不高。因此，清廷方面傲慢地宣称，外贸收入“自天朝视之，实属无关毫末”。

虽然对外贸易的税收在全部财政收入中所占比重不高，但海外大宗贸易对清廷的好处却是不言而喻的，它给清廷带来了大量急需的金银，甚至使中国被视为全球白银的“蓄水池”。后世更有研究者认为，清代中国主要出口各类制成品，西方人几乎无一例外地只能用白银来交换。自康熙三十九年（1700）至乾隆十六年（1751）的半个世纪中，西欧各国流入中国的白银高达6807余万元，平均每年为130余万元。[①]

通过对外大宗商品贸易，大量白银被输入中国，这为国内商品流通提供了充足的货币，带来了国内生产贸易的繁荣，提升了市场化与商业化水平，提振了传统社会经济，无疑也强化了清廷的财赋能力，为清廷创造了更多的收入，由此乾隆帝才有财力去发动一次次战争。

乾隆一朝，大规模的战事就有十次，号称“十全武功”。如大小金川之战，自乾隆三十六年（1771）七月出兵，至乾隆四十一年（1776）大小金川彻底平定，历时五年。此两次战役，军费开支就在6300万两左右。总计乾隆一朝所用军费约在1.2亿两以上。

同时，白银的大量涌入也带动了各地米价、地价的持续上升，但这种上升尚在可以接受的范围，“因为美洲白银的流入适

① 余捷琼：《1700—1937年中国银货输出入的一个估计》，商务印书馆1940年版，第32—34页。

应了清朝赋税征收、财政运行和官僚系统运作的需要，很快地进入国家的贡赋体系，并有很大一部分为国库、皇帝和权贵所囤积，所以，18世纪大规模的白银输入，才没有引致物价的大幅上升”[①]。

值得注意的是，清廷采取的是二元财政结构，即国家财政与皇室财政并存。国家财政主要来自农业税，皇室财政主要来自各类商业收入，如人参、皮货、玉器的专卖，关税盈余、商人报效、当铺生息、帑银生息等，为内务府提供了充足的银两。就国家财政而言，乾隆一朝，户部存银不断增加。如乾隆十三年（1748），户部存银2746万两；乾隆二十三年（1758），增至3638万两；乾隆二十九年（1764），增至5427万两；乾隆三十三年（1768），存银7182万两。[②]

就皇室财政而言，通过商业获得的收入年均在200余万两。乾隆中期，内务府每岁盈余累积，反充外府（户部）之用。如乾隆三十三年（1768）五月，内务府奏请将广储司银150万两交给户部收存备用。乾隆朝60年中，仅两淮盐政衙门给予内务府的收入就达1881余万两。[③]可以说，正是海外贸易带来的源源不断

① 陈春声、刘志伟：《贡赋、市场与物质生活——试论十八世纪美洲白银输入与中国社会变迁之关系》，《清华大学学报（哲学社会科学版）》2010年第5期。

② 史志宏：《清代户部银库收支和库存研究》，社会科学文献出版社2014年版，第84页。

③ 中国第一历史档案馆编：《明清档案与历史研究论文集》（下），新华出版社2008年版，第924页。

的白银，支撑起了所谓的“乾隆盛世”。

在鸦片战争之前，清廷的固定开销有皇室经费、宗室世职和官吏俸禄、兵饷、驿站经费、科举开支、河工费用之类。总计起来，每年清政府开销约在4000万两以上，一般而言，财政收入尚能维持开销。乾隆朝时期，每年财政盈余，积累下来，数目巨大，也足以支撑战事。但清廷财政均衡的前提是，不能出现太多的危机，如果遇上黄河决堤、大规模战事、各地灾荒同时爆发，则财政会入不敷出。

嘉庆朝之后，各类内外危机齐发，财政开销居高不下，根本没有结余。嘉庆、道光两朝，为了挽救财政危机，不得不通过盐斤加价、开捐输等手段填补窟窿，才勉强支撑过去。在太平天国战争中，清廷上下更是绞尽脑汁，开征新税，增强财政能力，开始从紧缩型财政走向扩张型财政，也不再量入为出，因此财政收入节节攀升。

嘉道两朝，虽然经济萧条，可人口持续保持增长，对外出口数据也是不断增长，但整个社会的状态是“有增长而无发展”。由于有了增长，才能为清廷吊上一口气，苟延残喘着；由于没有发展，危机并未消除，一切没有变革，最后只有通过战争的方式来解决。

自好望角及新大陆发现之后，西欧商业资本的市场变得广阔，不可限量，西欧的经济已由内海贸易进入跨洋国际贸易。资本的大量积累，大宗商品输出的需要，导致了大规模手工业工厂的成立。新大陆及金矿的发现，增强了西欧商业金融资本的力量，进一步激发手工业主扩大工厂规模，更加积极地参与国际市场竞争。事实上，只有通过国际贸易才能带动整个社会的转变，创造更多的财富，改变每个人的命运，普惠民生。

可是，此时的清廷却沉迷于天朝大国的荣耀之中，统治者对于海外贸易的积极作用持怀疑态度。在赋税收入中，外贸所征占比并不算高，官方又看不到外贸带来的其他好处，自然不会出台扶持海外贸易的政策。清廷可以为了维持朝贡秩序，为了帝国的面子、皇帝的荣耀，而发动一次次战争，却不会为了贸易而发动战争。

国际贸易给欧洲带来了整个社会的革命，但在中国，海量白银的流入只是强化了大清王朝的造血能力，虽有增长，但没有变革。对清廷的海外政策，往昔多以“闭关锁国”加以概括，但可以认为，清廷与彼时的西欧相比，实际算不上“闭关锁国”，只是处于经济上“你来我不往”，精神上“自我麻醉”的状态，他们无心于外部发生的一切，更不关心贸易的开拓。清廷的统治者甚至连自己国内的经济事务都不大了解，而英国伦敦、荷兰阿姆斯特丹则收集来自全世界的情报，全力营建着海上舰队，预备为了商业贸易，发起一次次对外战争。

第二章 傀儡：广州行商与『以商制夷』国策

有清一代，中国的进出口贸易，主要在广州一地进行。主持中国对外贸易的广州十三行行商是中国最富裕的一群人，已形成相当可观的资本积累。但放长历史的时间线，可以发现，在鸦片战争前夕，行商出现了“无商不亏”“无富庶良善之人敢充行商”的景象，乃至行商们纷纷发出哀叹：“宁为一只狗，不为行商首。”最终，行商消失在历史舞台上，对中国社会的转型、发展，未起到促进作用，这一切却是为何？

天朝的傀儡：广州十三行的真相

在十三行正式成立之前，已有行商从事海外贸易。清康熙年间屈大均《广东新语》收录的《广州竹枝词》云："洋船争出是官商，十字门开向二洋。五丝八丝广缎好，银钱堆满十三行。"《广东新语》乃康熙二十二年（1683）之后撰写，其所描述的"官商"，乃是平南王尚氏父子控制广东时期，从事海外贸易的"藩下人"，也即"王商"。康熙十九年（1680），尚之信被赐死，王商们虽失去后台，但他们凭借贸易经验与金融资本，在海外贸易中仍然发挥作用。

康熙二十三年（1684），清廷开海禁："今海内一统，寰宇宁谧，满汉人民俱同一体，应令出洋贸易，以彰富庶之治，得旨开海贸易。"第二年，清廷设闽、粤、江、浙四关，管理对外贸易，征收关税。广州粤海关衙门设立，准许十三行（商）直接与外商开展民间海外贸易。①

① 康熙二十五年（1686），第一任粤海关监督宜尔格图与两广总督吴兴祚、广东巡抚李士桢共同发布了《分别住行货税》，决定"设立金丝行、洋货行两项货店"，金丝行负责国内贸易税"住税"，洋货行负责海外贸易税"行税"。由此将海外贸易单独列出，并由行商垄断。金丝行设在佛山，佛山由此成为岭南内贸批发中心，商业得到大发展。洋货行设在广州。金丝行、洋货行各立招牌，不许混在一处。

15世纪时，欧洲对东方的贸易被葡萄牙、西班牙垄断，此时荷兰商人不过是从里斯本到北欧进行批发贸易。16世纪末，荷兰商人打破葡萄牙在东方独占的局面，至17世纪前半叶，荷兰商人已是对远东贸易的霸主。此一时期，英国也在东方努力取得贸易突破，至17世纪后半叶，英国东印度公司逐渐将荷兰对东方贸易的控制权夺走。

初到中国时，英国东印度公司对中国的地理位置与市场情况并无清晰认识，自以为中国北方寒冷，自然需要毛织品。于是英国商船沿海北上，至宁波、厦门开展贸易，不想此两地的各种陋规让英国商船不胜其烦。英国商船所期待获得的中国货物，需要先向中国商人支付五分之一的预付款，再等待其采购各类货物。不远万里运来的英国毛织品滞销，中国货物的采购价格昂贵，使英国商船放弃了前往宁波、厦门开展贸易的计划。

康熙五十四年（1715），英国港脚商船“安妮”号在厦门与清军发生冲突。此前一年，“安妮”号、“剑桥”号至厦门贸易，“剑桥”号采购货物后返回孟买。“安妮”号因为中国商人欠款未付，在此等了一年。中国官吏则迫使其离港，大怒之下，英国商船转而劫持了一艘中国商船。虽遭到清军武装帆船的围攻，“安妮”号还是拖带着中国商船返回印度马德拉斯，将中国商船拍卖。此次事件后，沿海北上厦门、宁波贸易的英国船只逐渐减少。

相较厦门、宁波等口岸，广州口岸贸易历史久远，法律体系成熟，虽有各种陋规，却还在洋商所能接受的范围之内。广州市场发达，也有一批精通对外贸易、资本雄厚的商人，在此办货效率高、速度快，西方各国商船不至错过信风。英国人评价："在广州，东印度公司员工面对的是一个稳定且管理良好的官僚机构，它致力于支持和规范国际贸易。尽管中国的贪官污吏、贿赂以及高关税可能依旧让人颇有微词，但'广州体制'促进了跨文化贸易。"① 故而各国商船，基本上放弃了其他三处口岸，而以广州一口贸易为主。②

问题是，大量国外商船前来广州从事贸易，但清廷并不愿意与洋商发生直接交往。一方面，清廷秉持天朝思维，认为自己是天下的中心，不屑与洋人打交道；另一方面，清廷入关之后，推崇华夏文化，所谓"君子不言利"，自然不能直接与洋人做生意。故而清廷将原本应该由国家控制的对外贸易乃至外交事务，一并交给了十三行行商，又以粤海关监督、管理行商。

对于清代十三行的成立时间，学界有各种说法，但大致可以判断，1685 年，随着海外贸易的发展，十三行体制形成。主管行商的粤海关监督由皇帝钦点，每届任期一年，任满之后，若得皇帝青睐，则可连任。清代内务府经费、办公银及各种大工程开

① ［美］韩洁西：《史密斯先生到中国：三个苏格兰人与不列颠全球帝国的崛起》，史可鉴译，广东人民出版社 2021 年版，第 8 页。

② 康熙五十五年至乾隆二十四年之间，只有雍正十二、十三年，乾隆二十、二十一、二十二年，各有西方商船赴厦门，乾隆二十、二十一、二十二年，各有西方商船至宁波，其他西方商船均在广州从事贸易。

销，有相当一部分经费来自粤海关。[①]

可以这样认为，粤海关直接关系皇帝的钱袋子，怎么能不派自己亲信的奴才去打点？乾隆十五年（1750）以前，粤海关以广州地方官兼任，乾隆十五年以后，始专设粤海关监督。[②]粤海关监督几乎全部为内务府中人，并被纳入皇室财政管理。凡征收税课及应行事宜，粤海关监督不受地方督抚节制，直接向皇帝和户部奏报每年征税情况，所得税银分别解送户部、内务府。

粤海关监督权限极大，对外贸易由其一手操控，对内税收报销由其一人包办。每年完成政府额定的征税数目后，可以自由处置盈余税银。清廷实际上默许粤海关监督在缴纳政府额定数目之后，从中分肥。朝廷也知道粤海关监督捞钱多，于是每逢手头紧张时，就命其捐银报效朝廷。当然，能到粤海关任职的内务府官员，都是皇帝的亲信，主子既然有需要，奴才自然心领神会，出点钱也无所谓。

---

① 粤海关收入，一部分交给内务府，充作皇室大内开销，一部分则解送户部。在内务府的经费中，粤海关承担了很大份额。内务府经费，初期并无特定数额，至乾隆中期之后，一般稳定在每年 60 万两，由户部拨出。除户部拨款外，内务府也有自己的经济来源，如通过税关、盐政、皇庄等获得收入。到了咸丰年间，由于遍地战火，户部常不能拨出这笔款项。同治年间，内务府的经费主要来自盐课和税务，不足时则向户部借拨。内务府办公银两，本由两淮盐课拨给。道光十年（1830），因两淮拖欠内务府办公银，改从粤海关盈余银内拨出 30 万两，交给内务府广储司作为办公经费，此后成为定制。咸丰十年（1860）粤海关常、洋两税分开之后，此笔款项改由粤海关洋税下拨出，每年分四季起解。

② [清] 刘锦藻：《清续文献通考》卷三十《征榷考二》，民国景《十通》本。

从税收来源而言，粤海关征税主要有三大部分，分别是船钞、货税和陋规。

船钞 即根据船只大小征收的关税。康熙三十七年（1698）以前，西方各国来华船只，执行的是“西洋夹板船”税例。[①]按照西洋夹板船征收的税率较高，康熙三十七年以后，西方来华船只参照“东洋夹板船”税例，船只按尺寸大小分为一、二、三等，“照东洋船例，减钞银十分之二，按船征收”，“一等大船，征钞自一千一百余两至二千一二百两不等；二、三等中小船，征钞八百余两至四百余两不等”。[②]

货税 也称商税，是针对进出口货物征收的关税。分为衣物、食物、用物和杂货四大类，每类之下又分为多种小项。“凡商船出洋进口各货，按斤科税者为多，有按丈、匹、个、件者，各因其物，分别贵贱征收。”[③]对于价格难以确定的，或是根据货值贵贱比例征收，或是进行估价加以征收。

陋规 西方船只入口时，要缴纳各类陋规，从给海关监督的官礼银开始，到书吏、家人、通事、头役止，其规礼、火足、开舱、押船、丈量、贴写、小包等名色，共30条。又放关出口，书吏人等验舱、放关、领牌、押船、贴写、小包等名色，共38条。名目之多，不胜枚举。此类陋规，不分船只大小等次，一律

① 夹板船：指船板在吃水线以下用铜皮包覆，具有抗腐蚀性能的一种船型。

② ［清］佚名：《粤海关志》卷八，清道光广东刻本。

③《官修大清会典则例》卷四十七《户部》，清文渊阁《四库全书》本。

于“船钞”“货税”之外缴纳。当然，陋规征收没有统一标准，管关人员可随意增减，从中牟利。据马儒翰（J.R.Morrison）在1834年出版的《中国贸易指南》中记载，粤海关茶叶的合法税率，每担为1两2钱7分9厘，实际征收额却增加了5倍，至6两之多。雍正四年（1726），此类陋规被曝出归公，刊入例册。从事对华贸易的外国船只，无论大小，每船需缴纳1950两规礼银（法国船加100两，英国港脚船减100两）。[①]乾隆二十四年（1759），受英国人洪任辉北上告御状事件影响，清廷将此项规礼银合并核算，改称“归公银”。

十三行行商主持对外贸易，代粤海关征收进出口洋船各项税饷，承销进口商品，替洋商采办各类出口货物。行商也负有部分外交职责，代官方管理洋商，处理外事，管束在华洋商，传达政令，办理与外商交涉等事宜。外国商船抵达后，由行商替外商将进出口货物向粤海关报关，粤海关只派员核验货物与税额，行商再赴粤海关缴纳关税。粤海关不直接与外商打交道，只是从行商手中接收关税，向朝廷奏报税额。

1689年，康熙帝同意外国船只由十字门进入珠江，前往黄埔停泊并从事贸易。凡外国船舶来粤者，必须先泊碇于澳门；次经海关监督之丈量；次得海关监督之许可，商船由引水引入距离广州14里的黄埔，先起炮位，待交易完毕后给还。此后外国商船

① 外国船只入口、出口，征缴收入内务府金库的数额分别为1089.64两、516.561两，另有度量单位产生的差异银9.359两，其余11项陋规总计334.44两。

需要向行商“投行”，行商由此成为该船只人员缴纳所有税项的担保者，船只的大部分交易也与这名行商发生。

十三行的办事机构设在珠江边，沿着江岸一直向东延伸，以便于货物的装卸、储存。十三行的货物中，从内地运来的茶叶和丝在这里过秤、打包，加上标记，再用驳艇运到黄埔的洋船上。用来运货的驳艇是特制的，有圆形的舱板，外形像一个瓜，载重量为500担，或容茶叶500箱。各行号办事敏捷有序，打包整齐，手法灵巧。[①]

虽然称为“十三行”，但行商数目并不局限于13，而是处于变动状态，如乾隆二十二年（1757）就有洋行26家。当时，与西方商人进行贸易的行商大多会通过捐纳获得官衔，故而又称“官商”。由此西方商人习惯在行商名字之后加上一个“官”字。外国人往往误以为“官”为名字的一部分，其实官是尊称，相当于英文的先生，字义是管理或控制。如崇义行行商陈崇义，商名为“陈汀官”；怡和行的伍秉鉴，被尊称为“伍浩官”。广东十三行行商并非全为广东人，而以闽商为主。据《广东十三行考》提及的15家行商籍贯，其中福建籍7人，安徽籍1人，浙江籍1

① ［美］威廉·C. 亨特：《广州“番鬼”录》，冯树铁译，广东人民出版社1993年版，第26页。

人，广东籍6人（可能包括寄籍者）。[①]

成为行商，需要先向官方申请，初期条件并不高。康熙二十五年（1686），广东巡抚李士桢招充行商队伍，条件是“身家殷实之人，愿充洋货行者。或呈明地方官承充，或改换招牌，各具呈认明给帖”[②]。此后行商的条件不断提升，嘉庆朝时，成为行商，缴纳的银两在20万两到40万两之间。

在行商之中，又有总商，初期由行商公推，并不需要经过官方认可，至嘉庆十八年（1813），总商也需要经过官方认可。因为行商“亏者疲乏，拖欠逋逃”，在嘉庆十八年前，成为行商需要一二行商具保，之后则需要总散各商联名结保。

西方船舶来华，一般五六月乘西南风抵达，九十月乘东北风归国。如果货物滞销，或是与行商间有账目未清，可向粤海关申请前往澳门居住，待结算清，可于次年归国。洋商不能在华过冬，冬季时房子由房主派人看护，在房租之外，尚需支付看房费。

康熙三十八年（1699），英国东印度公司商船“麦士里菲尔德”号抵达澳门。为了做生意，英国商人进入广州，与“王商”

---

① 福建籍的有同文行潘启、义丰行蔡昭复、怡和行伍秉鉴、义成行叶上林、丽泉行潘长耀、东裕行谢嘉梧、资元行黎光华；安徽籍的有东生行刘德章；浙江籍的有万成行沐士方；广东籍的有西成行黎光远、会隆行郑崇谦、天宝行梁经国、孚泰行易元昌、隆记行张殿铨、广利行卢文蔚。

② 李士桢：《抚粤政略》卷六《文告》，载《近代中国史料丛刊》三编第39辑第383册，文海出版社1988年版。

洪顺官打起交道，暂住在洪顺官的寓所，并和一些商人会谈。此年10月，商船被许可进入广州黄埔。英国商人获准在广州租赁一间房子，在广州过冬。至来年7月，“麦士里菲尔德”号方才离去，前往浙江口岸进行贸易。“麦士里菲尔德”号运来了26000磅的现银和5400余磅的货物，货物主要是呢绒，有四分之一没能卖出。

由此年英商在广州过冬始，开启了洋商冬季在广州居住的先例。海禁开放后，在广州进行贸易的有英国、荷兰、葡萄牙、西班牙、法国等国。在获得许可后，西方人得以在广州城外珠江左岸租住十三行行商的房子，其居住区域由限制他们外出的围墙环绕。西方各国在广州的房屋，称为商馆（Factory），意为代理处，商馆属行商私产。

康熙三十七年（1698），法国商人在广州设立商馆（夷馆），这是欧洲最早在华设立的商馆。英国东印度公司在康熙五十四年（1715）设立商馆。荷兰在雍正七年（1729）设立商馆。雍正九年（1731），丹麦设立商馆。雍正十年（1732），瑞典设立商馆。

与广州行商打交道的英国东印度公司大班，最初指商船上的职员，负责管理货物及商业来往，后来演变为商业代理人。1770年起，英国东印度公司的大班至广州后不再回船，而是组成一个团体，常驻广州，负责公司在中国的贸易活动。团体内一般有12个大班，其中资格较老者组成监理委员会，执行东印度公司伦敦董事会的指示。初期东印度公司工作人员可以留居广州，港脚商（country merchant，是指领取东印度公司执照，往来于印度、东印度群岛、中国之间，进行贸易的英国私商，及葡萄牙、印度（帕西）私商）则不允许留在广州。

洋商在华期间，需要雇佣买办、通事、看银师等，帮助开展贸易事宜。通事初期使用葡萄牙语，有华人、葡萄牙人及中葡混血儿，他们地位很低，通常被官方视为“奸棍”。成为通事，收入丰厚，但需要经过行商担保。此时买办的工作，主要是为商馆中的洋商采购各类食物及日用品。买办需要通事担保，而商馆中雇佣的杂役则需要买办保证，如此层层互保，以确保洋人在华安分。

此时，清廷官方对于洋商在广州居住也有很多限制，如不许携带女眷，不许乘坐轿子，不得携带武器，不许擅自出入等。对洋商在华期间的一切行为，行商承担保证责任，一旦洋商行为背离清廷的律法规定，则行商要被治罪。

1807 年，英国东印度公司“海王星”号商船停泊广州，船上水手与围观的中国人发生冲突，一名中国人被打死。事后广州官方勒令英国人交出一名水手偿命，但被英国人拒绝。广州官方遂令“海王星”号的担保人行商卢观恒，去找英国人索要水手。卢观恒未能要到人，于是被捕入狱。无奈之下，卢观恒出巨资贿赂官方，此事最后才以荒诞的方式得到解决，由此可见行商地位的朝不保夕。卢观恒去世后，经过其子运作，方才得以入祀乡贤祠。此举引起番禺士绅强烈不满，认为商贾没有德行，不能入祀乡贤祠，此后卢观恒“木主”被撤出乡贤祠。

乾隆四十九年（1784），在陕西、湖北、山西等地，官方查出潜入内地传教的天主教传教士多人，导致乾隆帝大怒，下令彻查。结果发现，西方传教士借助西方船只，混在西方商人之中进入广州，进而进入内地，十三行行商未能监视好西方船只，需要承担责任。最终的处理结果是，行商潘文岩因任由洋人传教，失于防范，罚银 12 万两充公。此后潘文岩如履薄冰，战战兢兢。

乾隆二十年（1755），两广总督、粤海关监督联衔发布告示，禁止所有洋货商铺与外商直接贸易，一切贸易必须在行商的名义下进行，以保证行商对外贸的垄断。英国东印度公司订购的茶叶，主要产自皖南、浙赣交界、闽浙交界的重峦叠嶂之地。随着茶叶贸易的兴盛，在华洋商希望能在靠近茶叶产地的其他口岸从事贸易。另一方面，天长日久之后，原先相对规范的广州口岸，也是弊端丛生，让洋商日益不满，由此引发了英国商人至其他口岸从事贸易的探索。

乾隆二十二年（1757）六月，英国人洪任辉率船携运大量枪炮军火等违禁品到达宁波，就增税之事与官员产生激烈争执，闽浙总督杨应琚亲赴宁波调处，并奏报中央。十一月，乾隆帝下旨，规定洋商“将来只许在广东收泊交易”。四口通商改为广州一口通商，这被视为乾隆帝在对外政策上的倒退，但其实并不如此。广州一口通商，只是限定西方船只，南洋各国商民仍然可至江、浙、闽贸易，如吕宋、暹罗商船就可以至厦门贸易，江、浙、闽三海关仍然保留并执行海关职能。

总体而言，十三行只是散漫的商人组织，其存在的意义在于贯彻清廷“以官制商，以商制夷”的策略。只是原先各个行商单独从事对外贸易，其中弊处颇多，行商常常吃亏。康熙五十九年（1720）十一月，行商在神前宰鸡啜血共同盟誓，成立广州公行，制定行规13条。公行的主要功能是：共同议定进出口货物价格；承销外国商人的进口货，代办出口货；代洋商缴纳海关税；监督洋商在华居住期间的活动；替清廷处理各类涉及洋商交涉事宜；避免行业之间的恶性竞争，解决同业困难等。

自公行成立后，行商作为一个整体，谋取加强对外贸易的垄断权与定价权。但公行仍然只是一个松散的机构，在内部，公行缺乏对行商违约行为的惩罚机制；在外部，公行则面临各国洋商的破坏。

公行的成立，无疑影响到了西方各国的商业利润。在英国东印度公司大班的阻挠与破坏下，次年公行暂时解散，之后公行又几经废立。从康熙五十九年（1720）至乾隆四十七年（1782），广州行商先后五次组织公行，试图由行商掌握出口货物的定价权。此举被东印度公司通过分化行商、贿赂官府、阻滞贸易等方式，加以破坏。乾隆二十五年（1760），公行第二次成立后，至乾隆三十六年（1771）废除，原因是行商潘振承以英国东印度公司给予的银两贿赂两广总督，使其下令撤销公行。乾隆四十七年（1782），公行再设后，对部分进出口货物征收行佣，却已无法控制价格。

东印度公司是英国的一把利剑，被授予了军事权、财政权，用来开拓海外市场，争夺海洋霸权，这是外向攻击性的贸易政策。反观广州行商，清廷并未给予他们在海外开拓贸易的使命，主要是利用其与洋商交往，达成“以商制夷”的目的，这是内敛防守型的贸易政策。行商在整个贸易过程中，也是被动的角色，主要是为外商办理出口货物，并承销进口洋货，罕有组织商品至海外销售、开拓贸易之举。

作为一个群体，行商的问题是，虽然执行的是外贸与外交事务，却缺乏独立性。在政商关系中，行商处于被动、服从的地位。他们虽然商名上冠之以“官”，实质上却无权力，其任何行动都处于粤海关监督及广州官员的监督之下，不过是一群傀儡而已。

由于对外的商业行动卷入了政治的成分，又关系到天朝上国的面子，这也使得广州行商在商业贸易中小心翼翼，唯恐招惹出什么祸端。于是，保守、内敛、低调就成为行商们的特色，当贸易顺畅时，他们虽然拥有巨大的资金，却没有独立性可言。行商的财富是从权力中滋生而出，处于寄生状态的他们，对于改进国内生产技术、活跃金融、推动整个社会的前行，丝毫不感兴趣。广州贸易带来的巨大的白银财富，不过是为清廷内循环的统治输血，使大清能有强大的财力维持统治而已。

茶叶世纪的诞生

1600年12月，东印度公司得到英王特许成立，垄断好望角至麦哲伦海峡之间广大地区的贸易。1612年，公司定名为英国东印度公司。东印度公司自创设之后，其对外贸易的指导思想主要有三条：维护自身在东方贸易的垄断与特许权，排除其他国家的竞争；争取东方各国的特许权，以尽可能低的价格采购货物；通过输出货币来增加财富，货币产生贸易，贸易增加更多货币。[①]

东印度公司创立初期的董事托马斯·孟认为，对外贸易是增加财富的手段。货币在国内市场的流通并不能增加国家财富，因为国内商品流通的结果是“一个人的所得就是另一个人所失”。将货币输出国外，通过对外贸易的差额增加国内的财富，才能使国家富足。在对外贸易中实现“多卖少买”，那么付给外国的货币，将始终少于从外国收回的货币，货币就会以外贸顺差的形式流入国内。东印度公司吸纳货币增加财富的梦想，却被来自中国的商品——茶叶给刺破。

早在1517年，葡萄牙人在抵达中国返回时便将茶叶带回欧

① ［英］托马斯·孟：《英国得自对外贸易的财富》，袁南宇译，商务印书馆1965年版，第13—14页。

洲。但茶叶最初并不为欧洲人所喜，被戏称为“干草水”。直到荷兰人到来后，茶叶才神奇地得到了欧洲人的青睐。

1615 年，英国东印度公司驻日本的代理人 R. Wickham 在写给驻澳门的同事的一封信中请求对方为他在澳门买一罐好茶。此时的茶叶价格昂贵，“掷三银块饮茶一盅”[①]。崇祯十年（1637），英国“科腾商团”来到广州虎门，与明军发生冲突。此次英国商船来华，没有卖出一件英国货物，只是抛出了八万枚西班牙银圆。在交往之中，英国人取茶的福建土音“tay”，拼成英文“tea”。至 1657 年，第一批茶叶经由荷兰人之手，传入英国。

1658 年，英国出现最早的售茶广告：“这种被所有医生都称赞的中国饮料，被中国人称为 Thea，在其他国家被称为 Tay 或 Tee，在伦敦的咖啡屋有售。”1664 年，东印度公司赠给英皇红茶二磅，获奖 100 先令，由此引发上流社会饮茶之风，进而传遍欧洲各国。

1668 年，英国东印度公司获得英国茶叶贸易的特许权，可以运茶进入英国。第二年，英国东印度公司通过爪哇的茶叶转销，将中国茶叶引入英国销售。1685 年，英国东印度公司直接从厦门进口大量茶叶，输入英国。“特优茶叶 150 担，半数罐装，半数壶装，全部用箱装，每壶盛茶叶 1～4 斤，运回英伦。”[②]1686 年，

① ［英］麦克伊文：《中国茶与英国贸易沿革史》，冯国福译，《东方杂志》1913 年第 10 卷第 3 号，第 33 页。

② ［美］马士：《东印度公司对华贸易编年史（1635—1834 年）》第一、二卷，区宗华译，中山大学出版社 1991 年版，第 62 页。

荷兰人禁止茶叶进入爪哇，茶商乃将茶叶转运往英国，此时茶叶一磅价值金 6 磅至 10 磅。17 世纪之后，每年中国茶叶输入英国约两万磅，茶叶平均价为每磅 16 先令。[①] 从 1717 年起，茶叶的地位开始超过生丝，成为英国进口的第一大商品。如果说 16 世纪是香料的世纪，17 世纪是胡椒的世纪，那么，18 世纪则是茶叶的世纪。

自 17 世纪初叶开始，茶叶的对欧贸易曾长期被荷兰人垄断，英国东印度公司要晚几十年才运第一批茶叶回英国售卖。其后两国互相竞争，到了 18 世纪 30 年代，荷兰人购买茶叶的数量仍然有几年多过英国。可是后来形势改变，到了 1787 年，共有 83 艘外国船舶抵达广州购运茶叶，其中英国东印度公司的船多至 29 艘，英国私商（港脚商）的船多至 31 艘，而荷兰船只仅有 5 艘。到了 1789 年，荷兰承认不再是欧洲市场上中国茶叶的最大供应者，其地位被英国取而代之。[②]

英国东印度公司拥有当时世界上最先进的运输船，即快剪船（Clipper），这种船只移动速度快，装载货物多，每次运输茶叶回到伦敦时，都会引发万人空巷。茶叶在运输过程中，会被人们事先装在密封的白铜器皿中，然后用树叶包裹起来，再置于干燥

① ［英］麦克伊文：《中国茶与英国贸易沿革史》，冯国福译，《东方杂志》1913 年第 10 卷第 3 号，第 35 页。

② 全汉昇：《再论十七八世纪的中荷贸易》，《“中央研究院”历史语言研究所集刊》1993 年第 4 期，第 65 页。

的木桶中，密闭压实。

为了保证茶叶质量，影响茶叶气味的货品，如指甲花、麝香、樟脑以及其他具有强烈气味的货物，都不得上船，或者，至少不能接近茶叶。装货时，因为瓷器重量大又耐潮湿，会被作为压舱物放在船舱最底层。茶叶重量较小，需要防潮，便放在船舱最上面，在天气良好的时候还可以打开舱口，使茶叶能够通气。中国行商在贸易中也会确保茶叶的质量，以建立自己的商业信誉。乾隆四十八年（1783），因为质量问题，行商潘启官（潘振承）退赔质量较差的武夷茶就达 1402 箱，价值超过一万银圆。

与红茶相比，绿茶更容易掺假，这使得英国人更加偏爱红茶，遂致红茶在受欢迎程度上后来居上，逐渐取代了绿茶的地位。1739 年，东印度公司与广州行商签订协议订购大量武夷茶，每担值银 14 两至 15.5 两之间。“这种最便宜的黑茶（亦名棕色茶，而中国人叫红茶），构成茶叶投资的较大部分。”[1] 在当时，绿茶的收购价格要高于红茶。1778 年，在广州市场上，屯溪茶每担值 22 两，而武夷茶每担仅值 13.5 两至 14 两。1783 年，“诺森伯兰”号收购屯溪茶价格每担 25 两，武夷茶仅为 14.5 两。英国国内对绿茶征收的关税高于红茶，这也使得红茶价格更加优惠。

茶叶是唯一能够成为普遍消费品，而又不与英国本土制造品

---

① ［美］马士：《东印度公司对华贸易编年史（1635—1834 年）》第一、二卷，区宗华译，中山大学出版社 1991 年版，第 268 页。

形成竞争的货物。与娇嫩的绿茶相比，红茶更适合英国的气候与消费者习惯，如它需要更高的水温来冲泡，这适合生活在寒冷天气中的英国人。英国人在红茶中会添加牛奶、糖，使茶汤口感更好，而绿茶则无法添加这些东西。英国占据的西印度群岛为此提供了大量砂糖，从消费的角度而言，销售者也会鼓励消费者饮茶时添加砂糖。每一小撮茶叶放入壶中，总要加上几匙西印度群岛出产的砂糖。

在对外开拓贸易的过程中，英国东印度公司早就发现了奇妙的饮料——咖啡。咖啡被英国人视为具有各类医疗功效，又能提神，在 17 世纪中叶流行开来。1650 年，在牛津出现了英国第一家咖啡馆，此后咖啡馆迅速遍布各地，成为英国人教堂之外的公共活动空间。17 世纪末至 18 世纪初，英国国内政治运动此起彼伏，各类政治谣言、阴谋多在咖啡馆中产生，新闻也在咖啡馆中传播。英国国王曾多次颁发针对咖啡馆的禁令。茶叶的传入，使英国人有了新的可供替代的饮品。

东印度公司在英国不断宣传饮茶的健康功效，这改变了英国人的消费习惯，他们纷纷从喝咖啡改为饮茶。随着东印度公司将茶叶大量输入英国，茶叶的价格也不断下降，18 世纪初十几先令一磅的茶叶，至 18 世纪 50 年代降到了 8 先令一磅。茶叶也从贵族消费品变为平民消费品，得到社会各个阶层的认可。18 世纪末，茶叶在农民之中也开始流行。经济条件较好的英国农民，每日除了腌肉、蔬菜、面包、牛奶、奶酪、啤酒之外，还有黄油和蔗糖，另外还有一盎司茶叶。[①]

在英国工业革命的进程中，工人的工作时间变得固定，中午无法慢悠悠地享用午餐，更无法如往日一般饮用杜松子酒与啤酒，而在工坊之中，工人需要集中精力从事工作，更需要提神的饮品。于是，伴随着工业革命，茶也取代了杜松子酒、啤酒，成为英国早期工人热量的来源与提神饮料。因为工人阶级喜欢喝加糖的茶，东印度公司进口茶叶的总价值在1700年至1774年间增加了100倍，茶叶取代纺织品，成为东印度公司最有利可图的贸易商品。[②]

由此，英国东印度公司输入英国的茶叶数量不断增长。1704年，英国东印度公司“康特”号至广州，除生丝外，采购的茶叶合计10.5万磅。其中松萝茶7.5万磅，每磅成本约1先令；大珠茶1万磅，每磅成本约2先令；武夷茶2万磅，每磅成本约2先令。这批茶叶运回伦敦后，售价都高达十几先令，利润高昂。[③]1760年至1764年，东印度公司从中国向英国输入的年均茶叶量约为4.2万担（含私人输出）；1830年至1833年，年均输入量约为23.5万担（不含私人输出）。[④]

---

① G.E Mingay，*English Landed Society in the Eighteenth Century*, London and NewYork：Roudedge 1963，p.241.

② Jacob M.Price，*The Imperial Economy，1700—1776*，Oxford，1998，p.83.

③ ［美］马士：《东印度公司对华贸易编年史（1635—1834年）》第一、二卷，区宗华译，中山大学出版社1991年版，第134页。

④ 严中平等编：《中国近代经济史统计资料选辑》，中国社会科学出版社2012年版，第14页。

后来，英国议会通过法令，要求东印度公司必须保持茶叶一年供应量的存货。在东印度公司存在的最后几年中，茶叶贸易给英国国库每年带来330万镑的收入，相当于国库收入的十分之一。[①]进入18世纪后，英国人口不断增加，茶叶取代咖啡成为人们的日常消费品，统计数据显示，每名英国人年均消费茶叶2磅。获得茶叶专营权的东印度公司，每年获利无数。从城市到乡村，英国喝茶成风，哪怕贫民，茶叶也是日常消费品。

茶叶占据了东印度公司对华贸易的主要部分，茶叶税也是英国的重要国库收入。[②]随着茶叶在英国殖民地的流行，1721年，英国议会通过了一项法案，要求殖民地只能从英国进口茶叶，东印度公司不可以直接向殖民地出口茶叶。英国公司购买东印度公司茶叶，再转运到波士顿、纽约、费城和查尔斯顿出售。

1767年，英国议会对北美殖民地消费的茶叶每磅征收3便士税收，此举引发北美抵制。1773年5月10日，英国通过《茶税法》，允许英国东印度公司在美洲殖民地销售来自中国的茶叶，保留了每磅茶缴纳3便士的税收。1773年11月28日，三艘东印度公司商船运茶进入波士顿。12月16日，波士顿茶会登船，将

① ［英］格林堡：《鸦片战争前中英通商史》，康成译，商务印书馆1961年版，第3页。

② 英法七年战争（1756—1763）与美国独立战争（1775—1783）中，英国军费开销巨大，不断提高茶叶的消费税加以弥补。1784年，英国《减免法案》将茶叶消费税从100%降至12.5%，代以征收窗户税。次年，茶叶贸易量迅速超过1500万磅。大约20年后，茶叶进口税又增加到100%，并保持到1833年。

茶叶倾倒入海，此举引发了美国独立革命，影响了世界历史的走向。

1772 年，中国茶叶出口多达 2200 万斤，以磅计之，则为 3000 万磅。受美国独立战争冲击，中国茶叶出口受到影响，一度降至年出口 1000 万磅。在美国独立战争期间，英国无法得到美洲的白银，也就无法从中国采购茶叶。东印度公司转而利用港脚商向中国输入鸦片，以此来解决白银紧缺问题。

1784 年，中美开始直接进行茶叶贸易。当年“中国皇后”号返美时，船上装有茶 3024 担，占总载货量的 92%。此后美国船只不断来华，成为中国的第二大茶叶进口国。英国、美国之外，其他国家如法国、荷兰、瑞典、西班牙等，也派遣船只来华从事茶叶贸易。此时西方各国所提供的商品，并不是中国市场上必不可少的，茶叶却在各国有着广阔市场，中西贸易呈单向流态。

美国独立后，对华贸易颇为积极，给予美国商人从事茶叶贸易颇多优惠。美商不但运茶叶至美国，也运到英国销售，又以在英国销售茶叶的资金购买英国毛纺品，再运到广州以低于东印度公司的价格出售。得益于灵活的运作机制及实惠的价格，美国对华贸易很快超过东印度公司，并予港脚贸易以冲击，使其更加积极主张取消东印度公司垄断权，直接与中国进行自由贸易。

1824 年，英国宣布将新加坡辟为自由港。此前港脚商不可以将货物直接运至英国，新加坡成为自由港后，港脚商便以此为中介，将中国货物转运回国。此举打击了东印度公司对华贸易的垄断。自 1831 年起，每个季度有四艘自由商船，经过新加坡转运，往来于伦敦与广州之间。港脚商利用部署于英国的船只向欧洲各国输出茶叶，东印度公司的垄断地位开始衰落。

茶叶、生丝和土布，是当时广州对英国和其他国家的主要出口货物。英美两国几乎垄断了这三项货物的全部出口贸易。其中英国在茶叶、生丝上占据绝对优势，美国运出的土布则比英国多。值得注意的是，到了 19 世纪，生丝的出口量增加非常迅速，三四十年以内，几乎达八倍之多。[①]

在中国与西方各国的贸易中，一般采用物物交换，以丝、茶换取西方所产毛织品、棉花等，出口的顺差则由外商支付白银。茶叶贸易的顺差为中国带来了海量白银的涌入。早在 1700 年，英国东印度公司委员会向董事会抱怨：“中国人除了白银和铅之外，什么都不喜欢。”到华贸易的英国东印度公司，船上携带的白银常占 90%，英国出产的商货则不足 10%。九成白银达到了英国法律规定的最高限额，英国政府在给东印度公司的特许状中规定，“每艘公司船运出的十分之一必须是英国产品”。

对于清代白银流入中国的数量，各种推算出来的数据不一。马士认为，1700 年至 1830 年，130 年间，通过广州贸易输入的白银在 2.7 亿两左右，其中有 7000 万两为 1800 年后流入。全汉昇估算，1700 年至 1830 年间输入中国的美洲白银约为 6 亿元，

① 严中平等编：《中国近代经济史统计资料选辑》，中国社会科学出版社 2012 年版，第 9 页。

折合约4.3亿两。[①]不管何种数据，在1827年之前，白银大量流入中国。但由1827年至1828年，中国白银开始大规模外流，仅此年度就流出300余万两。[②]

“嘉庆、道光以前，每岁出口之茶约值银五千余万两。”[③]1817年，广州茶叶出口的价值达到1070万银圆，占当年各货总值1948万银圆的55%。1820年，茶叶出口值升到75%。1810年至1814年，广州口岸出口的茶叶约有13000吨，其中95%为英国商船运出。中国全部出口商品所换得的外汇有52.7%来自茶叶，中国全部进口商品所需要的外汇有51%是靠茶叶去支付的。[④]

从16世纪开始，白银流入对中国货币体系产生重大影响。但在1800年之前，国际贸易对中国国内商品的价格、人均收入、组织和生产的影响仍然很小，这些商品流动对中国的贸易伙伴产生了更大的影响，提高了英国国库收入，为英国工业革命及海洋争霸提供了资金。当时英国对外贸易的王牌产品是毛织品，但这种货物既不精美，又不便宜，在中国没有什么市场。而英国所输出的金属，如铅，虽受欢迎，但中国市场的需求量有限，主要用作茶叶和樟脑的打包铅皮。能使英国赚钱的，则是印度出产的产

① 全汉昇：《明清间美洲白银的输入中国》，《中国经济史论丛》，中华书局2012年版，第498—516页。

② 严中平等编：《中国近代经济史统计资料选辑》，中国社会科学出版社2012年版，第33页。

③ ［清］刘锦藻：《清续文献通考》卷四十二《征榷考十四》，民国景《十通》本。

④ 严中平主编：《中国近代经济史（1840—1894）》下册，人民出版社2001年版，第1178页。

品，如棉花等。

茶叶贸易促进了中国国内商业的发展，形成了资本积累，也为国内提供了大量就业岗位。五口通商后，福州茶行的买办通过茶叶贸易成为巨富。道光朝之后，武夷茶业日盛，茶客每家经营资本动辄数百万元。十三行行商从事茶叶贸易积累了海量资本，这些资本被投入到茶叶生产中，乃是中国较早的商业资本与生产领域结合，转化为产业资本的案例。行商中，如怡和行伍秉鉴、同文行潘正炜等，都由茶叶贸易而致富，他们将资本投入武夷山，开设茶厂，雇佣制茶人。伍秉鉴甚至租用美国船只将茶叶运往欧洲，并投资于美国的保险业、铁路，发展成为跨国商业集团。

武夷茶在国际市场广受欢迎，也使福建地区流行开山种茶，“近来茶山愈开愈广，深山幽谷，伐木种茶”。大量茶场的涌现，使此区域内经济卷入到全球市场中。原本福建种植的桑麻之类被放弃，改为种茶。福建之外，其他各省也被卷入到茶叶贸易中来。道光末期，红茶盛行，原本湖南山谷种植红薯之处，都改种茶。浏阳地区原本种麻，受茶叶贸易冲击，也改为种茶。江西各地也普遍种植茶叶，成为重要的出产地。

大宗商品的长途贸易对生产刺激最大，它会将农民和小手工业者的产品卷入市场，加强不同地区间的经济联系，改善民众生活，由此也维持了清朝国运。大量茶场的出现，吸纳了颇多采茶人及制茶人从事雇佣劳动。仅湖南平江，便有茶庄数十所，拣茶者不下两万人，甚至女性也被吸纳到其中。但长途贸易大多发生在城市之间，中国国内市场尚不是真正意义上的一体市场。

茶叶从陆地运输，需要大量船户、挑夫，由此也带动了沿途各地的就业。据《（同治）庐陵县志》记载，外国所需的内地货物，如福建黑茶、安徽绿茶、浙江湖丝之类，要运到广东，需要大量挑夫。“江西之广信、南安，广东之南雄、韶州沿途船户、挑夫借此营生者，不下数千万人，广东省城借洋务营生者不下数万。”挑夫的价格是每担茶须钱225文，二人负载过山335文，乘轿400文，登山另加43文，赏钱6至10文。①

茶叶对于英国人太过重要，使英国必须重视与中国的关系。“茶叶已经成为英国人生活上的需要，在我们能够设法在其他地方用同等价钱，购进同等数量和质量的茶叶之前，中国方面的来源无论如何必须加以维持。”②

但是，清廷对于茶叶贸易的态度是保守的，在清廷看来，茶叶是天朝方有，西方所无。没有茶叶，西方人就无法生存，“天朝所产茶叶、瓷器、丝斤为西洋各国及尔国必需之物”。两广总督百龄上奏嘉庆帝时认为：“茶叶、大黄二种，尤为该国日用所必需。非此即必生病，一经断绝，不但该国每年缺少余息，日渐穷乏，并可制其死命。”林则徐则认为洋人依赖中国的大黄、茶叶才能生存。

---

① 姚贤镐编：《中国近代对外贸易史资料（1840—1895）》第一册，中华书局1962年版，第264页。

② ［英］斯当东：《英使谒见乾隆纪实》，叶笃义译，上海书店出版社1997年版，第26页。

概而言之，18 世纪时，中国传统社会的经济模式经由茶叶贸易而达到了巅峰，此后无法再取得突破，也无法出产具有世界性竞争力的产品。巨大但几乎是静态的国内市场，没有在生产系统中造成技术性的突破，无数输入中国的白银，或是用于奢侈品消费，或是报效皇室，或是被窖藏，而不是投入到改进技术，组织工厂，推动整个社会的变革。大清帝国市场虽然巨大，也有内部循环，却如一潭死水，泛不起波澜。

鸦片贸易：一场港脚商的盛宴

在19世纪以前，中国虽然种植罂粟，但多作为花卉欣赏，或是用作药材。反倒是欧洲人，极为迷恋各种新鲜的能带来刺激的物品，如他们很早就迷上了各种香料，特别是胡椒，此后又被烧酒所惑，之后又是咖啡、烟草，然后是茶叶。但欧洲人对于鸦片，并未沉迷其中，反而将之作为对冲茶叶的商品，输入中国。

鸦片有生鸦片和熟鸦片之分。在罂粟将要成熟时，种植者以小刀将罂粟蒴果外皮划破，收集白色乳液，待其凝结成黑色固体后，制成饼状或砖状，此为生鸦片。生鸦片经过溶解、烧煮、发酵后，为熟鸦片。鸦片很早就传入印度，至16世纪时，印度孟加拉平原、麻洼高原等地出产高品质的鸦片。鸦片在印度被各个人群广泛消费，人们将鸦片制成小药丸或条块状，或是咀嚼，或是用水送服。有些地方的贵族将鸦片溶解于水中饮用，平民则用水浸泡罂粟壳后饮用。通过吞服鸦片，印度人追求精神的愉悦，也用于治疗各类疾病，乃至催情壮阳。

地理大发现之后，葡萄牙人以澳门为基地，将印度生产的鸦片输入中国，但此时流入中国的鸦片不多，且价格昂贵，主要被人们作为药品使用。鸦片的使用方式也是吞服，致瘾性弱，口感若牛胶，“味苦辣、臭恶可憎”，并没有传播开来。

17世纪，南美洲的烟草传入印度，其吸食方式给了印度人以启发，他们开始尝试吸食鸦片。于是一种被称为“马达克”的鸦片吸食方式被发明出来，此方法是先将生鸦片与水依照一比四的比例混合，待溶解后用棉花过滤，再将过滤后的液体煮沸成糖浆状，然后继续煮沸剩余的液体，并加入烧焦的绿豆壳，使其变得稠厚，并捏成小球，再将小球分解为小丸，装入烟枪之中，便可以吸服。

康熙二十三年（1684）开海禁后，清廷在“药材款”下规定，进口鸦片每百斤税银三两，后又加税银二两四钱五分。[①]葡萄牙人是最早从事印度西海岸鸦片（麻洼鸦片）贸易的，康熙末至雍正初，葡萄牙人从印度果阿（Goa）和达曼（Daman）的土邦政府收购鸦片，然后运往广州。

新的吸食鸦片方式成瘾性更强，传入中国后，在沿海各地尤其是台湾传播。台湾丛林密布，疟疾流行，而在疟疾流行的地方，鸦片被视为最佳的治疗用品。早期的荷兰殖民者将从爪哇学到的混合烟草、鸦片、砒霜以应对疟疾的方法传入台湾，由此鸦片在台湾传开。蓝鼎元描述了雍正初年台湾鸦片烟吸食的情况：“鸦片烟不知始自何来，煮以铜锅，烟筒如短棍。无赖恶少，群聚夜饮，遂成风俗。”[②]

雍正六年（1728），广东碣石总兵苏明良上奏朝廷，说到一

---

① ［清］梁廷枏：《夷氛闻记》卷一，清刻本。

② ［清］蓝鼎元：《与吴观察论治台湾事宜书》，载《鹿洲初集》卷二。

些无赖勾引良家子弟吸食鸦片烟，导致后者家业耗尽，借贷无门，即相率为盗，厦门、台湾盗贼之盛者，皆由于鸦片，进而恳请雍正帝严禁鸦片。雍正帝朱批："此奏系应行者，着部详议施行。"①

雍正七年（1729），清廷正式制定惩处条例，规定"兴贩鸦片烟，照收买违禁货物例，枷号一个月，发近边充军。如私开鸦片烟馆，引诱良家子弟者，照邪教惑众律，拟绞监候"②。之所以比照邪教律惩治，因为鸦片传入，如同邪教一般败坏人心风俗，导致赌博、奢侈、盗贼等问题。③此时查禁的重点乃是国内贩卖鸦片烟及开烟馆，鸦片仍可以作为洋药进口，但将鸦片私自贩运进中国属非法行为。

在18世纪，外国鸦片主要作为药品输入中国，并要获得官方许可。在乾隆三十年（1765）以前，鸦片每年输入中国不过200箱，每箱约重133磅。1764年，葡澳当局还禁止别国运载鸦片的船只停泊澳门。直到1773年，中国鸦片的进口还都操控在葡萄牙人手里，进口的数量已经增加到1000箱。④

1773年，英国东印度公司取得了孟加拉鸦片的专卖权。没有

① 《雍正朝汉文朱批奏折汇编》第13册，江苏古籍出版社1989年版，第851页。

② ［清］三泰修：《大清律例》卷二十，清文渊阁《四库全书》本。

③ ［日］井上裕正：《关于清代嘉庆、道光年间的鸦片问题》，载武汉大学历史系鸦片战争研究组编《外国学者论鸦片战争与林则徐》（上），福建人民出版社1989年版，第68页。

④ ［美］马士：《中华帝国对外关系史》第1卷，张汇文等译，商务印书馆1963年版，第198页。

公司的许可，一英亩的土地都不能播种罂粟种子，所有的鸦片必须运到公司的仓库才能成为商品，经过公司拍卖才可出口。东印度公司希望降低鸦片产量，提高鸦片质量与价格，以获得更高利润。此时东印度公司的鸦片贸易，以东南亚地区为主要市场。虽然吸食鸦片的方式已传入中国，但此时的主要吸食者还是纨绔子弟、无赖恶少。

乾隆四十五年（1780），清廷开始禁止药用以外的鸦片输入，同时禁止烟具输入或贩卖，但鸦片作为药材仍准纳税进口。就在此年，为了避开澳门葡萄牙人对鸦片贸易的控制，英国商人在澳门西面大横琴岛燕子湾建立了鸦片储运站。

在美国独立战争爆发后的1779年，西班牙加入美国一边，对英国宣战，由此切断了英国从美洲获得白银的渠道。在棉花、毛织品和铅以外，东印度公司需要新的产品至中国换回茶，最后它选择了鸦片。

起初，东印度公司不好公开出面出售鸦片，于是在印度加尔各答先拍卖给港脚商，再由港脚商走私进入中国，“一般说来，公司只要求购鸦片烟者每5箱预付1卢比就算成交。成交后，烟贩可于十天内先交30%的现金或公司的代价券”。

港脚商通常拥有一批专门运货的商船。港脚贸易最初指印度与邻近口岸的沿海贸易，后来指印度对中国的贸易，不论是英国人还是印度人经营。

18世纪60年代以前，为保障对东方贸易的垄断，英国东印度公司禁止英国散商直接参与对华贸易，散商只能通过东印度公司给其职员的“优待吨位”，参与有限的对华贸易。所谓“优待吨位”，是指东印度公司将商船中的一些吨位拿出来，作为福利分配给大班等职员，他们可以用之携带私人货物，从事私人贸易。贸易所得，或是交给在广州的公司账房，换取伦敦汇票，或是放贷给中国行商。公司的职员一旦面临资金紧张问题，就会把他们的优待吨位卖给港脚商（散商）。

1757年，英国东印度公司在普拉西战役中获胜，取得在孟加拉的霸权。而东印度公司在对华贸易中，流失了大量白银，备受诟病，一度准备将在印度得到的白银转汇往中国，填补东印度公司在广州的资金缺口，转移国内的压力。但在印度的军事行动与行政成本，使东印度公司无法调动大量印度白银前往中国。

一些财力雄厚的英国散商所参股的代理行（corres-pondent bank），在18世纪后期追随英国在印度扩张而来，它们获得东印度公司许可，在印度开设分支行号，得以从事地方贸易。它们从小规模贸易开始，随后发展成为集贸易、金融和运输混合一体的综合性组织。资本充足的散商，为东印度公司的资金困境提供了解决办法。

这时，东印度公司决定，允许英国散商参与印度与中国之间的贸易，这就是“港脚贸易”。港脚商对中国的贸易（不含茶叶）所得，存于广州的东印度公司财库，如此东印度公司的资金困难得到了缓解。1786年，东印度公司从英国议会获得许可，肯定了在广州的公司监理委员会对港脚商有充分的管辖权。

东印度公司规定，港脚商不得在广州或澳门长期停留，船只只能停留到每一季度的最末一班船离开时。港脚商对华贸易的现款，须交给公司在广州的商馆代理。东印度公司早已在广州提供汇票业务，允许公司职员、港脚商将贸易所得（白银）交给公司驻广州财库，再按一定汇率换取在伦敦（英镑）或孟买（卢比）支付的长期汇票。

根据东印度公司的规定，港脚商不得经营中国茶叶，由于返程时很难从中国找到有利可图的货物，他们只好用这笔白银在广州购买公司的长期汇票。汇票业务极大便利了港脚商的业务，也使东印度公司手中有了充足的白银。在美国独立战争期间，东印度公司的白银基本上来自港脚商，由此得以持续开展对华贸易。

鸦片走私贸易初期规模不大，随着暴利的诱惑，规模越来越大。经过能干的英国商人（港脚商）的努力，从印度输出的鸦片，在 1790 年增加到 4054 箱。[①]

因为清廷禁止走私鸦片，东印度公司一度小心谨慎，避免参与鸦片走私，以免引起危险后果，故而将走私贸易交给港脚商进行。唯一的例外是在 1782 年，被高额利润所诱，东印度公司派出“嫩实兹”号，走私鸦片前往广州贸易。

“嫩实兹”号装载了 1600 箱鸦片，抵达广州。由于这是违禁行为，广州行商不敢介入，唯一敢于交易的商人是新行商先官(Sinqua)，他惯于做鸦片买卖，早已将这种买卖的关节打通。全

① [美] 马士：《中华帝国对外关系史》第 1 卷，张汇文等译，商务印书馆 1963 年版，第 199 页。

船的舱货只能按他所提出的条件售出，但在广州和澳门附近也只售去200箱，其余的1400箱则运送到东京至马来半岛沿岸出售。此次鸦片贸易东印度公司损失惨重，此后将活动限于在印度的鸦片生产，放弃直接参与对华鸦片贸易。

野心勃勃的港脚商试图打破东印度公司的限制，在华长期停留，获得商机，为此寻找各种借口。1799年，港脚商苏格兰人约翰·里德带着奥地利皇帝签发的领事任命状和商馆主持人的委任状，得以在广州停留，东印度公司对此也无可奈何。此后其他港脚商人纷纷效法，谋得欧洲国家官职留在广州，并建立起洋行，开展贸易，而棉花、鸦片则是其收入的主要来源。

在1800年以前，中国的鸦片吸食方式也发生了变化，“镶竹为管，或磁或银，挑烟于盒，如粒如丸，就灯而吸，倚枕侧眠”，吸食时将鸦片熬成黏液，再倒入银罐中，用尖头平尾的银签沾些鸦片汁在灯上烘烤，等烘干后再蘸汁烘烤。如此反复多次，直到银签上形成一个小球，称“烟泡”。把烟泡放在烟枪末端的烟斗中，尔后将烟斗部分置于带有玻璃罩的灯火上烧烤，待烟泡遇火成烟后将烟吸入胸腔。此种吸食方式，成瘾性更强，往日吸食鸦片烟还能戒断，改用此方式吸食后，根本无法摆脱。

新的成瘾性更强的吸食方式，导致吸食者日益增加。嘉庆元年（1796），清廷全面禁止鸦片输入。为了保持与中国的贸易关系，对前往广州贸易的船只，东印度公司屡次训令不得携带鸦片，只由港脚商人从事鸦片贸易。清方也有记录：“英吉利鸦片，访系水梢人等私置，其公司船主尚不敢自带。”

港脚贸易的两个大宗商品，棉花、鸦片的价值相当高；而中国输往印度的，除了生丝，其他多为价值不高的各种工艺品。在19世纪初期，印度对广州的出口，超过来自中国的进口，每年在100万英镑左右。这一笔来自港脚贸易的差额，成为东印度公司贸易的辅助。[①]东印度公司对港脚商产生了两个依靠，一是依靠其来弥补对华茶叶贸易的差额，二是依靠其资金进行周转。

1813年，英国议会通过了取消东印度公司对印度贸易垄断权的法令，大批散商涌入印度，想要将手伸到神话般的、黄金触手可及的中国贸易中，而此时形势已经发生变化。

1819年以后的十年中，广州的印度棉花市场，长期处于萧条状态。印度所产的棉花，由于中国南方地区（南京棉）日益增长的供给，而价格惨跌。[②]

在中国市场上，行商是特许经营，但棉花、粮食、棉布却可以自由贸易，且官方禁止“欺行霸市”。粮食、棉布是中国国内贸易前二位的大宗商品，棉花的产量巨大。此期间中国棉花持续获得丰收，而往日耗时良久的陆地运输，已改为从水路运往广州，使得其价格下降了一半，且中国棉花的质量也不输印度棉花。

---

① ［英］格林堡：《鸦片战争前中英通商史》，康成译，商务印书馆1961年版，第10页。

② 南京棉、南京布，生产于苏州、松江地区，采用紫棉花为原料，织成紫花布，质量优良，进而以此指代苏、松所产布匹。以南京为首府的南直隶地区，涵盖苏、松二府，给西方人造成误会。

另外，中国经济在19世纪出现重大逆转，从18世纪的长期繁荣转入19世纪中期以后的长期衰退，被称为“道光萧条”。萧条的原因复杂，全球气温剧降，气候变冷，低温导致影响中国大部分地区的季风停留并交锋，导致降水量增加。频繁的水灾，使得政府在河工上的开支激增，这又加剧了萧条。持续的萧条，迫使行商不断给朝廷捐输，手中现银吃紧，无法大量吸纳印度棉花。棉花不再是港脚贸易的主角，此后鸦片成为对华贸易的支柱。

与鸦片贸易相比，棉花贸易是通过以货易货的方式，交给中国行商。鸦片贸易则是以现银贸易，交给行外商人，避开了垄断贸易的各种麻烦。鸦片贸易的优势，不言而喻。

1794年，港脚商在黄埔建立鸦片走私贸易据点。但直到1815年，澳门一直是鸦片贸易的中心，因为清廷的鸦片禁令不能到达澳门。港脚商努力将鸦片运到黄埔，以打破葡萄牙人对鸦片贸易的控制与征税。1815年，两广总督蒋攸铦给了澳门致命一击，他下令清查进入澳门的葡萄牙船只，以杜绝鸦片流入。此后黄埔成为对华鸦片贸易的中心，船只将鸦片运到黄埔，在那里成交，在船边交货。

在1817年到1834年东印度公司垄断权被取消的这17年中，港脚贸易占英国输往广州货物总值的四分之三。这样，就出现了循环贸易现象——中国向英国输出丝、茶叶，英国向印度输出棉货，印度向中国输出原棉和鸦片。这种循环是单向的，因为广州不需要英国棉货，英国也不想要印度的鸦片，而印度几乎不从中国购买茶叶。

虽然广州行商不从事鸦片贸易，但他们却承保停泊在黄埔的船只。1820年，两广总督阮元对进入黄埔的各国船只严加搜查，搜出违禁物品者驱逐，不许贸易。行商必须保证，他们所承保的船只没有运载鸦片。广州公所和保商再三劝说港脚商，将鸦片趸船停在黄埔过于显眼，应立即开走。

到了1821年，广东官方开始严查鸦片走私。此次事件的导火索，是在葡萄牙人与清廷官员之间充当行贿中间人的叶恒澍，因为杀人案被捕入狱。叶恒澍在狱中供出了澳门的葡萄牙人向中国官员行贿，由此导致了广州官方禁烟行动。一些行商被处分，如行商伍敦元被摘去三品顶戴，行商们被责令率同众洋商一起杜绝鸦片走私。行商告诫洋商，如果再不将鸦片趸船开走，将不得不向清廷官方报告查禁。

嘉庆朝末期，清朝推行鸦片“内禁”，即禁止国内吸食，违反者加以处罚；到了道光元年（1821），开始推行“外禁”（此年清廷约束行商，禁止鸦片通过官方渠道非法进口），由于外禁政策，鸦片贸易转往伶仃洋。[①]1821年起，港脚商在伶仃洋设立了海上走私市场。

伶仃洋地理位置优越，由此可直入珠江，又是躲避东北季风的停泊所。清廷则将伶仃洋视为外洋，并未加以干预。一直想要

① ［日］井上裕正：《关于清代嘉庆、道光年间的鸦片问题》，载武汉大学历史系鸦片战争研究组编《外国学者论鸦片战争与林则徐》（上），福建人民出版社1989年版。

控制港脚商的东印度公司大班，也无法约束在此处的港脚商。这里的贸易活动完全是非法的，不要缴纳任何关税，偶有清军巡逻船前来，付出的贿赂也比在黄埔时要少。虽然广州官方再三要求鸦片趸船离开，可港脚商不为所动，最后广州官方干脆视而不见，默许其大肆进行走私贸易。广州地方官员定期登上伶仃洋鸦片趸船，对每箱鸦片索取高额的金钱，便默许走私，这是尽人皆知的事实。

在道光元年以前，鸦片每年输入量很少超过5000箱，平均在4500箱。这些鸦片多数是东印度公司所生产的“公班土”“剌班土”等高品质鸦片，也有质量稍次的“白皮土”。[①]1821年港脚商转战伶仃洋之后，鸦片输入激增，至道光七年（1827）每年输入已超过一万箱，道光十三年（1833）突破两万箱。

道光六年（1826），两广总督李鸿宾设立巡船。巡船本应负责缉私，不想却纵容走私，“巡船每月受规银三万六千两，放私入口”。港脚商在鸦片走私贸易中赚取了高额利润，不胜感叹：“这种贸易是一件又容易又惬意的买卖，销货是愉快的，解款是平和的。”通过鸦片走私贸易，港脚商积累了大量白银。东印度公司则提供汇票业务，获取白银，对华进行贸易。

---

① 生鸦片包括白皮土、公班土、喇庄土、金花土和红土五类。在中国，称产于印度东北部恒河流域的“孟加拉鸦片”为“大土”，其中巴特那所产鸦片又称“公班土”，贝勒那斯所产称“剌班土”（喇庄土）。印度西北内地的麻洼鸦片称作“白皮土”（白土）。土耳其所产鸦片称“金花土”。波斯烟土所产称“红土”（新山、红肉）。

从1829年起，没有一个港脚商按照清廷的要求做生意。1835年6月的《中国丛报》曾引用一名东印度公司职员的话：“老实说，广州政府的官吏没有一个人是干净的。”事实上，从1829年起，除了东印度公司之外，没有一个外商组织是遵照中国法律做生意的。

鸦片不断涌入，吸者日众，白银外流，这引起了清廷的警惕。道光十一年（1831），因为吸烟者日众，清廷在全国范围内开展了禁烟运动。兵科给事中刘光三请求参照赌博例，将买食鸦片烟者杖一百，枷号两个月。如吸烟者不肯指认烟贩子，则处以杖一百，徒三年。可此等措施收效甚微，根本无法拦阻红火的鸦片贸易。

至19世纪30年代，港脚商占据了英国对华输出贸易总值的四成。随着美国人更多地参与对华贸易，他们很快取代了东印度公司在对华贸易中的地位，而美国更为便捷的汇票业务，也削弱了港脚商对东印度公司的依赖。此时东印度公司已经成为对华贸易的阻碍，在英国自由商人的推动下，1833年8月23日，英国议会通过《东印度公司改革法案》，取消了东印度公司对华贸易垄断权。8月28日，英王威廉四世发布法令：“现由英国东印度公司保持的、有关与中国贸易和茶叶贸易的垄断权，1834年4月22日以后应予停止。对华（一般）贸易与茶叶贸易应向所有的英国臣民开放。”

得知东印度公司将要取消后，为免洋人在华捣乱，清廷特意让东印度公司大班寄信回国，“若果公司散局，仍酌派晓事大班来粤总理贸易”。清廷这是不想与英国政府打交道，希望继续与商业力量交往。不想英国没有弄清大清朝廷的意思，反而派遣了英国政府的贸易官前来，由此引发巨大波澜。

广州的港脚洋行在经营代理业务的同时，逐渐将业务的触角伸向自备船只，进而直接参与生意，它们与英国国内新兴的工业资本也直接发生关系，获得了强大臂助。

1834 年，随着东印度公司对华贸易垄断权停止，此后中英贸易落入港脚洋行之手。港脚商摆脱了东印度公司的约束后，更加卖力地推动鸦片贸易，寻求更大的利润。一大批从来不按中国指示做生意的港脚商人涌入广州，英国洋行从 1833 年的 66 家，猛增到 1837 年的 165 家。[①] 其中从事对华鸦片走私贸易，规模较大的有怡和洋行、宝顺洋行、伦敦东印度中国协会、曼彻斯特商会、旗昌洋行等。

大鱼山洋面的伶仃岛一时兴盛无比，呈现畸形的繁荣。在华的英商洋行以武装船只囤积鸦片，称为“鸦片趸”。港脚商的船只先将鸦片转运到趸船上，再驶到黄埔。鸦片的输入量，1830 年至 1834 年为年均两万箱，1835 年至 1838 年为年均三万五千箱。[②]

“每年纹银出洋不下数百万，是以内地有用之财，而易外洋

① ［英］格林堡：《鸦片战争前中英贸易通商史》，康成译，商务印书馆 1961 年版，第 170 页。

② 中共中央党校党史教研室编：《中国近代经济史资料选编》，中共中央党校科研办公室 1985 年印行，第 22 页。

害人之物，其流毒无穷，其竭财亦无尽。”[①]一般认为，19世纪前半期鸦片走私贸易不断扩大，导致中国白银外流，国内市场上白银价格不断攀升，白银与铜钱的比率随之上升，削弱农户用白银缴纳田赋的能力。国内市场上的白银通货紧缩，银贵钱贱，导致商业萧条，失业普遍，税收拖欠，社会动荡，老大帝国内部问题此起彼伏，而清廷该如何应对？

① 中国第一历史档案馆编：《鸦片战争档案史料》第一册，上海人民出版社1987年版，第85页。

外贸繁荣，为何行商负债累累？

广州行商制度存在各种不足，但在当时，却被认为是世界上最容易操作的贸易体制。1830年，在英国下议院对华贸易审查委员会会议中，所有出席的证人都承认，在华贸易比在世界上任何其他地方都更加方便和容易。但行商日子并不好过，破产、抄家、流放乃是常态。英商汤宁曾讲过一个故事，有个叫阿敏（Ahming）的人，当买办时“富裕而愉快”，1836年被招为行商，“不久就垮台了”。

18世纪后半期直到鸦片战争前夕，中英（包括印度）之间的贸易额增加到开始时十倍以上，其中进口的增加比出口略大。[①]在广州充当行商，从事对外贸易，一般认为能获得三倍利润。广州对外贸易持续保持增长，贸易的繁荣，较高的利润，照理说应该带来行商的持续富贵。为何行商最后的命运多是走向衰败？为何行商反而背负巨大的“商欠”无法偿还？

在西方人看来，清廷的各类盘剥勒索，乃是行商破产的主要原因。东印度公司认为：“这些［中国］商人的破产，部分是由

① 中共中央党校党史教研室编：《中国近代经济史资料选编》，中共中央党校科研办公室1985年印行，第1页。

于他们本身的奢侈浪费。此处游资充斥，似乎随便可以借到，因此，他们无法抗拒这种借钱的诱惑——虽然很多人把钱花在奢华和浪费的生活上，但我们相信大部分是被官员所勒索和压榨。”①

西方人观察到的情况是行商衰败的主因之一，即向官方的捐输、为皇帝办理贡品、给各级官员陋规等。

确实，每逢战事、赈灾，行商都要出钱。官府经常以种种事由迫使行商捐款，如公益事业、公共建设、赈济灾区等。官方还经常无中生有或夸大长江、黄河泛滥造成的灾害，以从商人的口袋中拿走更多的钱财。1800 年 10 月，朝廷以救灾为名向行商募捐，粤海关监督要求行商捐助 25 万两，潘致祥一人就捐献了 5 万两。

1825 年，清廷对西北用兵，令各省捐输。广东省承担 130 万两，其中行商承担 60 万两，分 10 年交清。与行商相比，盐商捐输不过 40 万两。② 从嘉庆六年（1801）到道光二十三年（1843），行商伍秉鉴捐资 12 次，共计 160 万两白银。道光二十二年（1842），行商伍秉鉴因为在众行商中捐银最为出力，升为二品布政使头衔，赏顶戴花翎。

从根源上看，行商制度本是清廷“以商制夷”的产物，虽然行商商名中都有个“官”，但实际上是官方控制下的傀儡，随

① ［美］马士：《东印度公司对华贸易编年史（1635—1834 年）》第一、二卷，区宗华译，中山大学出版社 1991 年版，第 366 页。

② ［美］马士：《东印度公司对华贸易编年史（1635—1834 年）》第四卷，区宗华译，中山大学出版社 1991 年版，第 138 页。

时会成为权力的牺牲品。西方人认为，富有的中国商人不愿成为官商有两个原因：一是他们处在海关监督及其下属和仆人重压之下，被任意需索，不堪承受，富人曾说“宁为一只狗，不当行商首”。二是一旦成为行商，就终身成为囚徒，不能因为安于财富或年老体弱等原因退休。一些公行商人宣布，他们愿意放弃八成财富换取退休，只享用其他二成财富。

行商通过捐输，获取清廷的品级顶戴，但顶戴并没有改变他们的身份，行商仍然是低贱的商人。1839 年春，林则徐抵达广州，厉行禁烟。伍秉鉴之子伍绍荣等行商被林则徐勒令联系洋商，令其三日内交出所有鸦片。伍秉鉴四处奔走，劝说洋商交出鸦片，损失由自己承担，又向林则徐求情，并表态愿意捐资报国。但林则徐没有给他面子，一番痛骂之后，将年迈的伍秉鉴套上枷锁示众，使其颜面尽失。此次事件后，1842 年，伍秉鉴在给美国友人的信中表示，如果不是年纪太大，经不起漂洋过海的折腾，他实在想移居美国。

清室入主中原后，以天下供养一人，少不得要采纳各地的珍稀贡品。广州官员进贡的西洋器物，主要有钟表、天文仪器、珐琅、香料、家具、绘画、牙雕等各种物品。此类贡品，广州官方转交给行商办理，成为他们的沉重负担。

乾隆二十四年（1759），法商味的哩认为，官员办贡勒索，乃是行商亏欠的主因，往往本来只需一件办贡用品，官方勒取十件，无论行商有无。[1]行商无力办贡，不得不向英国商人借贷，写立欠约。行商石中和仅为朝廷购买洋钟表、千里眼，就花掉银22万两。

皇帝也知道不能竭泽而渔，而要适当“养鱼”，留待日后捕捞。乾隆帝对于行商的经商状态便有所了解，也在一定程度上予行商以宽免、照顾，避免行商破产。比如乾隆五十一年（1786）四月，江浙一带有荒歉，清廷预备动用帑金赈济。行商潘文严（启官）主动表态，愿捐银30万两，以资公用。只是此时乾隆帝手头宽裕，也不想行商被盘剥过度，下令免去捐效。

可是皇帝不急臣子急，地方大员常逼迫行商捐钱以讨好皇帝。乾隆五十四年（1789）十月，两广总督福康安上奏称，行商蔡世文等表示，明年恭遇乾隆帝万寿，请敬输银30万两。乾隆帝认为，广东行商经营贸易，获利本就不及两淮浙江。且广东商务疲惫，正是休养商力之际。加上广东路远，不如两淮浙江距北京较近，下令“请输银两，竟不必收”。

虽然如此，乾隆帝要革除各项弊端，却又无法实现。乾隆五十五年（1790），鉴于行商办理贡品疲惫不堪，乾隆帝令广东督抚、海关监督，“不准呈进钟表、洋货等物，并严禁地方官向商人垫买物件，以杜弊端”。但皇帝的宽容，只是一种姿态，对西方物品的热爱却从未下降，粤海关持续不断为皇室办理贡品，

① 汤象龙：《十八世纪中叶粤海关的腐败》，载包遵彭、李定一、吴相湘编纂：《中国近代史论丛》第一辑第三册，正中书局1956年版。

行商继续深受其累。

行商负债累累的另一个重要原因，则是在行商中采取的保商制及连带赔偿、惩罚制。

行商要充当洋商的保商，洋商若有任何被视为违禁的行为，保商都要承担责任，缴纳巨额罚款。1800 年年初，海关监督佶山因为海关吏员在“休·英格利斯”号上发现了两对表，要求该船保商伍秉钧罚缴 50 倍税款。在另一起事件中，海关缉获走私的 48 匹羽纱，但找不到当事人，只是怀疑其与“西里塞斯特”号有关。海关监督没有充分的证据，就滥用职权，命“西里塞斯特”号保商昆水官（潘长耀），罚缴税款一百倍，羽纱 48 匹，每匹征税 14 元，共罚款 67200 元。[1]

再如 1805 年，“猎兔狗”号舰长拉特塞在处理“四轮马车”号财物被劫问题时，提出直接面见两广总督。得到同意后，拉特塞又提出，希望会见时能有一个座位，如果不行，则中国官员要站着接见。洋商的要求，导致两广总督大怒，行商潘文严（启官）被罚银十万两。

中国行商向洋商借贷，是其负债累累的又一原因。当然，行商向洋商借贷也有其自身的需求和原因。行商的经营乃是传统的家族模式，往往由父子兄弟出资，而不是面向社会集资，因而手中流动资金有限，当手头吃紧时便不得不向洋商借贷。往往数目

① ［美］马士：《东印度公司对华贸易编年史（1635—1834 年）》第一、二卷，区宗华译，中山大学出版社 1991 年版，第 663 页。

不大的商欠，就会使行商陷入破产边缘。虽然行商之间曾一度组成公行，但公行结构松散，未能形成统一的、具有约束力的管理，且没有股份资本，各自独立经营，无法互助，更没有获得政府和社会层面的有力支持。

与行商相比，东印度公司在1657年就采取了股份制，可以从英国国内调集庞大的资本，又能从殖民地获得源源不断的财富供给，通过庞大的资金，在与行商的贸易中占据主动地位。在开拓海外贸易的过程中，英国政府予东印度公司以全力支持，乃至授予其拥有军队、发动战争、铸造货币、管理殖民地等权力。英国王室及很多政府官员、议员，都是东印度公司股东，与东印度公司形成利益共同体。

至于放贷的一方，如港脚商，他们很多是苏格兰人，靠家族或宗族开拓业务，经营同样具有家族模式的特点，但他们与英国银行有着密切的联系，能通过这种关系，或者开设银行，调动英国国内及印度殖民地的资金，从事对华贸易，对广州行商放债。

当时中英银行金融业的发展差异也为这种放贷业务的形成提供了助力。英国很早就建立了银行信用制度，在商业中采用汇票、期票等，并发展了国内与国际的汇兑转账业务。与东印度公司发达的汇兑业务相比，行商订货、捐输、贿赂、办贡及各类开销等，都采用现银。虽然道光朝之后，已有钱庄、票号，但主要分布在北方及长江流域。当手中现银短缺，求助无门时，行商向洋商借贷便顺理成章。

此外，当时在中国贷款的利息高于英国甚多，这又吸引了东印度公司及港脚商放贷。清代官方利率，每月取利不得过三分，年月虽多，不过一本一利。[①]据此，官方所定年利不得超过36%，利息不得超过本金一倍。但实际操作中，利率往往高于此。与中国相比，英国的利率较低，19世纪时，8%的年利率都是高利率。中国与英国的利率差，为英国、亚美尼亚、帕西[②]商人提供了牟利途径，他们以低利吸收英国、印度的资金，再以高利发放给中国行商。许多从印度取得的财产，交由广州的英国散商，通常以12%的年利率，投放给一个行商。英国散商放给中国行商的贷款，有时年利高达20%。[③]

由此可见，行商们不仅资本薄弱，还受到官员们的各种勒索；而中国的高利息，也吸引着洋商放贷。如果行商自身经营不善，或是因为代售的洋货滞销，或是拖欠、挪用洋商货款等，就会形成了严重的商欠问题。

康熙五十六年（1717），广州市场上黄金短缺，洋商便将钱留下，放债生息。此后洋商不时将钱借给中国商人，收取利息。雍正九年（1731），英国大班提出，与其把闲置的银圆装进保险

① 如借银一两，按每月三分取利，积至三十三个月以外，则利钱已满一两，与本相等，是谓一本一利，年月虽多，不得复照三分取利，即五年十年亦只还一本一利，此债当取利之禁限也。

② 帕西人（Parsee），也称巴斯人，是生活在印度，信仰祆教（拜火教）的信徒，中国称为“港脚白头夷”。因其耳朵上穿有大的耳孔，故而又称“大耳隆”，香港后来称放高利贷者为大耳窿。

③［英］格林堡：《鸦片战争前中英贸易通商史》，康成译，商务印书馆1961年版，第59页。

箱，不如借给广州行商，每月还可以收取利息，此年东印度公司的粘单上，多了“收唐康官及陈官利息 2052 两”之类的记录。

乾隆二十四年（1759），受洪仁辉事件影响，在颁布的“防夷五事”中，清廷规定：“嗣后内地民人，概不许与夷商领本经营，往来借贷。”“公行不可负外人之债。”此后，清政府多次重申借贷禁令。重重禁令之下，行商仍然向洋商借款。

奇怪的是，面对商业中的欠款问题，清廷不是采取经济手段加以处理，而是以天朝思维加以看待，用政治手段加以处理。在清廷看来，行商拖欠洋商款项，损了天朝面子，故而其处理的基调是，绥柔远人，压制行商，厚待洋商。在洋商看来，行商的地位仅比奴隶好一点，他们在官方和洋商的双重压迫下艰难求生。

乾隆四十一年（1776），行商倪宏文赊欠英商银 1.1 万多两，无法归还。两广总督李侍尧、广东巡抚李质颖审理该案，将倪宏文拟了杖责刑，欠项则听其自行清结。乾隆帝对此审案结果大为不满，认为使洋商“负屈无伸”，伤了天朝的面子。此案重审之后，倪宏文被发配伊犁充军，由其弟倪宏业、外甥蔡文观代还银 6000 两。

此笔商欠的滑稽之处在于，倪宏文无力偿还的剩余 5000 余两，由广东督抚、司道、府县分摊偿还，总督李侍尧、巡抚李质颖各自要承担 1145 两。乾隆帝特意要求各省将军、督抚，此后再遇到中外债务纠纷，“断不可徇民人以抑外夷”，否则重治其罪。此案奠定了此后行商商欠的处理模式，都是将行商查抄家产抵还，本人流放伊犁。就在 1776 年，瓦特制造出第一台有实用价值的蒸汽机，一个新的时代已经到来，未来将冲击整个人类社会。

到了19世纪，港脚商大规模参与走私贸易，导致中国行商损失惨重。行商在中国国内市场销售外国货物，对洋商售卖中国货物，都必须与行外商人竞争。行外商人能躲避沉重的税捐，行商却必须缴纳，而市场又被行外商人挤压，此时商业欠款成为行商的沉重负担。由于行商无法偿还欠款，在对外贸易中逐渐失去主动权，被港脚商所控制。有意思的是，为了解决商欠问题，行商曾向洋商收取“行佣”，此举被洋商视为不法之举，深恶痛绝，最后通过鸦片战争，才加以废除。

荒诞的“行佣”：如何向债主征税还债？

倪宏文商欠案过去不到两年，1779 年又一笔涉款巨大的商欠案爆发了。

此年在广州的东印度公司大班请求清廷解决一笔商欠。此笔商欠的债主主要是港脚商，他们以高利贷的形式放款给广州八家行商，其中泰和行颜时瑛、裕源行张天球在乾隆二十三年（1758）所借债款，经过 21 年利滚利后，已无力偿还，“泰和行欠夷人本利番钱 135.4 万余元，裕源行欠夷人本利番钱 43.8 万余元”。

官司打到清廷那里，清廷认为，此笔欠款乃是乾隆二十三年产生，尚在乾隆二十五年禁止向洋商借款以前，故而不算违法，“但照本滚利，几至十倍之多，若全数算给，既无成例，于情理亦未允协”。依照清律规定，每月取利不得过三分，年月虽多，不过一本一利。清廷决定，应还洋人银两照一本一利计算，总计银 60 余万两，分 10 年偿还，每年偿还银 6 万余两。欠下巨额债务的行商颜时瑛、张天球破产，被发配伊犁，所欠债款以家产变抵，不足之数由其他行商分 10 年偿还。

此次行商商欠危机后，乾隆四十五年（1780），经广东巡抚李湖奏准，由行商从进出口货物中征收 3% 作为“行佣”，西方人称为公所基金（Consoo Charges），用以偿还破产行商的欠饷和欠债。行佣是正式确定行商分摊商欠的开始，也是官方默许行商向外商借债的表示。[①]

行佣征收后，由行商支配，不必直接上缴，留作清偿之用。但行佣的使用，需要经过官方的许可。行商为了转移压力，在对外贸易中不断提升行佣数额，当作私税向外商征收。

随着行佣数额不断变大，它脱离了偿还商欠的本意，最终被用于官员行贿、各类捐效及行商的开销之上。如1793年，用作他途的行佣有贡价（按年贡奉皇帝的款项）5.5万两，捐献军事经费7.5万两，清偿商欠42.5万两，购买钟表及机器玩具等10万两。[②]

虽有行佣，但有时官方也会以官款先帮助偿付商欠，再由行商交还官款。乾隆五十四年（1789），行商吴昭平经营不善，拖欠洋商货价银达28万余两。乾隆五十六年（1791），洋商告发此事。吴昭平被革去职衔，发往伊犁当差，家产查封后，估值银5.9万余两。所查抄家产，抵扣吴昭平名下所欠关饷银两后，仅余银5800余两。此笔所欠款项，参与联保的行商蔡世文等表示，愿在五年内，分作六次代还。乾隆帝很是不满，认为丢了自己面子，“若不即为清欠，转致贻笑外夷”，乾隆帝令福康安先从关税盈余银两内将所欠之数给予洋商收领，再令各行商分期缴还

① 行佣原系各行中所抽羡余，以为办公养商之用。

② ［美］马士：《东印度公司对华贸易编年史（1635—1834年）》第三卷，区宗华译，中山大学出版社1991年版，第59页。

官款。

为了确保对华贸易的稳定，英国很是谨慎，避免因商欠问题刺激清廷。对1787年的卡斯卡特使团（因正使卡斯卡特在来华途中病逝而夭折）、1793年的马戛尔尼使团都发出训令，要求在与清廷打交道时，不要追索商欠。使团的薪金、维持费、礼物等全部费用，均由东印度公司承担。

乾隆五十八年（1793），马戛尔尼使团来华。在给英国国王的信中，乾隆帝主动提起商欠问题的处理：“前次广东商人吴昭平有拖欠洋船价值银两者，俱饬令该管总督由官库内先行动支帑项，代为清还，并将拖欠商人重治其罪。”在乾隆帝看来，此乃怀柔远人之意。

乾隆六十年（1795），而益行石中和遭遇财务危机时，在广州的东印度公司监理委员会与之签订了较多的茶叶订单，试图帮助其缓解破产危机。但石中和积欠外商货银数额巨大，达100余万两，虽然得到东印度公司的援手，仍然无力回天，最终破产。石中和被抓捕入狱，死于狱中，“石琼官因在狱中受酷刑死去：他受鞭笞三次，最后一次打在脸上，因过于厉害而发高烧，结果他的牙齿尽落。高烧两天后，就结束了他的生不如死的生命”①。石中和家产查抄变卖，抵还外债后，尚欠59.8万余两。

此次商欠案后，清廷传谕粤东督抚及粤海关监督，此后行商

① ［美］马士：《东印度公司对华贸易编年史（1635—1834年）》第一、二卷，区宗华译，中山大学出版社1991年版，第584页。

拖欠外商货款，必须每年结算，且不得超过十余万两，如有拖欠过多者，随时勒令清还。从不许向外商借贷，到每年不得超过十余万两，这也是权力对市场的让步。只是此规定乃是政治意志，在具体操作中，根本无法执行，行商巨额拖欠依旧。

嘉庆元年（1796），原本资金雄厚的万和行蔡世文（商名文官）自杀，留下大量债务。其兄弟蔡世洪（商名思官）继承该行，总商潘致祥、卢观恒对其提供支持，英国东印度公司以增加订单的方式，提供帮助。1797年夏，万和行倒闭，其剩余债务由卢观恒承担。卢观恒与债权人及英国东印度公司商谈，以减免债务利息和三成本金的条件，担保两年内偿还，同时东印度公司增加茶叶订单，支付预付款，帮助卢观恒渡过难关。直到18世纪末期，东印度公司并不过多干预行商经营，当行商出现资金困难时，反而通过增加订单，予以支持。

在18世纪末19世纪初，广州行商分化为资金雄厚的行商与资金薄弱的行商。而在此期间，广州市场上银根紧缩，行商资金周转困难，又要偿还商欠、承担各种官方捐输、缴纳关税。行商只得向外商借贷，以暂时渡过难关。19世纪初，东印度公司偏向于扶持资金薄弱的小行商以抗衡资金充沛的大行商，进而获得较为优惠的茶叶价格，打破垄断。

小行商资金薄弱，又普遍存在商欠问题，于是纷纷开始爆雷。如万成行沐士方是浙江宁波府慈溪县人，嘉庆八年（1803）贩卖茶叶来广东，嘉庆十一年（1806）充当行商，资本有限。嘉庆十三年（1808）六月，沐士方揭买港脚商棉花、沙藤、鱼翅、点铜等货，不想市价下跌，经理不善，无力偿还。嘉庆十四年（1809），港脚商禀控，沐士方拖欠货价洋银35万余元，久未偿还。沐士方照例发配伊犁充军，其名下货物、房屋查封变抵，仅估银2.1万余两，不敷偿还商欠。行商卢观恒等人承诺分限三年，代为清还。

行商的商欠以行佣偿还，而洋商对行佣深恶痛绝，以为这不啻将自己的钱从左口袋转到右口袋。嘉庆十三年（1808），东印度公司指示，应当召集全体行商，设法停止行佣，假如他们拒绝这样做，可向清政府请求。东印度公司认为，全世界其他国家没有这种性质的课征，也给官员贪腐提供了机会。清方则认为，行佣不是向外国人征收的税，只不过是授权行商征收规定的数额，以拨充某种特定用途。东印度公司表示，可以通过完全禁止输入钟表、机器、玩具及其他欧洲珍奇物品（此类物品受清皇室喜爱），逼迫清廷降低行佣。但行佣还是继续征收。

嘉庆十四年（1809），会隆行行商郑崇谦经营不善，共计欠饷银8.9万余两，又拖欠东印度公司银45万余两、港脚商银52.9万余两。英吉利大班剌佛（John William Roberts）因与郑崇谦交易多年，知其不善经理，欠账又多，一时难以结清，遂向郑崇谦建议，情愿代出资本，邀请曾在英国商馆受雇的吴士琼代管行务，仍以会隆行名义收货售卖。郑崇谦明知未经清廷许可，由他人代理进出口贸易违规，仍然答应剌佛的请求。

嘉庆十五年（1810）二三月间，英商将银交给吴士琼，采购福建、江西等地大批茶叶。此事被两广总督百龄得知，便将郑崇谦、倪秉发、吴士琼拘拿到案。郑崇谦、倪秉发、吴士琼均照“交结外国互相买卖借贷、诓骗财物发边远充军例”，发配伊犁充军。所欠洋商款项，由查抄的家产变抵，不足之数由其他行商分十年，以行佣偿付。而英国大班剌佛来粤贸易，私给资本，串通民人吴士琼代理行务，实属违例，即令驱逐回国。此年大班剌佛再次请求削减行佣，清廷反而认为有了行佣，“洋人无利可获”，或可杜绝其前来，对此不以为然。

嘉庆十八年（1813），商欠问题总爆发，十一家行商中有七家陷入困境。粤海关监督坚持行商必须清付关税，东印度公司委员会认为，如果任由行商破产，损失更大，乃借款给行商缴付关税。行商不断爆雷，清廷也努力完善行商制度。

此年规定，总商需经过清廷官方认可（此前由行商公推），由财力雄厚者一二人担任，带领其他行商与外商贸易，统一定价，不准私议货价，争揽货物。以前担任行商，只要一两家行商作保便可，此后充任行商，必须由行商全体联保，如有欠饷欠债，由各商赔缴，由此行商承担了连带保证责任。

早在嘉庆十三年（1808），实力雄厚的总商潘致祥以十万两白银贿赂，才得以辞去行商，归家养老。此后行商萧条，潘致祥财力雄厚，又被抬举出来。嘉庆十九年（1814），两广总督蒋攸铦勒令潘致祥重新出山，再任总商。

行商普遍乏力，不得不向外商（港脚商）妥协。1813 年起，行商潘长耀、黎颜裕、关成发、麦觐廷、谢嘉梧与其外国私人债权人，按照英国东印度公司的计划达成协议，将业务交给外国债权人指定的三人管理，一方面停止利上加利，另一方面他们生意所得的利润，将用以偿还债务。[1]

外商控制中国行商，清廷也有了解。清廷官方的应对策略是，定期清查行商账目，利用商欠将资金薄弱的行商驱逐，以资金雄厚的行商主持贸易，控制价格。

嘉庆二十年（1815），清廷详细清查行商账目。一查结果触目惊心，行商商欠严重，十一家中有七家欠债，共计106万两之多。设若将乏商清退，则又有新的商欠需要偿还。嘉庆帝也无可奈何，谕令行商此后不得拖欠，禁止外商“垄断盘剥，任令疲商赊欠”[2]，同时也指示，不得办贡拖累行商，这也是朝廷对行商最大的照顾了。

到了道光朝，由商欠引发的行商破产持续发生。道光二年（1822），广州西关大火，烧毁六家行商商号、全部行商栈房，行商自身损失惨重，还要赔偿栈房中洋商存货的损失。为了获得现银，行商不得不贵买贱卖货物，陷入恶性循环中。

行商的窟窿越来越大，最后只能破产。道光三年后的几年里，丽泉行潘长耀、西成行黎光远、同泰行麦觐廷、福隆行关成发，先后破产。至道光九年（1829）时，各行陆续倒闭，仅存的七行也是苦苦支撑。就连资金雄厚的东生行，也在道光十

① ［美］马士：《东印度公司对华贸易编年史（1635—1834年）》第三卷，区宗华译，中山大学出版社1991年版，第309页。

② 中国第一历史档案馆编：《鸦片战争档案史料》第一册，上海人民出版社1987年版，第19页。

年（1830）宣告破产，行商又减少为六家。在行商中位居第二的广利行卢文锦（卢观恒之子），也靠不断借债支撑。“在实行公行制度的八十二年间，无力偿付的债款总数约在一千六百五十万元以上。”①

东生行的破产较有代表性，广州西关大火时，东生行遭到沉重打击。行商刘德章在1825年去世，随后由其子刘承霨接手业务。1827年，刘承霨负债甚巨，计划退出行商。第二年年初，刘承霨对外宣称将退出行号，且通知在广州的东印度公司特派委员会，其本人也将于一个月内离开广州。刘承霨未雨绸缪，携带大笔款项返回原籍徽州，留下七弟经营行务。老七的母亲是广州人，又是庶出，故无路可逃，只能当接盘侠。当该行陷入困境时，老七一人独自承担各方的压力。

东生行的商欠引发英国商人强烈不满，决定强行索欠。道光九年九月，英国大班采取强硬手段，令英国货船全部停泊在澳门外洋。九月九日，英方向两广总督李鸿宾提出了八条要求，其中一条就是不允许东生行倒闭，刘承霨必须带钱返回。如果该行倒闭，要求立即偿还全部欠款。

李鸿宾对洋商的威胁不以为然，东印度公司特派委员会恼怒之下，乃请求英印总督，派遣两艘军舰至广州进行威胁。最终东印度公司董事会反对采取激烈做法，而清廷同意减去规礼银的十

① ［英］格林堡：《鸦片战争前中英通商史》，康成译，商务印书馆1961年版，第57页。

分之二，才使得风波平息。对于引发风波的东生行，两广总督令将“潜携银两回籍”的刘承霨押解回粤，审讯追查。

道光十年（1830），东生行宣告倒闭，所欠洋商债务高达86万余元。在官方压力下，刘承霨返回广州，但没有携带任何款项来帮助其弟解决危机。作为东生行名义主持者的老七，顶不住压力，自杀身亡。刘承霨本应抄没家产，审判后发配伊犁，但他打通了关节，被允许返回徽州，脱开了债务纠缠，享受奢华生活。外商不断地申诉商欠，两广总督则视而不见，直至最后英商在英国运作，以武力手段来解决问题。

商欠连带赔偿制，乃是导致行商衰落的一个重要因素。道光朝时，天宝行行商梁承禧，原本生意还颇顺利，自陈“本人亦未靡费资财，逐求豪奢”。由于连带赔偿责任，自道光二年后，生意陷入窘境。相继破产的丽泉行、西成行、同泰行、福隆行和东生行的债务，加诸其身，他先后支付五行之商欠计达120万元，至道光十三年（1833）方才还清，此时他已是财殚力竭。

商欠之外，行商又面临着中国本土行外商人的挑战。行商是在广州从事对外贸易的合法经纪人，垄断了大宗货物的进出口，此外还有“行外”商人，被允许售给外商一些个人用品。行外商人必须在行商的掩护下，才可以进行进出口贸易，而行商则从中抽成。但英国港脚商与美国商人发现与行外商人直接做茶叶、土布等生意，能获得更高利润，于是就绕开了行商。

行外商人是对广州体制的极大破坏，因而遭到清廷的打击，1807年，有200余家行外商号被关闭，货物充公。东印度公司对行外商人也很是不满，认为他们损害了公司的利益。1828 年，英国东印度公司大班与行商达成协议，行商如果再掩护行外商人，就会失去公司的茶叶合同。

道光十三年（1833）时，半年内各行商被迫偿还旧欠银，总计 50 余万两。清廷知道行商已是精疲力尽，不得不加以宽免，“将各商未完正杂等款银三十九万四千四百六十四两七钱五分九厘，分限五年带征全完”①。

行商全盛时，洋商小心翼翼，处于被动角色。至道光年间，随着商欠益增，双方角色互换，行商处于洋商控制之下，仰人鼻息，并为其通风报信。此时东印度公司也不在乎清廷各种针对西方人的规定。1830 年，英国东印度公司大班违反中国规定，携带家眷进入省城商馆居住，并且由船登岸，乘轿子进馆。两广总督李鸿宾责令行商将其驱回澳门，英国大班不肯服从，反命停泊黄埔英船上的水手乘夜用小船将火器偷运进城。后经反复交涉，英国大班才将家眷及武器送回澳门。官府治不了洋人，就拿行商出气，东兴行谢有仁因提供轿子被拘捕，兴泰行的严启祥也被牵连。

为了招募新行商，清廷将行商执照银从过去的二十万两左右减为四万二千两，1830 年，增加了四家新行商，1832 年增加了两家新行商，总数达十二家。这些新行商的资金更加薄弱，在交完执照银后，所剩无几，不得不指望洋商扶持。当时的英商查顿

① ［清］佚名：《粤海关志》卷十四，清道光广东刻本。

认为，除了澳门来的两个新行商有一点钱也有一点身份，余下的新行商既没钱又没身份，乃是冒险家、失败的鸦片掮客、被斥退的海关税吏，真是稀奇古怪的胡闹。[①]

行商的处境如此艰难，但清廷不仅不为他们考虑，反而加大了对行商的勒索。行商只能不断借债，然后不断提高行佣，由此陷入恶性循环，不堪索取的洋商只好控告于地方官，但地方官没有能力平息洋商的诉讼，于是洋商继续上诉，问题始终无法得到解决，洋商们只好“回诉于本国，于是带兵船讲论，而干戈之衅以起”[②]。

---

① ［英］格林堡：《鸦片战争前中英通商史》，康成译，商务印书馆1961年版，第60页。

② ［清］夏燮：《中西纪事》卷三，清同治刻本，第19—21页。

国运之搏：商欠与鸦片战争的爆发

世界历史上所有的重大转变，几乎都来自对外交往与贸易带来的新思想、新技术与新技能，从而推动自身文明的前行、社会的变革。

清代虽与西方各国进行贸易，可这是朝贡思维之下的产物，是在庞大帝国上勉强打开的一条缝隙，同时官方又以各种措施阻碍西方思想和技术的进入，支撑朝贡思维的则是千年一律的华夏文化优越感。而西方人则努力接触中国，更想一窥帝国内部虚实，以期展开自由贸易。中西方两种不同思维的碰撞，终将引发冲突。

亚当·斯密认为，商业资本如果无国际市场的刺激，不会转入手工业工场资本的生产过程，进而分工不能发展，工业技术无法突破，只能停滞在手工业阶段。从 18 世纪 60 年代开始，推动英国工业革命进程的是纺织工业、五金工业与蒸汽机。随着工业革命的推进，英国农业经济转为工业经济，农村人口进入城市成为产业工人，工厂主大量生产工业产品，抢占国际市场。①

---

① 1770 年以前，英国农村人口与城市人口比较平均，可是至 1821 年，英国农村人口已降至 33%。工业城市人口激增，1760 年至 1816 年之间，曼彻斯特的人口，由四千增至十四万，伯明翰由三千增至九万，利物浦由三万五千增至十二万。

1816年2月，英国阿美士德使团从朴次茅斯港出发，前往中国。此年8月，使团到达天津。在天津，清廷提出，使团应该向中国皇帝叩头，使团则表示反对。此后在通州，双方围绕叩头问题进行了激烈交涉。使团成员就此问题进行了投票，以6比2的投票结果，决定大使不应向中国皇帝叩头。使团抵达海淀后，阿美士德以身体不适、装束不宜为由，拒绝觐见嘉庆帝。在三次传唤之后，嘉庆帝大怒，令使团返回广州，工业革命之后，中西方平等交流的一次机会，就此流逝。

在1815年之前，广州只有少数港脚商侨居，这些商人在东印度公司的许可范围之内，在各种约束之下，小心翼翼做着生意。这时贸易的性质很单纯，规模很小，发展也很慢。随着新加坡成为对华贸易的转口站，英国兰开夏货物对华输出增多，在1833年，英国棉纺织品成为对华贸易的重要部分。

但兰开夏贸易若需进一步拓展，面临两个障碍：在中国方面，行商制度及征税方法影响了货物的输入；在英国方面，东印度公司特许权的存在，增加了成本且贸易数量有限。另外的挑战是，美国人由于不受什么限制，开始挤占英国对华贸易的市场份额。

英国商人意识到，不废除行商制度，就无法达成自由贸易。1837年2月，英商查顿在信中写道：“近来没有一家行商不负债，除去浩官和潘启官之外，现在没有一家行商有二万元。如果我们挤倒一家，我们就可以挤倒全体；如果我们真把全体挤倒，海关监督就会很快地再增加六家或八家，并为这项特权向每家索取四万两银子。这些新设行号自然是一些既无财产又无品德的人，要不了几年就会倒歇的。”[①]

港脚商（自由商）深受亚当·斯密影响，认为垄断的商业制度是不合理的，必须加以打破。他们组成团体，在英国制造业城市中找到了坚实的同盟军。1830 年 12 月，47 名旅华散商签署请愿书，递呈英国下议院，希望英国政府至少“能采取一项和国家地位相称的决定，取得邻近中国沿海的一处岛屿，使世界上这个僻远地区的英国商业不再受虐待和压迫”[②]。

此时，工业革命的威力开始在国际市场显现，1830 年，租给英国洋行的汽船“福士”号在珠江口上鸣笛，引发无数人的围观，新的时代来临。道光十二年（1832），英国人胡夏米从南到北，在中国沿海航行，使英国人对中国沿海各口岸有了清晰认识。更重要的是，一艘英国商船违规在中国沿海航行，并登陆各处口岸，整个大清国的水师都无可奈何（1757 年一口通商后禁止洋船北上）。事后清廷方面以“向来内地营员驱逐夷船，曾经降旨不准用炮轰击”为由，加以开脱，可清廷武备松弛，已是不争的事实。在前往福州途中，胡夏米等人遇到的清军水师，从将领到士兵都在抽鸦片，“船上装备了几门铸铁制成的大炮，处

① [英] 格林堡：《鸦片战争前中英通商史》，康志译，商务印书馆 1961 年版，第 174 页。

② [英] 格林堡：《鸦片战争前中英通商史》，康志译，商务印书馆 1961 年版，第 164 页。

于可以想象的最糟糕的状态”[①]。

航行之中，英国人详细了解了中国内地的市场与产品，发现中国民间普遍存在对外贸易的欲望，只是被官方所压制。胡夏米之航，让英国人看到了清军的虚弱，了解到对华贸易的广阔市场，鼓励了英国国内的商业力量，也为后来鼓噪发动鸦片战争打下了基础。此后胡夏米与其他说客、战争贩子一起游说，推动了鸦片战争的爆发。

1834 年，英国取消东印度公司的垄断权，清除了英国海外贸易的内部障碍。此后对华贸易被英国散商控制，而贸易的方式也发生变化。往日对华茶叶贸易，需要广州十三行作为中介，而此前港脚散商在走私贸易中，直接与中国商人联系，此时他们也想绕过行商，直接采购茶叶。1834 年 3 月 22 日，摆脱东印度公司后，第一艘英国自由船“萨拉”号在黄埔装上茶叶，直接驶往伦敦。

往日东印度公司给予行商的资金扶持不再，行商的处境更为恶劣。在对华接触上，英国外交部取代东印度公司董事会，驻华商务监督取代了大班组成的监理委员会。往昔的贸易问题，现在升格为外交问题，而清廷早已适应了东印度公司的运行模式，对东印度公司解散后如何与英国政府打交道，一脸茫然。

东印度公司对华贸易的垄断取消了，中国的行商制度仍然存

---

① Charles Gutzlaff, *Journal of Three Voyages along the Coast of China in 1831, 1832*, & 1833, London: Frederick Westley and A. H. Davis, 1834, p. 209.

在，一口通商仍然维系，英国商品还是无法大规模输入中国，英商无法在中国沿海其他口岸自由贸易，各种对英商的限制依然存在。为处理散商在贸易中的纠纷，在广州以外扩张英国贸易势力，打通对华贸易的渠道，英国政府派遣第一任商务总监律劳卑（William John Napier）至中国，试图绕开十三行，直接与中国展开贸易。

往日在与广州行商、海关、官府打交道时，东印度公司尽量避免发生冲突。它面临各种限制，乃至上书时都要采用“禀帖”，再由行商转交，可以说，东印度公司在华采取的是委曲求全的策略。东印度公司取消后，与行商、粤海关、广东官方打交道的，则是国运昌隆的英国政府。只是此时清廷的态度，并没有任何改变，秉持的依旧是“天朝思维”，没有国家间平等交往的概念，认为来华的律劳卑也不过是化外夷狄。

1834 年 7 月 15 日，作为英帝国官方代表的律劳卑抵达澳门后，不经过行商之手，想直接将外交信件送于两广总督卢坤，并要求进广州城与卢坤会见。卢坤则令行商与其沟通，询问为何来澳，至于来广州一事，等请示皇帝之后，再作决定。不想律劳卑迫不及待，自行乘船前往广州。

依据清廷规定，外国人来华后，只许在澳门居住。至广州贸易时，事先要领取粤海关的牌照，查验后方可放行。7 月 24 日，律劳卑至广州城外商馆住下，次日又派遣自己的秘书至广州城门处递交书信给卢坤，但清方拒绝接收。

清廷规定，夷人“遇有事关紧要必须赴总督衙门禀控者，应将禀词交总商或保商代递，不准夷人擅至城门口自投。其余寻常贸易事务，应赴粤海关衙门具禀”[①]。律劳卑的信件，没有经过行商代递，没有采用“禀帖”，而采用平级形式递送，且有“大英国”字眼，大清官员没人敢接。

清方再三重申，律劳卑自行来省，违反定例，念其初来，不加深究，请处理完贸易后退回澳门。律劳卑不肯退去，坚持直接与清方交涉。广东督抚祭出撒手锏，停止贸易：除未停止买卖前已定各货仍准发运外，停止所有中英贸易，并令英国船只许出口，不许进口。

9 月 7 日，两艘英国军舰闯入虎门海面，清军炮台开炮拦截，双方爆发炮战。受风力影响，英国军舰在大虎山下抛锚。9 月 9 日，英国军舰起锚，双方再次发生炮战。9 月 11 日，英国军舰至黄埔抛锚。此时律劳卑手头只有两艘军舰，武力不足，遂决定退出广州。9 月 26 日，律劳卑抵达澳门。9 月 27 日，中英贸易重开。10 月 11 日，律劳卑在澳门病逝。

律劳卑虽死，但他奠定了此后英国对华外交的基石。他在临终前英国政府的报告中指出，清政府外强中干，如果有一支适当的兵力施加压力，会比外交交涉更为有效，谈判则浪费时日。

律劳卑死后，翻译过一系列中国文学作品的东印度公司最后一任驻华大班德庇时，成为商务监督。此时，港脚商上书英王，

---

① 在某些特殊情况下，外国侨民可以到城门口去“呈递”禀帖。清方并不鼓励这种做法，严令守门的士兵严密监视，如遇任何夷人走近，即将城门关闭。

建议派出一名全权公使，以海军力量护卫，乘军舰北上，逼近北京，要求重新开放厦门、舟山、宁波各口岸。

此次事件后，两广总督卢坤因为处理不善，被摘掉花翎，革太子少保衔。卢坤转而迁怒于行商，因律劳卑来广州乘坐的船由兴泰行行商严启祥承保，为此他被关押半年，花了十万元方得释放。

道光十七年（1837），兴泰行拖欠外商货款200余万元，引发外商向两广总督邓廷桢控诉。兴泰行为了获取洋商的资金，不得不经营英国的棉纺织品，而英国棉纺织品在中国并不畅销，乃是亏本买卖。19世纪30年代，广州查顿·孖地臣行（怡和洋行前身）的行情报告中，还认为中国产的“紫花布”（南京布）在质地和成色上都优于曼彻斯特棉布。而行商采购茶叶，需要通过茶商，茶商们在此年联合起来，拒绝交货。英商为了得到茶叶，转而抛开行商，直接联系茶商，导致兴泰行损失惨重。

广东布政司会同按察司与兴泰行严启祥、外商，共同核算，确定兴泰行所欠债务为244万余元。对于此笔商欠，邓廷桢决定仍由全体行商赔偿，而不准备采用行佣偿还，这样一来，1830年取消连带责任的新政成为一纸空文。此笔商欠，分八年半还清，不计利息。

英国商人此次却不愿意遵循往日旧例，而想一劳永逸地取消行佣。在英商看来，行商制度是清政府设置的，行商包揽了进出口贸易的一切业务，是清政府的委派人，那么清政府就应当对商欠承担责任。

曼彻斯特商会主席莫克·维卡在致巴麦尊的信中指出：“行商每有新的倒闭，公行所承担下来的债务一般都相应地加到进出口关税上去，而这种负担却又没有按照它的加税目的去开支，而是浪费到贿赂上去，亦即是被总督和他的下级人员榨取去了。……这乃是一种经由帝国海关监督的安排而造成的政府关税，是为了个人利益而阻碍将来商务的负担。”[①] 而英商取消行佣的目标，又遭到了新的挑战，清廷开始严禁鸦片。

1839年，林则徐至广州查禁鸦片。3月18日，钦差林则徐传谕行商，斥责他们包庇鸦片贸易。林则徐威胁，如果不立即停止鸦片贸易，就要绞死几个行商，又责备他们纵容居住在商馆的外商贩卖鸦片。同一天，林则徐向外国人发布第一道谕令，命令他们将持有的鸦片全部交出，而且必须保证不再从事这种贸易，违者处死。

3月19日，英商在公所与行商会晤。行商传达钦差的口头命令，要将鸦片销毁。这时伶仃洋趸船上的鸦片有1.5万箱，在沿海各站的有5000箱，总共价值超过1200万元。[②] 林则徐令各国鸦片商交出囤积在趸船上的大量鸦片，又要求在伶仃洋的趸船“奸夷”全部撤离。对缴出鸦片的英商给予一定茶叶作补偿，“缴出鸦片一箱者，酌赏茶叶五斤”。在林则徐的威压下，猖獗

① 严中平：《英国资产阶级纺织利益集团与两次鸦片战争史料》，载列岛编《鸦片战争史论文专集》，生活·读书·新知三联书店1958年版，第53页。

② ［美］威廉·C. 亨特：《广州“番鬼”录》，冯树铁译，广东人民出版社1993年版，第103页。

一时的趸船纷纷撤出，伶仃洋走私基地被摧毁。

1839 年 3 月 27 日，英国驻华商务总督义律宣布，以英国政府的名义，要求商人将所有鸦片交给中国政府。此举让港脚商大为兴奋，因为事后英国政府将赔偿他们的损失，这比走私贩卖鸦片来钱轻松多了。美国商人也积极配合，上缴鸦片，想从英国那里占点便宜。义律这招极其高明，成功地将英国政府拉下水，禁烟也从经济问题演变为政治问题，从国内查禁变成了国际纷争，让道光帝担心的“边衅”问题最终引爆。

道光十九年（1839），鸦片战争爆发。与英国开战之后，道光帝以为这只是发生在广东的一场小规模战事，会很快结束。不想开战之后，蔓延七省，道光帝懊恼地指出：“英夷如海中鲸鳄，来去无定。”大清国虽整兵备武，奈何却没法将龙爪伸入大海之中去擒住英夷，战事旷日持久，军费开支无数。

巨大的军费开支使得清廷本已千疮百孔的财政更加吃紧。道光二十一年（1841）十二月，户部奏称：“一年有余，请拨银已至 2100 万两之多。”最肉痛花钱的道光帝，看到战事消耗钱财数不胜数，不由哀叹：“国家之财赋，有此消耗之理乎？”此年香港取代伶仃洋，成为新的鸦片贸易基地。

战争是实现商业目标的手段，废除广州体制，达成自由通商贸易，是英商的目标。英商也希望能在自由贸易体制下，来解决债务问题，为此向英国政府提出呼吁，对中国行商商欠问题加以干预。1840 年，英国外交大臣巴麦尊向义律发出训令，在与清政府签订的条约中，行商体制应停止，由行商制度所造成的商欠应由中国政府偿还。

道光二十二年（1842）四月，英军攻陷乍浦。七月二十四日（1842年8月29日），中英《南京条约》在长江的江面上签订。中英《南京条约》规定对英国的2100万元赔款中，有300万元用来清偿鸦片战争前港脚商的商欠。条约中的条款实际上体现了英国商人的愿望：公行撤销，广州之外，另外开放四处口岸对外通商，英国商人赴该口贸易者，无论与何商交易，均听其便。关税限于5%（茶叶除外），准英国领事驻在新辟各口，鸦片问题则未提及。根据“一体均沾”的最惠国待遇原则，其他国家的商人相继也获得了在华通商贸易的权利。①

原本英国官方是要在《南京条约》中写入鸦片贸易合法化条款，并准备就此劝说中国代表，但港脚商坚决不同意。港脚商的盘算是，一旦鸦片贸易合法化，则运输等费用必然降低，会引入更多的竞争者，导致竞争激烈。

鸦片战争期间，为免英军进攻广州，广东方面承诺七天内缴广州“赎城费”600万元，赔偿英国商馆损失30万元。赎城费600万元，行商承担了相当一部分，其中伍家出110万元、潘家出26万元，其他行商出64万元。总商伍崇曜（商名绍荣）出了赎城费，自以为战后可用行佣补偿。不想鸦片战争后，原先的广州十三行取消，行商从此退出历史舞台，而行商体制下的买办却

① 1844年中美《望厦条约》第八款中规定：美国商民“雇觅跟随、买办……均属事所必需，例所不禁，应各听其便，所有工价若干，……中国地方官勿庸经理”。

继续活跃在中外贸易中。

道光朝之后，清廷的危机完全不同于中国往日历代王朝的危机，也不再能用所谓的“王朝周期律”予以解释。清廷所面对的危机，既有农耕社会发展到顶点时面临的旧问题，也有人类社会在工业化时代面临的新问题；既有传统王朝的老危机，也有新力量的挑战。清帝国的危机，是三个同时发生的困境所造成的“完美风暴”：“西方扩张的外来冲击、由长期社会经济问题累积而成的长期危机，以及与我们熟悉的朝代循环模式相关的严重政府失能。”①

此后的中西方两个世界，在各类偶发事件之中，不断发生碰撞。1846 年 2 月，英国海军上校吉法尔德和几个海军军官在黄埔散步，遭到一群广州人的石头袭击。德庇时要求两广总督耆英对参与攻击的广州人加以处罚。耆英的答复则是，根据条约，中国人民有义务捉拿在口岸附近闲逛的英国人。最终在英国的武力威胁下，耆英与德庇时达成协定，英国人有在邻近地区漫游、运动及娱乐的自由，不得受到骚扰。可此后，中国与西方的冲突在各个城市、村庄爆发，经久不息。

---

①［美］罗威廉：《中国最后的帝国：大清王朝》，李仁渊、张远译，台大出版中心 2013 年版，第 156 页。

第三章 游离：晋商群体与『羁縻边疆』策略

早在清室入关之前，晋商就已经与之取得联系，并暗中为清室提供支援。清室入关后，对支持者晋商予以重赏，八家晋商成为皇商。皇商获得了经济领域中利益最丰厚的部分，如办理铸造铜钱的铜料、盐业贸易等，但皇商的结局最终都是抄家没产。在皇权与皇商之间，到底存在什么样的复杂关系？

皇商之外，在清廷对准噶尔的漫长战争中，大批晋商从事粮草运输，提高了清军的军事行动力，由此得到清廷赏识，进而获得进入草原各部从事贸易的机会。通过晋商在口外的贸易，清廷希望能以商制蒙，羁縻边疆，控制草原各部。在恰克图，清廷设置了对俄国的免税贸易区，由晋商主持，也希望通过贸易对其加以羁縻。此时，晋商成为清廷控制外番的工具，那么，晋商的独特角色又会带来什么样的影响？其中又形成了什么样的政商关系？

女真崛起的秘密：张家口贸易的兴盛

战争的支柱是金钱，维系统治的根本是财政。强大的赚钱能力是后金崛起，乃至清王朝入关进而一统天下的关键所在。女真部在关外时，曾以渔猎为主，并不依赖于农业生产，且以务农为耻。吴良奉命使海西时，“见女真野人家多中国人驱使耕作”，但他们对商业毫不排斥，反而通过对外贸易以换取各类必需物资。

万历十一年（1583），建州女真部首领努尔哈赤举兵，征战女真各部。在用兵过程中，努尔哈赤对明廷竭力保持朝贡关系，态度颇为恭顺，先后多次遣使团入京朝贡，借此获得经济收益，支持女真部的扩张战争。其间努尔哈赤还曾亲赴北京朝贡，一方面借机观察明廷虚实，另一方面也得以获得明廷封赏。

通过抚顺等地的马市及朝贡贸易，努尔哈赤以辽东人参、貂皮、东珠等换得了布匹、盐、粮食等生活必需品，至于铁、火药等军需物资，则通过走私获取。万历二十七年（1599），努尔哈赤暗中走私军需物资被辽东巡抚李植发现，李植正要上奏，却被人弹劾去职，此事最后不了了之。

随着实力的扩大，努尔哈赤开始显露反骨，也不再入京朝贡。万历三十六年（1608）三月，大学士朱赓上奏：“（努尔哈赤）其马步精兵约有六万余人，恃强不贡，已经二年。”[1]朱赓认为，努尔哈赤势力已成，不可不防。此年明廷下令，停止建州女真朝贡，第二年便关闭马市，对其进行经济封锁，至万历三十七年（1609），“时不许贡者二年矣”。此番贸易禁令，导致女真部对明贸易的主要货物无法销售，烂掉的人参就有十万余斤。努尔哈赤所部经济上受到沉重打击，不得不收敛扩张的势头。

人参之外，各类毛皮也是女真部朝贡贸易的大宗物品。女真部所产貂皮称东貂，多为紫貂；蒙古部所出貂皮称西貂，多为青鼠，时人以东貂为贵。貂皮成为身份的象征，被皇帝用来赏赐臣子，“燕中多豪贵，白马紫貂裘”。大明的富贵人家少不得要买些貂皮衣帽，以显示身份。如小说《醒世姻缘传》中就记载：“那庶民百姓穿了氅衣，戴了五六十两的帽套。”帽套，即毛皮所制皮帽，也称暖耳。江南地区乃富裕之地，毛皮成为富家公子的标配，松江府华亭县的世家子弟，“出必鲜怒，锦衣狐裘”。内地毛皮价格昂贵，消费需求旺盛，为女真部带来源源不断的收入，这成为女真部崛起的重要财源。

万历四十四年（1616），努尔哈赤建立后金，年号天命。明廷以停止贸易作为打击努尔哈赤的工具。努尔哈赤则利用在辽东的晋商从事各类走私贸易。万历四十七年（1619），兵部尚书黄嘉善提出，虽然双方已断绝贸易，但仍有民间商人图谋厚利，暗中走私各类物资至后金。他建议，此后凡是暗中与后金交易者，

---

①［明］叶向高：《纶扉奏草》卷二，明刻本。

“无分米粟貂参，俱以私贩铁器之罪罪之”[①]。明廷的经济封锁战略，在贸易利润的巨大诱惑前，终是所施无效。

当时，宣府镇、大同镇以北，辽河流域以西的长城沿线地区，是明廷与后金反复争夺的战略要地，九攻九拒，民疲师老。后金在长城沿线的贸易点，集中在张家口、杀虎口、归化城（今呼和浩特），而张家口则是其中关键。明宣德四年（1429），指挥张文筑城堡，当时只是作为军事要塞，不想日后成为贸易繁盛之地。

张家口堡[②]设在绝徼，极目荒凉，诸物不产，不过地理位置优越，西接山西，北靠蒙古草原，南联华北，乃是蒙古草原与内地联系的关键枢纽。张家口筑堡之后，因其优越的地理位置，只需一个契机就能爆发出巨大的商业潜力。

隆庆五年（1571），明廷与俺答汗达成和议，在宣府镇的张家口堡等处开放互市贸易。时任宣大总督的是山西蒲州人王崇古，他广招四方商贩参与贸易，并为山西商人提供了更为优惠的条件，山西商人纷纷来张家口从事贸易。

张家口因为紧邻塞外草原，十分便利马羊牲畜的运送，且地势险要，易守难攻，可防止草原部落利用互市骚扰，故而得到各方青睐，贸易规模迅速膨胀。开市不过四年，至万历二年（1574），张家口市马总额增加了七倍，超过山西、大同二镇的总

① ［明］程开祜辑：《筹辽硕画》卷四十三，民国北平图书馆善本丛书景明万历本。
② 因为是张文所筑，故名张家口堡（下堡）。

和，成为九边最大的马市市场。

经由互市贸易，双方得到互惠，中原各类物资进入草原的同时，草原物资也涌入内地。如嘉靖初年瓦楞帽要用比较稀缺的马鬃制成，只有生员才能戴，后来偶尔有富人戴，“价甚腾贵”。至互市贸易之后，塞北的皮毛、鬃尾等货物大量流入，“万历以来，不论贫富，皆用鬃，价亦甚贱”。

因为贸易繁荣，万历四十一年（1613），明廷又在张家口堡以北筑来远堡（上堡），专为互市贸易。来远堡作为贸易之地，而张家口堡则吸引了大批山西商贾前来定居开店，除了从事互市贸易外，他们也以此为据点，向口外各处去寻找商机，进而开展口外贸易。

当然，各地商人也会由此出发，经承德府，至辽东马市，与女真各部进行贸易。在辽东贸易的商人以山西人为多，“而汾州更过半，居辽娶妻生子，率年久不归”。明末之时，山西商人在东北各地进行商屯，实力雄厚，手中甚至拥有城堡与私兵，“堪战，不惟富，而且强”。

后金天聪六年（1632）六月，后金大军逼近张家口，明军闭门自守。后金大军并未进攻，而是绕城而行。此后皇太极返回之时，驻在张家口外，列营四十里，炫耀兵威，并从张家口致书明廷，请两国和好，互相贸易。面对后金大兵的威压，明廷只好签署城下之盟，答应互市贸易。皇太极遣巴都里率每旗大臣一名，携带各类银器前往张家口，双方“大市于张家口”。

后金对张家口的暧昧态度，史书虽未有记录，但可推测，其与张家口晋商之间存在密切联系。当时，明廷严禁武器输出，明令规定私自将军器“卖与夷人图利者，斩”，为首者还将枭首示众。但在张家口及辽东的晋商，本着牟利的目的，私自与后金从事着各类贸易。晋商利欲熏心，丝毫不顾及国家利益，不但贩卖人参、貂皮这些物品入关，还贩卖火药这样的军需物资给后金。此事被刑科给事中赵东曦揭发，崇祯帝“赫然震怒，逮巡抚沈棨”，此后明廷停止对后金的互市贸易。

虽然明廷停止对后金贸易，但张家口的贸易地位依然稳固，为避免后金（清）混入贸易，明廷于崇祯十年（1637），将张家口每月开市时间缩短，并发给牌照。皇太极迫切需要内地的各种物资，于是让蒙古各部前往张家口，代买布匹、烟酒等货物。蒙古喀尔喀部左右逢源，在明廷与皇太极之间大做生意，大发其财，这让皇太极很是恼火。

崇德元年（1636），皇太极指责蒙古喀尔喀部：“今尔等卖马与明，以换取其财物，岂非加增明国势力乎？尔等行事，如此乖悖。”[①]1638年，皇太极致书宣府官员，要求不得与喀尔喀部进行贸易，并威胁如果不开门互市，将出兵进犯大同、宣府。除了警告明朝地方官员外，皇太极也出兵拦截喀尔喀部贸易队，由此保证对塞外贸易线的控制。

崇德三年（1638），皇太极派人致书宣大总督，请求互市。

---

① 中国第一历史档案馆整理编译：《内阁藏本满文老档》（太宗朝），辽宁民族出版社2009年版，第673页。

三月，宣大总督卢象昇上报兵部尚书杨嗣昌，请崇祯帝定夺。崇祯帝不许与皇太极直接贸易，但许可与“插部旧夷”即喀喇沁部互市，条件是效忠明廷，帮助明廷打击后金，并命杨嗣昌设法密行。[1]但崇祯帝不知道的是，喀喇沁部此时已是皇太极的附庸。此年七月，皇太极遣达雅齐等人前往张家口进行互市贸易。达雅齐本属蒙古部，于崇德元年投金。十月，达雅齐等满载而归。

崇德四年（1639），皇太极遣人携带马、骆驼、骡子千余匹，共驮银十万余两，前往张家口采买绫罗缎匹。此时在张家口的贸易，正是通过皇太极控制的蒙古喀喇沁部的名义进行，以避免刺激明廷。对于张家口贸易，皇太极控制极严，除了自己所控制的商队，不允许任何亲贵、商民介入，以此保证对贸易资源的牢固控制。

对后金以蒙古喀喇沁部的名义从事对明贸易，明廷内有将领是洞若观火。崇祯十四年（1641），宣府副将李御兰称：“夫哈喇慎（喀喇沁）先曾投奴为其部落，今复容其互市，是我与东奴之部市，而却以□□□钤。既与东奴部落市于宣，而复听东奴困于辽，益为割肌饲虎。”[2]只是张家口贸易牵扯到的利益过大，朝廷大佬们都装糊涂，一起瞒着皇帝，于是也就不了了之。

崇德五年（1640），皇太极命希福、朱马喇、启心郎布丹等

---

① ［明］：崇祯十一年三月十一日《兵部奏为密奏夷情事》，见《中国明朝档案总汇》第29册，广西师范大学出版社2001年版，第325页。

② 中国科学院编辑：《明清史料·丁编》下册，国家图书馆出版社2008年版，第143页。

率八家商人及公以下、牛录以上家人，前往张家口。同年，又命苏拜、纳木率领八家商人，往归化城购买马匹。对皇太极的举动，明廷方面心知肚明，却装作不知。此后皇太极不时差人以蒙古部之名前去张家口进行贸易，晋商则在其中大发其财，并加深了与后金官方的关系。在随后的清朝入关之战中，在张家口的晋商积极为清军筹备军需物资，成为皇太极的有力臂助，帮助他获得了各类战略物资，为清廷最终定鼎中原、夺取天下立下了汗马功劳。

在入关之前，后金（清）即已意识到了商业贸易的重要性，皇太极登基之初，即宣告："通商为市，国家经费所出，应任其交易。"这是鼓励通商贸易。边打仗、边大做生意，是此一时期后金（清）政权的特色，而皇太极多次领兵入侵，目标之一也是威胁明廷开展贸易。

入关之后，清廷便颁布多条利商便民之策。顺治元年（1644），清廷下令"将前朝召买粮料诸弊尽行蠲除"。第二年二月，规定王府及八旗人员不许到外省经商，避免与汉商争利。内大臣伯索尼更认为，商业可使"四方血脉宜通"，商贾往来，贸易络绎不绝，经济才能恢复。

顺治朝初期，因袭明制，张家口堡属万全右卫。康熙九年（1670），张家口地区推行蒙古八旗"移旗就垦"之策，此举带动了张家口的发展。康熙三十二年（1693），宣府撤镇改府，张家口属万全县管辖。至雍正年间，朝廷先后在张家口、独石口、多伦诺尔设立三个理事厅，合称为"口北三厅"，专门办理"与蒙古民人交涉之事”，张家口仍是对蒙古各部贸易的重要口岸。

在明末暗中与后金（清）贸易，为后金提供战略及生活物资支持的张家口晋商，因所作所为存在极大风险，故一直低调行事，难以留下公开的历史记录。直到入清之后，当年在张家口的晋商因从龙有功，才可以公开说起往事。据《乾隆宣化府志》记载，明末清初，张家口贸易皆被晋商“八大家”（王登库、靳良玉、范永斗、王大宇、梁嘉宾、田生兰、翟堂、黄云发）垄断：“自本朝（清）隆兴辽左，遣人来口市易，皆此八家主之。”[①]

入关定鼎后，清廷为表酬谢，特意将八家晋商招入北京，于便殿设宴款待。由于帮助清室有功，张家口的八家晋商成为内务府的皇商，成为皇帝的奴才。八家皇商之中，最有名的即介休范氏一族。范氏熟悉塞外情况，多年从事钱粮运输业务。据《乾隆介休县志》记载，范三拔的父亲范永斗“与辽左通货财，久著信义”，顺治二年（1645），顺治帝召见范永斗时，“诏赐张家口房地，隶内务府籍，仍互市塞上”[②]。在新朝廷、新皇帝治下，晋商们开始了新的商业贸易征程，构建了新的政商关系。

① 《中国地方志集成·河北府县志辑》第 11 册，上海书店、巴蜀书社、江苏古籍出版社 2006 年版，第 770 页。

② 《中国地方志集成·山西府县志辑》第 24 册，凤凰出版社、上海书店、巴蜀书社 2005 年版，第 438 页。

后勤赢得战争：晋商与清廷的军事行动

与明代朱元璋所定下的重农主义政策不同，清廷在经济政策上倾向于扶持商业。自然，清代的商业发展处于皇权力量控制之下，是为皇权效力的。此时，熟悉北方各地情况，长期从事大宗商品贸易的晋商，得到清廷格外青睐，被特意加以招抚利用。

清初，晋商与清廷保持着良好的关系，在经济领域全力为清廷效力。他们控制着北方的贸易通道，从事粮食贸易。一旦晋商不至，则粮价暴涨。如陕西绥德县东的义合驿，一度被反清武装控制，“南北路断，晋商不至，斗米银六钱”[①]。顺治元年（1644）五月，都察院参政祖可法、张存仁上奏，请招抚山西商贾运粮。摄政和硕睿亲王多尔衮表示“尔等言是”，同意招纳晋商，运输粮草，发展商业。

清廷对商业的重视，为晋商的发展创造了条件。康熙帝认为，“通财货之血脉者，惟有商贾”，“商人为四民之一”，承认商人应有的地位。雍正帝提出，只有“通商”才能“裕国”，若困商贾，等于自困，一旦“商人失业”，会导致“国帑”常亏，主张“借贸易之盈余，佐耕耘之不足”。乾隆帝大力鼓励商业发展，

① ［清］戴笠：《怀陵流寇始终录》卷五，清初述古堂钞本。

对商人“不惜破格之施”，在萧条时期更以“通商为要图”，一度整顿关津，规范税额，减轻商人负担。

至康熙朝，在对准噶尔的战事中，晋商积极参与后勤事务，为平定准噶尔立下汗马功劳，加深了与清廷之间的关系，得以长期控制利润丰厚的口外贸易。

当时，漠北蒙古、漠南蒙古已经臣服，但在今新疆境内的“漠西蒙古”各部，仍不断对清廷发出挑战，其中实力最为强劲的是准噶尔部。准噶尔部本是卫拉特四部中的一部，只是由于机缘，在部落内部的不断厮杀之中，产生了一个个雄才大略的领袖，带领着部落不断扩张，最终称雄于草原之上。可草原已不能满足他们，他们的目光落在了中原。成为草原霸主后，准噶尔人开始向中原发起挑战。

康熙三十五年（1696）二月，康熙帝得到报告，噶尔丹仍然停留在巴颜乌兰，遂决定御驾亲征。康熙帝下令兵分三路，讨伐噶尔丹。中路军由康熙帝亲自统帅，直指克鲁伦河。西路军由费扬古统帅，分别从宁夏、归化出发，合师后截断噶尔丹退路，东路军由黑龙江将军萨布素统帅。

此次出征，康熙帝做了全面动员，以支持前方作战。中路军运粮车4000辆，后又增造1500辆。所用军马，在大同一次就采购两万匹。为了征集马驼，康熙帝行文各省，凡罪人都可以捐马驼赎罪。左都御史于成龙负责总统各路军队粮饷的调拨运输。各路军中有专门负责运送粮草的官兵及民夫，随军前进，将粮饷运送到指定地点。清军运粮队分工明确，督运、运输、验收、发放有专人负责。运粮车队所用工具多样，有牛车、驼车、马车，满载军粮，络绎不绝。

除了官方运粮队外，商人也组成运输队，编入“买卖营”，或帮助运输粮饷，或随军进行贸易。西路军随行商人多为晋商，有资本的协助运粮，没有资本的充当随军厮役。后来晋商中盛极一时的“大盛魁”创始人王相卿、张杰、史大学等，此时在费扬古西路军中，或为厨夫，或服杂役。商人运粮的优势是“克期至，无后者”，可见商业化的运作，效率远胜过官方。对于商人的高效运输，康熙帝很是满意，命令参战各军另设一营，让商人在营内贸易，“大军十六营中，每营派官一员，专司贸易之事”。

康熙帝三次亲征，虽然打掉了噶尔丹，但与准噶尔部的战事却陷入长期状态。在前方各据点驻扎的清军需要大量粮草，单纯依靠官方运粮，成本高，速度慢，清廷日益倚重能高效运输后勤物资的晋商。

在清初八家皇商之中，最有名的是介休范氏一族。范氏被赐产张家口，入内务府籍，此后范氏等皇商成为皇帝的商业代理人。此时的介休范氏，与一般的晋商有了身份上的区别，虽然在籍贯上仍然是山西人，可在身份上，范氏乃是旗籍，非普通晋商可比。

范永斗负责为皇家采购皮张等贸易，全力扩充家族业务，财力日益雄厚，奠定了范氏日后发展的基础。范永斗年迈之后，由儿子范三拔接掌家族业务。在范三拔手中，范氏一边进行边境贸易，一边积极帮助清廷从事后勤运输工作。范三拔生有五子，其中第三子范毓馪，在康熙四十七年（1708）成为范氏生意的掌门人。范毓馪熟悉商贸事务，为人豪迈，又有胆略，使范氏业务得到壮大。

康熙五十四年（1715），清廷再次与准噶尔爆发冲突。清军前方据点科布多位置遥远，补给线漫长，沿途多为戈壁沙漠。清廷预估，运粮至科布多每石需要120两银。晋商范毓馪则报价40两银，并可垫资运粮，此举解决了清军燃眉之急。

到了康熙五十九年（1720），在远征准噶尔之战中，范毓馪又承担了运粮事务，将每石米粮的价格下降到40两。第二年，清军出师，范毓馪筹办向察罕廋尔运米17.7万余石。此次范毓馪表现优异，运费成本不过官方运费的三分之一。[①]

以边市贸易起家的范氏及其他晋商，辗转沙漠万里，不断为清军提供后勤支持。对于商人们运粮的高效，康熙帝很是满意，多次给予褒奖。在运输军粮、协助清军的行动中，晋商也利用此机会，与塞外各部进行贸易。战事平息后，由于与军方的良好关系，晋商得以继续在塞外从事贸易。日后盛极一时的大盛魁，便是随军贸易中获得大发展的晋商代表之一。大盛魁的创始人随清军一路征战，先到乌里雅苏台设立总号，后来迁至科布多，再迁至归化城。大盛魁取得了在蒙古地区经商的垄断地位，主要有茶

① ［清］赵尔巽等：《清史稿》第三十五册，中华书局1977年版，第10734页。

叶贸易、银票信贷和牲畜买卖。

雍正帝对晋商有所了解，曾云："山右大约商贾居首，其次者犹肯力农，再次者谋入营伍，最下者方令读书，朕所悉知。"在对准噶尔的战争中，雍正帝也借助晋商力量，从事后勤工作。雍正元年（1723），罗卜藏丹津纠合青海各部头目叛乱。雍正二年，清军派兵至察罕廋尔、扎克拜达里克两处驻扎，"并令官商范毓馪等挽运米石，备支给口粮之用"。

雍正帝汲取康熙朝对准噶尔部多次用兵不能奏效的教训，1726 年就已经开始准备对准噶尔用兵，以允祥、张廷玉、蒋廷锡三人秘密办理，为此特设军需房。军需房整合六部与各省力量，集中财力、人力、物力，为军队远征提供了有力的后勤支持。

到了雍正七年（1729），雍正帝正式对准噶尔用兵。此次出征，以傅尔丹为靖边大将军，从北路进，岳钟琪为宁远大将军，由西路进。雍正帝的心腹怡亲王允祥知悉范毓馪精于后勤运输，便推荐他负责运输北路大军的粮饷。

范毓馪办理北路粮饷很是卖力，曾以骆驼万余匹运送由察罕廋尔至科布多的粮饷。路途遥远，且途中气候多变、环境险恶，范毓馪分段设站，"每站用驼二百只，夫四十名。七八月间，驼只倒毙数千"[①]。为了节省成本，范毓馪根据用粮数量及路程，计算运输至前方各处米粮的价格，每石分别耗费 11.5 两至 25 两不等。

---

①［清］傅恒：《平定准噶尔方略》前编卷三十九，清文渊阁《四库全书》本。

范毓馪精心筹划，累年运米百余万石，有力地支持了清军战事，得到雍正帝嘉奖。雍正帝赐范毓馪二品太仆寺卿，其四弟得了布政司参政。

由于办理北路军粮的出色表现，允祥特意奏请，将西路军的军粮运输也交给范毓馪。但由于各种原因，范毓馪只为西路军运了部分军粮，西路军军粮仍然以官运为主。雍正九年（1731），范氏兄弟向西北运送军粮，事先周密筹划，备好人工、牲畜、器具、粮草等。沿途遇到难以通行之地，范氏兄弟招工平整道路，铲除荆棘，保证了前方清军的粮食供给。范氏兄弟的出色表现，让雍正帝在此年再次嘉奖。

在运粮外，范氏也经营其他贸易，在塞外“一柑之实，一瓶之浆，寸丝尺帛，悬直数金”。运粮返回时，又带回骡马、毡裘等货物，至中原可卖出好价钱。范氏之外，清廷为了降低运输成本，也引入其他商人运粮，以形成竞争。雍正十三年（1735）十二月，归化城尚书通智解送运米脚价银至前方军营。在军营中，通智询问其他商人运粮价格，计每石给银 9 两，“较之范毓馪等运数，每石减四两”。

乾隆帝登基之初，与准噶尔处于对峙状态，设在前方的诸多营寨需要大量的粮饷供应，范毓馪再次承担了供应粮食的任务。乾隆元年（1736），乾隆帝命总理事务王大臣等，筹备前方军营贮米事宜。大将军庆复上奏，鄂尔昆等处所存米粮充足，商人范毓馪所运米石，“足供四年支用”。因为范氏持续不断地运粮，前方供给充足，待旧米支尽，始动新粮。蒙古草原上，积雪春融，湿气较重，粮食保存困难。乾隆三年（1738）夏五月，定边副将军额驸策凌上奏，因为前方米粮储存较多，请暂停运送军营米石。[①]

军粮之外，范氏还帮助官方采购赈济粮食。如乾隆三年，口外大获丰收，而京师米价昂贵，贫民缺粮。乾隆帝派遣内务府官员，携带库银6万两，前往张家口、古北口，依照市价采购米谷，交八旗米局平粜，使京师民众能买得起米。范毓馪毛遂自荐，称自己长期在口外买米，业务熟练，张家口外现有范氏伙计多人，采购米粮，断无贻误。故而由其采买米粮，其费用较之官买，自然节省。乾隆帝当即许可，命范毓馪派人前往古北口、喜峰口、热河一带分头采办，不论何项米谷，按照市价购买，陆续运京，分给八旗米局。[②]

早在汉代，中国即有“伐胡不过百”之说，即对游牧民族用兵，受粮秣所限，不能超过百日。中原历代王朝，想要深入草原，进行征战，都面临后勤供给的巨大问题。有清一代，面对准噶尔的不断进逼，经历康熙、雍正、乾隆三朝持续用兵，才将大患基本平定。可以说，将士奋力厮杀赢得战斗，后勤运输无阻赢得战争。

在对准噶尔的战事中，以范氏为首的晋商，以商业力量投入

---

①［清］傅恒：《平定准噶尔方略》前编卷四十四，清文渊阁《四库全书》本。
②《八旗通志》卷七十七《土田志十六》，清文渊阁《四库全书》本。

后勤，降低运输成本，高效完成运输任务，使清军无粮秣之忧，得以全力展开军事行动，功莫大焉。

晋商一面参与前方粮食的运输，一面在前方各地设立市集，从事贸易，由此获得了口外贸易的控制权。乾隆二十二年（1757），署定边左副将军车布登扎布奏称，自大军军兴以来，商人随军营贸易，乌喇特、喀喇乌苏、乌里雅苏台等处皆设有市集。虽然蒙古各部落原先皆有市集，但晋商新开市集，使蒙古等各部的贸易更为便利，很快占据了草原市场。

随着战事的平息，皇商如范氏继续作为皇室的奴仆，通过依附权力，得以从事各类垄断贸易，获取暴利，但盛极一时之后，黯然离场。而大多数晋商，则与权力保持着一定距离，以商业力量在口外及内地开拓贸易，风生水起，广开财路。

在清代的几大商帮之中，晋商能持续控制北方内陆贸易及口外贸易，却又不被清廷过度盘剥，离开权力，依旧有市场，照样能生存，以实力营商，这才是其底气所在，由此得以持续兴盛200余年。商人如果一味地献媚权力，邀宠权力，以此获得权力的庇佑，虽能获得一时的富贵，却没有底气支撑，难免会被淘汰。晋商在清代，除了几家皇商过度依附权力外，作为一个群体，与权力走得不是特别近，乃至晋商子弟不大热衷于科举，而是全力经营商业，游离于权力之外，这也是其智慧所在。

在晋商群体中，崛起于张家口的八家皇商是最为独特的存在，他们与皇权关系最为密切，参与军事后勤事务最为频繁，获得的回报最为丰厚，与权力已是无法切割。但皇商之中，最显赫者介休范氏，虽曾荣耀一时，但因与权力捆绑过紧，被权力盘剥也最甚，离开权力就无法生存，最终沦落为可有可无的存在，在各种合力作用之下逐渐衰没。

皇室的奴仆：皇商范氏的商业沉浮

《红楼梦》第四回中，金陵四大豪门之一的薛家，系“现领内府帑银行商”。薛家有许多珍贵物品，如药材、木材等。贾家虽然富贵，有时也得向薛家索取人参、牛黄和上好木材。薛家的原型，乃是内务府皇商。清代内务府皇商，负责为皇室采办各种物品，交给内务府广储司，是故《红楼梦》中的薛家能获得各类珍稀物品。

至清室定鼎中原后，张家口有八家晋商成了内务府的皇商。八家皇商分别是王登库、靳良玉、范永斗、王大宇、梁嘉宾、田生兰、翟堂、黄云发。在康雍乾三朝平定准噶尔叛乱过程中，范氏负责了相当一部分的后勤事务，运输百万余石军粮，为战事的胜利出力甚巨，备受清室青睐。

时光荏苒，当年的八家皇商开始分化，光环和机遇最后落在范氏身上。范氏为皇帝卖力运粮，栉风沐雨，百舍重茧，皇帝也赏给范氏诸多好处，如采购铜料、分销食盐等。

清代官方货币是“制钱”，即俗称的铜钱。不过中国铜矿产量有限，每年所产不足铸造铜钱之需。清顺治二年（1645）始，官方令各关办理铜斤，各支税银，采铜解部。14个内地榷关承办铜料，同时负责采购铸造铜钱所需的铅料，收集废铜等。各榷关采购价过低，虽拼命搜刮，也不能完成采购任务。国产铜料不足，于是转而依赖从日本进口。从17世纪后半期开始，日本长崎对外出口的重头从银转为铜。日本四国铜矿的开发，提供了大量高品质、低价格的铜料，中国则保持着对铜的旺盛需求。

康熙二十三年（1684）开放海禁后，清政府通过榷关，面向民间招商，从日本大量进口铜料。民商每年出洋两次，每船运十万斤左右，六成按官价每百斤十七两五钱之数交官，其余四成可以按市价自销。出海时，民商还可携带中国货物至日本出售，“大抵内地价一，至倭可易五，及回货，则又以一得二”。①

铜料贸易的暴利，让在张家口的皇商眼红不已，他们通过内务府运作，企图从中分一杯羹。康熙三十八年（1699），经过内务府上奏，朝廷议定，将内地榷关所办铜料，改交内务府商人承办。

原先由芜湖、浒墅、湖口、淮安、北新、扬州六关采购的铜料，合计224万余斤，被移交给了内务府皇商，由张家口商人王纲明、范玉芳（毓馪）、王振绪、翟其高等人承办。内务府员外

① 康熙、雍正时期，中国大型商船在日本的贸易额为四万六七千两，中小型商船的贸易额为一万两至一万二千两。康熙开海禁后的贸易情况，施琅曾描述为“（商船）只数繁多，资本有限”。乾隆中期，日本对中国商船实行限制政策，赴日商船大量减少，每船贸易额一般在两万两以上。在日本幕府时期，只有中国船只与荷兰船只获得贸易的许可。康熙二十三年开海后，华船（唐船）赴日贸易数量不断增长，第一年时不过24艘，第四年达到了115艘。大量中国船只前往日本贸易，导致幕府在元禄元年（1688）限制华船数量，每年许可70艘船进入长崎贸易。

郎张鼎臣、张鼎鼐，主事张常住三人，又请办理其余崇文门、天津、临清、龙江、赣关、太平桥、凤阳、南新等八关，共133万余斤额铜的业务。张家兄弟乃是内务府包衣。

到日本购铜时，皇商顺便可以携带一些商品至日本销售。这些商品是日本市场上的稀缺品，出售后能获得暴利。他们再从日本购铜料回内地，又可以获得巨大利润。承包铜料的内务府皇商张鼎臣曾道：“原来各关规定铜价，每斤银一钱五分，据我等经营，看得每斤铜需银七分，运费及杂项用费需银三分，合计每斤铜需银一钱。”

皇商仍然按照一钱五分的价格采购一斤铜，经手之后，每斤可余银五分，扣去“节省银”一分五厘后，仍余银三分五厘。张氏一年承办铜斤130万余斤，每斤可得利三分五厘，利润之高，可谓惊人。

此处所云的“节省银”，乃是清代独创。原来，清入关之后，汲取了明代教训，不敢公开将户部库银收入宫廷。不过清室还是玩了些手段，通过“节省银”之类，混淆公私，充实内务府银两。节省银，即皇商承办各类工程、采购原料时，承诺所办工程、原料的实际价格，要比以往采购部门（如各税关）采购的价格更低，将节省下来的部分银两献给内务府，作为对皇室的孝敬。如康熙三十八年十二月，内务府皇商王纲明接办六关铜料，每年将节省银3万两“交与内库”。每年买铜料的银两由户部支付，但买铜产生的节省银却交给了内务府。

皇商承办的购铜利润巨大，甚至引来了康熙帝亲信曹寅的嫉妒与争夺。康熙四十年（1701），经康熙帝同意，由包衣张鼎臣兄弟、江宁织造曹寅、皇商王纲明三方，领取十万两官帑，每年交纳358万余斤优质铜锭，期限为八年。八年之内，承运人每年须交给内务府一大笔节省银和利息银。曹寅最初提出，由他独自承办十四关原铜采购计划，但遭到张氏兄弟、王纲明联合反对，最后三方达成妥协，共同承办，按最高额上交节省银。

据此他们将宝源、宝泉两局铸造所用的十四关额铜358万余斤，分为三份，由三方承办：湖口、扬州、凤阳、崇文门、天津、太平桥等六关，分给内务府包衣张鼎臣兄弟；芜湖、浒墅、北新等三关分给皇商王纲明等人；龙江、淮安、临清、赣关、南新等五关分给江宁织造曹寅。张鼎臣、王纲明、曹寅三方，每年缴纳节省银14万两。皇帝坐地生金，做起了无本买卖，反正是全国人民买单。

浙江嘉兴府平湖县乍浦镇地处杭州湾北岸，乃是清代对日贸易的重要港口。康熙四十二年（1703），清廷规定："各处商船出东洋者，必由定海镇所辖要汛挂号。"据此福建、广东等省至日本贸易的船只，也必须先到浙江定海才可出洋。康熙六十年（1721），清廷又将原本八省承办的洋铜归于浙江、江苏二省办解，洋铜乃是进口的大宗，如此乍浦便成为对日贸易的主要港口。

康熙五十四年（1715），日本幕府限制对外贸易，将至长崎贸易的华船数量，调整为每年30艘，每年的贸易额被限定为6000贯，原铜限定在300万斤内，商船须持日本颁发的信牌方可从事贸易。日本限制铜料出口，导致铜价上涨，负责对日贸易的皇商难以完成任务，只得在京师附近收购废铜器皿，但仍旧无法完成任务，导致亏损严重。一起承办铜料事务的皇商六人之中，王纲明亏损帑银83万两，被下狱处死。王纲明虽死，家人还是要填补亏空，范毓馪与王纲明是好友，不忍其家承担亏损，于是按期如额赔补。[①]

日本限制铜料出口，导致中国国内出现铜荒。康熙五十五年（1716），范氏等内务府皇商办铜资格被取消，改由江苏、安徽、江西、浙江、福建、湖北、广东等八省督抚委员办理铸造铜钱的铜料。到了乾隆年间，云南铜矿得到大量开采，用铜压力稍微缓解。但乾隆年间社会经济兴盛，铜钱需求量益增，铜钱铸造用铜所需更加巨大。

乾隆元年（1736），清廷将每枚制钱的重量由一钱四分减为一钱二分，此举每年可节省铜数十万斤。为此，清廷将原先额定每年解京铜430万余斤，减为400万斤，其中我国云南、日本各采办200万斤，这200万斤洋铜交给江浙二省专办。此时到日本从事贸易受到诸多限制，且海上贸易风险巨大，被人视为畏途，办理洋铜事务的官商均遭到了沉重损失，“买铜之官多已破产，买铜之商无不倾本”。范毓馪挺身而出，表示范氏世受皇恩，为皇家效力乃是分内之事，当年即遣人驾巨舟赴日本采办。

乾隆四年（1739），清廷暂停官商办铜，但许民间有力之商

---

①［清］戴震：《（乾隆）汾州府志》卷十七，清乾隆三十六年刻本。

出洋贩铜。第二年，清廷出台鼓励政策，铜料回国后，一半由商人自行售卖，一半由江浙两省官收。乾隆九年，清廷给予办铜商人以免税优惠，“其铜斤办回，经过各关免其纳税”。此年户部议称：“官商范毓馪有承办运米、运盐及销售参票未完各项银一百一十四万余两，令其办铜完补，每年办洋铜一百三十万斤。”范氏在本年置办好货物，于乾隆十年出洋办铜，按数交纳，由此再次形成了民商、皇商共同办铜的格局。

此后铜商有两种，一是皇商，他们本应自备资本，但多借取官帑，购买的铜在贬价之后，卖给官府。一是民商（又称额商，因运铜有一定额度），他们多自备资本，至日本购买铜，所购铜的一半或六成按官价卖给官府，剩余的一半或四成按市价自行出卖。

除了赴日办铜之外，范氏还从事其他商业贸易，如人参、盐、木材、马匹等。康熙五十三年（1714），清廷决定招商包办采参事务。商人购得参票后，或转让出卖，或招揽人进山采参。招商采参的实际效果并不好，康熙六十一年（1722）时被叫停。雍正年间一度鼓励满八旗兵丁、包衣牛录，领票入山采参。但在采参时，管理混乱，各行其是，不久即告停止。雍正八年（1730），皇商范毓馪、范清注父子自告奋勇，愿承包采参事务，此后连续承包 13 年，每年雇佣 3 万余刨夫入山采参，获利无数。

乾隆三年（1738），范氏父子“采参乌苏里、绥芬”，持续三年，所入颇多。乾隆六年，范氏父子奏报称，去年共放参票 4560 张，所收参中，应交官参 4.5 万余两。上等人参交给内务府，供宫廷使用，次品人参由范氏运到苏州、汉口等地售卖，也能获利。乾隆十年，乾隆帝眼红采参的巨大利润，以皇商“唯图自身获利，不能诚心放票”为由，停止皇商范氏办理参务。

此外，范氏还得到内务府特许，经营河东、长芦两盐区引盐的运销。河东盐区（潞盐），行销地区为山西全省以及陕西、河南等部分地区。长芦引盐，行于直隶和河南的20个州县。范氏被指定的购盐区，乃是天津、沧州，此两地盛产高品质盐，而其售盐的地区又是人口稠密、生活富庶、交通便利的地区，运输费用也低。范氏在这些区域内，构建了一个包括运输和销售的网络，通过盐业贸易获得了巨大利润。

皇商之间，既是利益共同体，也彼此争夺。雍正九年（1731），承办大兴等八个州县引盐的皇商李天馥，积欠盐课等，共计银31万余两。范氏趁机下手，扩展盐业地盘，“呈称情愿认帑完课，承办李天馥大兴等八州县行窝”，由此扩张了自己的行盐区域。

范氏在北方有囤积盐的仓库，在苏州有负责采购铜的船局，拥有洋船六艘，在长芦、河北等地遍设盐店，在北京、张家口等地有多处商铺，在山西老家还有大量土地和房地产。范氏家产究竟有多少，已无法考证，但其极盛之时，风光的背后，却是千疮百孔，勉强维持。

乾隆十年（1745）之后，范氏的生意从毓字辈转交到清字辈手中，其中著名的有范清注、范清洪、范清济等人。乾隆十一年二月，范毓䭱去世，原因是“心力交疲、病致不起”。范清注接手后，面临的最大问题是日本铜产量下降，每年日本生产二百余万斤铜，一半售给荷兰船只，一半售给中国船只。本来铜料就少，范氏又面临着中国民商铜船的竞争。[①]

乾隆十四年（1749）时，去日本办铜的只有范氏一家皇商，其余均为民商。民商至日本采购铜料时，可通过携带的丝绸、药材等货物赚取利润，返回时销售铜料也能获利，是故民商对此非常积极。但范氏不按市价，所购铜料全部折价（自贬）卖给官方，随着日本铜价的上涨，所获利润开始下降。

此外，从日本购回的铜料，范氏还得自行运输前往江苏、浙江、湖北、安徽、江西、陕西六省，每省都有定额，不许多也不许少。日本铜料充沛时，尚能从中获利，至日本铜料短缺，价格上涨后，扣除运输成本，已是微利，甚至亏本。

乾隆十七年（1752）时，范氏所欠官帑过多，手中资金紧张，未能及时派船去日本购铜。内务府、户部联衔奏报，认为范氏资不抵债，请没收其家产，加以清算。乾隆帝认为此举对盐、铜贸易有影响，下令范氏只要如期缴纳铜斤，所欠官帑银两可以暂时拖欠部分。

乾隆二十年（1755），范清注呈报内务府，称尚欠官帑银47.5万余两。至日本购买铜料，加上运费，每百斤铜在自贬之后，只抵银13.5两（民商卖给官方为17.5两），“较之江浙等省

① ファーリー：《清代洋铜官商范氏一族の轨迹》，《大阪经济法科大学论集》2011年。

收买洋铜，每百斤少抵四两，以致采办愈来愈艰难”。范氏不得不借高利贷来填补窟窿，以致在债务中愈陷愈深。

乾隆帝暂时还不想放弃范氏，特批内务府借给范清注本银20万两，月息一分，十年本利全还。由此范氏每年除应交课税外，另要缴纳借款的本银2万两，利银2万两。此后，范氏每逢困境，内务府都会拨款予以帮助，同时下令限期交还本利。但范氏已是焦头烂额，哪有能力偿还巨额债务？乾隆二十年拨给的借款，只在第二年归还了本利，此后就无法筹交。范氏只好请内务府转奏皇帝，准其展限，将每年的欠数滚加到所欠总数之内。

焦头烂额之中，范清注也在寻找能获取暴利的业务，甚至与英国商人建立联系，想要介入玻璃贸易。乾隆二十一年（1756），范氏在宁波与英国商人洪任辉（James Flint）签订采办玻璃的贸易合同，介入海外贸易。不想乾隆二十二年，清廷禁止洋船前往闽浙，玻璃贸易不了了之。

乾隆二十七年（1762），范清注在皇室债务的重压下去世，家族生意由其弟范清洪接手。范清洪知道家族生意已是江河日下，继续留在皇帝身边，家族早晚要遭遇厄运。他头脑清醒，主动提出要将家族财产变卖，退出皇商行当。

范氏不想做皇商，乾隆帝却不答应，命范氏继续效力，有困难可向内务府请求帮助。范清洪一介书生，回天无力，主持家中生意不过一年，乾隆二十九年（1764），内务府便命范清济接替范清洪，主持范氏业务。为了扶持范氏，清廷赏借银30万两，加恩免其交利，宽限五年，令其自行办理铜盐事务，由此形成了

“借帑办铜”的现象。

虽然得到内务府的帮助，但范氏寅吃卯粮，不断向内务府借款，所欠数额越来越多，根本无法偿还。范清济接掌范氏铜盐生意后，内务府知道范氏已是财力枯竭，建议以其家产清还所借官帑，但被乾隆帝否决。乾隆帝认为，范氏在长芦盐区办理直隶、河南20州县的引盐，每年获利颇丰，不至于还不起债。

拖到乾隆四十八年（1783），范氏亏损累计已达一百五六十万两之多。眼看范氏已是无法清偿，乾隆帝不想再给范氏输血，决定抛弃范氏。此年，乾隆帝下令，逮捕范清济及其子侄范李、范杜等人，指控范氏“欺隐废弛，居心狡诈”，又令各省查封范氏的全部家产，风光无比的范氏从此衰落。不过乾隆帝还是格外开恩，将京城、张家口的产业留给范毓馪的嫡长孙，供其养赡。之所以如此，因为范氏在大清开国时就是重要投资人，相当于大清的原始股东，皇帝当然要格外关照一二。

范氏虽是皇商，从事的又都是暴利行业，一般说来，怎么也不会亏损。然最终家破人亡，原因在于范氏的皇商身份。范氏兴亡，成也皇商，败也皇商。范氏是皇帝的奴仆，必须随时为皇帝效力；范氏的所有财产，其实都是皇帝的。每逢皇家有重大活动，如庆生、出巡等，或是皇朝有大的战事，皇商都要报效主子。所纳银两，最少也是十万两，多则百万两。皇帝之外，范氏每年都要给各个部门官员以巨额贿赂，如给内务府大臣的贿赂，每次都在四五万两之间。这些开销乃是无底洞，范氏从事的暴利行业根本无法填补。

各类突发的天灾，也给范氏商业沉重打击。如乾隆二十二年（1757）七月，范清注报告，运往芦、东两处的盐被水冲没，资本全无。又如乾隆四十七年（1782），范清济报告，去年前往日本贸易的船只在海上遭遇飓风，抛弃货物，亏本六万余两。去年夏季海潮突涨，淹没盐三万余包，亏折三万两。

各种因素的叠加，导致了范氏的衰亡，而衰亡是皇商的宿命。皇商所从事的业务，都会受到内务府的严格控制，自己根本无从选择，毫无市场竞争力，只是靠着垄断而维持。有清一代，诸多皇商依附于皇权，从事暴利行业，但这些皇商鲜有能长久维持的。范氏百余年的富贵荣华，最终烟消云散。皇帝的商人，不过是为皇权输血，当他们不能完成输血的任务时，他们的一切荣耀即全部被抹去，留存下来的，只有些许关于这些巨富之家的传说。范氏等八家皇商出自晋商，由于历史的机缘，他们依附了清皇室。虽然他们一度富贵，掌握万千财富，然而在权力的操弄之下，最终成为云烟。他们的命运给了晋商集团以警示，在权力主宰一切的时代，在政商关系中，不可以过度依附权力，要与官方保持一定的距离，通过实力营商，使自己成为不可替代的一部分，才是长保财富的秘诀。

以商制俄：恰克图的贸易战

清朝初年，随着蒙古各部的内附，塞内、塞外对峙的局面结束了。晋商垄断了塞外贸易，主要贸易地，一为张家口，俗称“东口”，一为归化城，俗称“西口”。以张家口、归化城为基地，晋商进一步拓展，扩大对蒙古各部及俄国的边境贸易。

顺治七年（1650），俄国侵占雅克萨，在此修筑城堡，不断侵犯中国边境。经过长时间准备后，1685年，清廷出兵雅克萨，沙俄守军投降，获准离开。战后清军麻痹大意，未曾派兵驻守，随即撤至瑷珲，此年沙俄卷土重来，再占雅克萨，修建防御工事。

康熙帝大怒，于1686年再次出兵讨伐。第二次雅克萨之战，沙俄军队依托工事固守，清军掘长堑，立土垒困之。在被围半年后，俄军800余守军只剩66人。此时俄国主要精力放在争夺克里米亚及波罗的海出海口，无暇顾及远东。1687年，沙俄遣使请求停战，清军方才撤雅克萨之围。雅克萨之战，清军虽占据优势，但俄军以少量兵力，依靠坚固工事固守，也使清廷认识到了沙俄方面的战力，此后以贸易加以羁縻。

康熙二十八年（1689），中俄《尼布楚条约》签订，划定中俄东部边界，其中第五条规定：“自和约已定之日起，凡两国人民持有护照（路票）者，俱得过界来往，并许其贸易互市。”[①] 据此条文，中国商贾向官方报备，领取路票后，可以从事中俄边境贸易。

在康熙朝初期，中俄互市之地本在库伦，时在库伦的山西商人有 12 家，一些俄商将毛皮等货物运至库伦，从山西商人手中换取茶叶、绸缎、大黄等货物。《尼布楚条约》签订后，俄国私商组成商队，前来北京贸易，获利颇丰。此时俄国陷于战争泥潭之中，迫切需要资金。1697 年，彼得一世下令将毛皮贸易收归国家专营，将从中国进口烟草、大黄的业务交由政府特许商人经营。1706 年，彼得一世发布命令，禁止俄国私商前往北京贸易，此后俄国私商只能到库伦与中国商人贸易。

1708 年，清廷许可俄国商队由恰克图（今属俄罗斯），经库伦、归化、张家口入京。据张鹏翮《奉使俄罗斯日记》记载，归化城乃贸易之地，外番商贩络绎于此，中外之货毕集。

对中方而言，俄国来华贸易是朝贡，乃是顺从臣服的标志。可俄国官方商队在来京途中不断滋生事端，任意逞强，寻衅斗殴，其所运商品，至中国后也很难出售，因滞销又会引发赊销货款纠纷。对俄国商队带来的麻烦，清廷颇不耐烦，康熙五十六年（1717），理藩院指示，此后俄国商队不必来京，“准其于我边界地方进行贸易，完毕返回”。

① 王铁崖编：《中外旧约章汇编》第 1 册，生活 • 读书 • 新知三联书店 1957 年版，第 2 页。

自从《尼布楚条约》签订后，中俄两国边境线上不断发生越境逃亡事件。而康熙帝、雍正帝的主要打击对象准噶尔人，又得到俄国的支持。至雍正二年（1724），清廷决定断绝中俄贸易，开展对俄贸易战。雍正三年，俄国使团来华谈判，希望能恢复并扩大贸易。清廷认为，许可对俄贸易乃是恩惠，条件是要俄国乖顺服从，不可滋事。俄国迫切需要中国货物，对此也无异议。

雍正五年（1727），中俄签订《恰克图界约》，其中第四款规定："按照所议，准其两国通商。既已通商，其人数仍照原定，不得过二百人，每间三年，进京一次。除两国通商外，有因在两国交界处所零星贸易者，在色楞额之恰克图、尼布楚之本地方，择好地建盖房屋，情愿前往贸易者，准其贸易。周围墙垣、栅子酌量建造，亦毋庸取税。"[①] 据此条约，双方在边境两侧各建一处免税贸易区。

从 17 世纪初期至 18 世纪 60 年代，欧亚大陆有三个强大的势力向中亚地带拓展，这就是清朝、准噶尔、俄罗斯。准噶尔由于地理上的接近，与俄国有密切交往，从俄国获得战争用的各类火器、制造枪炮的工匠与各种牲畜，这也是其强大的原因。在策妄阿拉布坦（1665—1727）统治时期，准噶尔尽量与俄国保持友好关系，曾遣使者至圣彼得堡觐见彼得大帝。为了拆散两者之间的结盟，雍正帝与俄国签订了《恰克图条约》。

---

① 王铁崖编：《中外旧约章汇编》第 1 册，生活·读书·新知三联书店 1957 年版，第 8 页。

恰克图在色楞格河与鄂尔浑河交汇处，靠近库伦，当时为中俄边界所在地，“北控乌梁海，西控科布多南，蔽内蒙古”，地理位置优越。[①]因尼布楚地理位置相对偏僻，于是恰克图成为中俄贸易的所在地。据条约规定，两国以色楞格河为界，河北恰克图划归俄国，河南“买卖城”属中国。

对与中国贸易，俄国表现出极大的热情，官方出资在河北营造了“贸易城”，称北市；尽管中国商人在毗邻俄国贸易城的河南地方建起了“买卖城”，也称南市，但清廷对与俄贸易兴趣并不大。俄国在贸易城设有萨纳特衙门，加以管理，监督关税。中方在“买卖城”由理藩院派出章京一名管理，每两年一任。

雍正六年（1728），十名俄国商人与四名中国商人在恰克图进行了首次贸易。恰克图贸易之初，双方交易并不景气，此时俄国官方商队以前往北京贸易为主。中国商人在恰克图通常停留一年，等下一年的商队带着新的中国货物来到，上一年的商队带着俄国商品返回。中方在“买卖城”驻扎有蒙古兵，俄国则驻扎有正规军和一些哥萨克，以维持边境秩序。

虽然中俄约定中国商人在恰克图从事贸易免税，但在中国境内仍需要缴税。乾隆十七年（1752），清廷在张家口设立税关，对前往恰克图、库伦等地的中国内地商贩征税。俄国则在伊尔库茨克对俄商征收进出口税。

---

①［清］陈澹然：《权制》卷一《军地述》，清光绪二十六年徐崇立刻本。

在恰克图，中俄两国商人可以自由交往、自由贸易，且享受免税待遇。而在广州，欧洲商人则要受到各种限制，如人员不准在广州逗留，贸易需要经过十三行代理，需要缴纳船钞、货税、陋规及行佣等。与当时的广州贸易体制相比，恰克图可以被视为某种程度上的自由贸易区了。

之所以有此种差别，主要原因在于，清廷希望通过此等贸易条件，让俄国不要支持准噶尔。此外，根据条约规定，俄国商队每三年可以前往北京贸易一次，清廷其实并不希望俄国人入京，故而在恰克图给予此等优惠条件，希望吸引俄国商人前往此地进行贸易。

当然，恰克图贸易与广州对外贸易都是清廷朝贡思维与羁縻政策的体现，在两次雅克萨战役中，清廷也意识到了俄国之难战。此时清廷正需要在北方集中兵力，以对付大敌准噶尔，而恰克图贸易也是服务于清廷的对外政策，即通过贸易来控制俄国。乾隆二十二年（1757），清军进入伊犁，平定准噶尔部，但准噶尔部头领阿睦尔撒纳逃入俄国，在对俄政策上，清廷开始强硬。

1758年，俄境内布里亚特人越境抢劫，治安情况恶化，清廷决定限制恰克图贸易，对商户严加盘查，导致贸易受限，赴恰克图、库伦贸易的大商户只有数十家，歇业者百余家。为此，直隶总督方观承向乾隆帝上奏，请求体恤商民、放宽禁令，得到许可。

乾隆二十四年（1759），清廷放开对俄贸易的限制，商人申领“院票”后，可至恰克图贸易。[1]晋商再次涌向恰克图，“其资本较厚者六十余家，依附之散商约有八十余家”[2]。在恰克图经营的晋商，为规避风险，常将大商号分为数家小商号，以免树大招风，并可规避官员勒索及各类捐输。

1755 年，恰克图贸易进出口总额为 83 万卢布，至 1761 年，增加至 100 万卢布。[3]俄国对中国出口的大宗商品毛皮，被沙皇彼得一世定为国家专营商品，由俄国官方商队携带至北京贸易。随着工商业的发展，俄国商人在国家中有了更大的发言权，乃至参与俄国关税的制定。1762 年，叶卡捷琳娜二世终止官方商队来京，取消毛皮贸易禁令，恰克图贸易本应迎来繁荣，但受边境纠纷影响，进出口总额反而锐减。此年，俄国突然违约，对中国货物征收进口税，并禁止买卖本不应禁止的货物，导致中国商人不愿前往恰克图。1763 年，俄国布里亚特人入境抢劫，杀死一名清军官员，劫去马匹。

乾隆三十年（1765）十一月，此二事交涉无果后，清廷第一次闭市。此次停止贸易，对俄国打击较大，经过俄国反复请求，在乾隆三十三年（1768）八月，方才再次恢复恰克图贸易。此年

① “院票”又称“部票”，其颁发权力属于理藩院，申请及查验手续则在“张理厅”即张家口理事同知衙门办理。“院票”支领后，在贩运过程中还应到库伦换领“信票”前往边境，抵买卖城再将部票呈验，方算完成合法贸易的全部程序。

② 《清理藩院档案》乾隆二十四年二月初三日方观承奏折。

③ ［俄］阿·科尔萨克：《俄中商贸关系史述》，米镇波译，社会科学文献出版社 2010 年版，第 42 页。

中俄两国就《恰克图条约》达成补充条款："在恰克图、祖鲁海图两处互市之地，永不征税。"

双方贸易主要是以物易物，初期双方商人自行定价，然后以货易货。后来中国商人成立定价委员会，给中国商品定价，并评估俄国商品的价值。中方以银两定价，俄方以银卢布定价，一两银等于一银卢布。在贸易中并不使用实物银，银只是价值尺度。在恰克图的商人也承担了一些政治任务，如乾隆二十四年（1759），清廷挑选精干商民，给予官银，收买俄罗斯马匹，"仍不露官办形迹"。

乾隆四十三年（1778），清廷第二次闭市。就双方商人至恰克图贸易，《恰克图条约》中规定："均指令由正道行走，倘或绕道，或有往他处贸易者，将其货物入官。"[①] 俄商斐岳托尔越界，走私马匹到恰克图贩卖，被清军官兵抓获。清方贸易城负责人联系俄方玛玉尔（майор，俄文"少校"），请联合办案，不想俄方"玛玉尔自谓衔大，不肯同章京办事，仅遣其属人前来"。库伦办事大臣索琳大为不满，认为玛玉尔妄自尊大，有伤和气，故停止通商。至乾隆四十四年，俄国另行委任玛玉尔，方才恢复贸易。

乾隆五十年（1785），因为俄国布里亚特人入境劫掠，导致第三次闭市。闭市期间，清廷发现有商人将大黄等货物，经由新疆伊犁、喀什噶尔等处转运俄国，以求厚利。清廷下令严行搜

① 王铁崖编：《中外旧约章汇编》第1册，生活·读书·新知三联书店1957年版，第9页。

查，断不得将大黄走私出境，也不许俄国货物入境。并传谕直隶和陕甘总督、山西巡抚，严饬张家口等处，不得将大黄出口。

此时，俄国不得不付出三倍或四倍的价格，购买英国、荷兰、丹麦运来的茶叶，且这些茶叶是由海上运到欧洲的次等货。晋商通过陆路，经恰克图运到俄国的茶叶，不仅价格低，而且保存了茶叶的芬芳，乃是上等货。

第三次恰克图闭市持续时间较长，直至乾隆五十六年（1791）冬，在俄国处死罪犯后，方才重新开关贸易。乾隆五十七年正月，在续订《恰克图市约》第一条中，清廷警告俄国：“若复失和，罔再希冀开市。”[①]

自《恰克图市约》签订后，恰克图边境贸易不断增长，百货云集，市肆喧闹，遂为漠北繁富之区。起初中国对俄国出口的大宗商品是棉布（南京土布），后来则以茶叶为大宗。俄国对华出口的商品，初期以皮毛为大宗，此外还有家畜、毛呢、铜制品、小五金及玻璃制品。

中国商人所运多为砖茶，其他日用品有绸缎、布匹、杂货等。1728 年恰克图贸易开始时，茶叶交易每年不过一万普特（1 普特 =40 俄磅≈ 16.38 千克）。至 1785 年，中国茶叶运入俄国者共有 2.9 万普特，价值 26 万余卢布。至 1840 年，中国运入俄国茶叶，价值 148 万余卢布。1895 年，中国运入俄国茶叶共 253 万余普特。

① ［清］乾隆朝内府抄本《理藩院则例》，中国藏学出版社 2006 年版，第 367 页。

茶叶传入俄国不过百余年，竟至无人不嗜。俄国涅尔琴斯克的居民，不论贫富，年长或年幼，都嗜饮砖茶。对俄国人而言，茶叶是不可或缺的主要饮料，他们早晨就着面包喝茶，将之当作早餐。不喝茶就不上工，午饭后必须有茶。茶叶在俄国被视为具有神奇的药效，能保护人免受污浊空气的伤害，更是解酒的良药。茶叶甚至被当作货币使用，西伯利亚的布里亚特人“在出卖货物时，宁愿要砖茶而不要钱，因为他确信，在任何地方他都能以砖茶代替钱用”[①]。

当时欧洲还有一种说法，认为经过陆路运输的茶叶，质量胜过海路运输的茶叶。欧洲人认为，蒙古草原与西伯利亚寒冷干燥的气候，会去除茶叶的杂味，在积雪的草原上，茶叶又会吸收少量水分，获得精美香味，由此恰克图出口的茶叶比广州出口的价格更高。

当时对俄出口的茶叶均由晋商经营，他们从福建、江西等地将茶叶北运，销往关外。晋商每家资本二三十万两至百万两不等，货物往来，络绎不绝。在贸易中，晋商恪守契约精神，如太平天国战争中，为确保货源，晋商乔致庸亲赴福建、江西等地采购茶叶，辗转驮运至恰克图。

乾隆朝至道光朝，乃是晋商对俄国贸易的鼎盛时期。张家口、恰克图的货栈有百余家，货物以红茶为大宗。红茶主要来自

① [俄] 瓦西里·帕尔申：《外贝加尔边区纪行》，北京第二外国语学院俄语编译组译，商务印书馆 1976 年版，第 47 页。

福建、湖南、湖北等省，它们被装箱北运，“其计值以箱为本位，或售现银，或货货物，均能全数销售，业此者有三倍之利”[①]。由于恰克图贸易，张家口商号也得到大发展，雍正年间有 90 余家，乾隆朝后期约有 190 余家，至嘉庆二十五年达到 230 余家。[②]

晋商对恰克图的茶叶贸易，需要雄厚资金。他们先要预支款项，在南方各地采购茶叶，然后跋涉数千里，从南方将茶叶运到张家口，再用驼队辗转运往恰克图。“由于对俄贸易商品在途时间甚长，采办商品耗资惊人，一份买卖，需要三份资本，即恰克图一份，在途一份，商品采办地一份。一般情况下，投入的总资金约在白银三千万两左右。”[③]如此规模的资金量，唯有晋商集团才能支撑得起。

“俄人以买茶为性命，现仅恰克图至张家口为运茶要道。”[④]由张家口至恰克图，一路都要依赖于晋商所控制的驼帮运输。恰克图贸易繁盛时，年出入货物三四十万担，投入运输的车驼数以万计。当时贸易繁盛时，塞外成百上千的骆驼结队而行，驼铃声叮咚不绝，一路跨越戈壁大漠。茶叶以骆驼运到恰克图后，再用雪橇运到西伯利亚各地，在热流中注入千家万户杯中。

中国茶叶对俄国大量销售，俄国所输出的毛皮、牲畜等，已

---

① 《山西商人西北贸易盛衰调查记》，《中外经济周刊》1925 年第 124 期，第 4 页。

② 袁森坡：《康雍乾经营与开发北疆》，中国社会科学出版社 1991 年版，第 528 页。

③ 庞义才、渠绍淼：《论清代山西驼帮的对俄贸易》，《晋阳学刊》1983 年 4 期。

④ ［清］陈忠倚编：《清经世文三编》卷五十《兵政六》，清光绪石印本。

不敷交换，于是低价对华销售毛呢。晋商将毛呢大量运回国内，于是北方各个城市充斥着俄国产毛呢，一般民众也能消费得起。茶叶贸易的兴盛带来了俄国呢绒工业的发达。1804 年，俄国有 155 家呢绒工厂，1825 年增至 324 家，1850 年增至 492 家。[①] 在呢绒厂激增同时，俄国棉纺厂数量也在激增，以满足恰克图贸易的货物需求。

恰克图贸易为俄国国库带来了巨额收入，从 18 世纪下半叶至 19 世纪初，恰克图关税收入占俄国关税总收入的 20% 至 38%。恰克图贸易得来的巨大资金，支撑了俄国对外的一系列扩张战争。

乾隆朝恰克图贸易三次闭市，直接导致俄国财政收入减少 500 万卢布。1841 年，俄国杂志写道："恰克图贸易是俄国获利最大的贸易，大概俄国人所从事的任何一种贸易都无法与之相比。"[②] 从恰克图至莫斯科，途中耗费巨大的运费，这些钱相当一部分流入了西伯利亚、俄罗斯的农民手中，改善了他们的生活，促进了耕作业、畜牧业的发展。

1800 年以前，棉布和丝绸是中方在恰克图对俄贸易的主要产品，1800 年以后，茶叶成为主要交易产品。1821—1830 年，茶叶贸易占恰克图贸易总额的 88%，1831—1840 年茶叶贸易更占据

---

① [苏] 梁士琴科：《苏联国民经济史》第 1 卷，人民出版社 1959 年版，第 569 页。

② [苏] 卡巴诺夫：《黑龙江问题》，姜延祚译，黑龙江人民出版社 1983 年版，第 69 页。

了 93%。[①] 茶叶、大黄等物资，被清廷视为关系国家命脉，恰克图贸易更是具有国家战略目的，自然，在恰克图贸易的商人需要被纳入国家权力的掌控之中。清廷对于恰克图商贸的控制是牢固的，乾隆朝的三次闭关，中方商人自然是全面配合，不敢有任何异议，而俄国方面也感受到了贸易武器的威力，不得不对清廷采取温和态度。

清廷方面还特意指示，在恰克图的部分中国商人必须熟练掌握俄语，如此可以避免俄国人学习中文，进而获知中国的商业与国家机密。在买卖城，中国商人努力学习俄语，虽然其发音在俄国人听来很是古怪。而学习中文相当困难，俄国人懒得费力，他们只能尽量去理解满口古怪发音的中国商人的意思。时日长久后，在恰克图形成了一种混合了俄语、汉语、蒙古语的语言，称为“买卖城语”，被双方使用，此种用语在后世影响颇深，被远东地区各国民众使用。

嘉庆二十三年（1818），运往恰克图的中国商品为 157 万斤。道光九年（1829），已增长到 377 万斤。除了茶叶之外，中国的棉布、丝织品，也在西伯利亚地区广泛使用。

1800 年，恰克图贸易额为 240 余万两白银，1805 年为 330 余万两白银，1824 年为 460 余万两白银，1830 年为 400 余万两，此后也有波动，如 1849 年降到 300 余万两。[②] 与之相比，中英两

---

① ［日］吉田金一：《关于俄清贸易》，《东洋学报》卷四十五，第 4 号。

② 转引自郝玉凤：《中俄恰克图边境贸易述论》，东北师范大学 2007 年硕士论文，第 26 页。

国贸易额在19世纪开始激增，1800年至1804年，中英进出口贸易平均每年为1500余万两，1820年至1824年间，平均每年为1600余万两，1830年至1833年间，平均每年为1700余万两。[①]

虽然恰克图贸易比不上广州贸易的规模，但对中国仍然具有重要意义。经由恰克图贸易，一系列城镇成长起来，国内的手工业得到发展。如江西河口，湖北汉口，河北张家口，山西杀虎口，内蒙古地区的归化、包头，此外如库伦、乌里雅苏台、科布多等，都因恰克图贸易而发展兴盛。随着恰克图贸易的发展，大批南方的技术工人至北方边境从事运输、建筑、食品、缝纫等工作，也带动了北方的经济发展。

在恰克图贸易期间，中俄双方关系相对融洽。如“自乾隆五十九年以来，恰克图我方栅栏两次失火，皆俄罗斯派人一同扑灭，前任恰克图章京恩赏俄罗斯一包冰糖、二篓砖茶。俄罗斯栅栏失火一次，我方亦派人协助扑灭，伊等赏我全牛”。清廷通过贸易的方式，稳定了北方边境，也使俄国不敢过度介入中国事务，由此使清廷得以全力经营西北，平定准噶尔，稳定了整个万里边疆防线。

同样是为了羁縻，同样是大宗茶叶贸易，晋商与行商，一南一北，却天涯两途。在口外的晋商保持了持久兴盛，并通过票号

---

① 严中平等编：《中国近代经济史统计资料选辑》，中国社会科学出版社2012年版，第3页。

聚集金融资本，承担了央行的某些功能。在广州，行商的业务量更大，所得利润更高，本该比晋商更能持久，更具影响力，偏偏行商负债累累，成为高危职业，其中原因何在？

其一，晋商口外贸易，是伴随着清军的战事，通过运输粮食、服务后勤而展开的。此后在口外贸易中，晋商又要服务国家战略，以商制俄，以商制蒙，乃是实力营商，故而未被纳入内务府财政，少了无数盘剥，多了生存空间。而晋商在贸易扩张的过程中，刻意将商号分割，避免树大招风，被官方过度盘剥，也是保全自身的聪明做法。

其二，晋商在恰克图对俄贸易，双方直接以货易货，彼此平等交易，且由于免税，更少了各种苛捐杂税。反观广州体制下，行商、洋商都受着各种限制，有各种陋规，而行商又要承担洋商在华期间的各类担保，麻烦无数，最后只能以金钱解决问题。广州体制下，交易成本高昂，只有靠着巨大的贸易量才能维持。

其三，晋商集团在口外贸易中，早就采取入股形式，能调动更大的资本，后来创设票号，更能实现资本的快速流动。反观广州行商，以家族为基本单位，资金有限，在各类不合理制度约束下，不得不向洋商借贷，最终彻底丧失主动权。

其四，口外贸易的交换货物，不论是草原部落的牛羊，还是俄国的皮毛、呢绒，都能在北方快速脱手，并能赚取高额差价。而广州贸易的英国货物，在华很难脱手。为了洋商的预付款，行商不得不硬着头皮，接下洋货，最后常常滞销，陷入恶性循环之中。

与徽商相比，晋商总体上对于科举入仕不是那么热衷，对于权力则刻意保持一定距离，游离在体制之外。虽然也需要经营政商关系，也受到权力制约，但由于晋商的实力营商及游离态度，使其所受的盘剥没有徽商那么严重，因而也少有大起大落。

以商控蒙：旅蒙商号的兴衰

对蒙古各部而言，日常生活中需要中原的各类物产，如丝绸、铁锅、茶叶、中药等，为此他们必须遣送商队，携带马匹，以进贡为名，进入内地进行贸易。蒙古商队规模浩大，少则千人，多则数千人，在内地往往利用贡使身份，骚扰地方。康熙帝对此很是不满，曾特意加以约束，只准200人进入内地贸易，其余留在张家口。

在噶尔丹的武力威胁之下，漠北喀尔喀蒙古迁入漠南。康熙三十年（1691），康熙帝亲至多伦诺尔，主持会盟，将喀尔喀蒙古编为三十四旗。在此次会盟时，蒙古各部提出，应开放内地商人与蒙古各部贸易。

为了羁縻蒙古各部，康熙帝同意内地商人进入草原与各部贸易。此后内地商人领取部票后，可以出塞贸易，限期一年返回。在与蒙古各部进行贸易期间，内地商人不得携带家眷，不可建造房舍，不准和蒙古妇女结婚，不准向蒙古人放贷白银和用金银货币交易，不准闯入未经指定的地区贸易。

在康熙帝对准噶尔的长期战事中，大批晋商随同清军深入草原，运输军粮之外，也会携带一些货物与各部进行贸易。在此过程中，晋商熟悉了道路，了解到蒙古各部习俗，知道其商业偏好。当战事停息后，晋商继续深入草原，寻求贸易之机。

清代至民国，在对蒙贸易中有“三大号”，分别为大盛魁、元盛德、天义德。在草原上，三家各有自己的专营区域（部落），彼此并不冲突。“三大号”对蒙古、新疆的业务，主要依赖于驮运。清代驮运的中心有两个，一是张家口（东口），一是西口（杀虎口）外的归化城。

归化城始建于明隆庆六年（1572），蒙古首领俺答汗为了与明朝互市贸易，修建此城，至万历三年（1575）建成。归化城连接卫拉特蒙古和漠北的喀尔喀蒙古，乃是草原贸易的重要集市。入清之后，归化城在明代的基础上多次重建，乾隆初年在归化城外筑城，乾隆四年（1739）建成，称绥远城，又称“新城”，设绥远将军统领，归化城称“旧城”。乾隆年间，随着贸易的繁荣，此地商贾云集，新旧城连为一体。

东口驮运的路线是库伦（乌兰巴托）至恰克图和乌里雅苏台。西口外的驮运路线是宁夏、甘肃、新疆以及科布多。西口外使用的骆驼一般为“汉驼”，东口使用的骆驼一般是“蒙驼”。汉驼体形小于蒙驼，但适合长途贩运，蒙驼体形大，但不适合长途行走。东口外路线相对短，故而用蒙驼，西口外路线相对远，多用汉驼。

大盛魁创始人王相卿，乃山西太谷县人，在康熙帝远征时，曾随军从事后勤事务，贩运军马、军粮，由此逐渐发迹。战后王相卿与祁县商人张杰、史大学等，继续深入草原，在杀虎口开设吉盛堂，后更名为大盛魁。

雍正二年（1724），大盛魁在归化城设立总店，此外，在乌里雅苏台、科布多、武汉、长沙、包头、张家口、北京等地设有分店。大盛魁业务量惊人，每年从事运输的骆驼有 1 万多只，马有 10 万多匹，羊有 40 万只之多，年贸易总额达 1000 万两白银。[①]

大盛魁的驮运队，每 14 只骆驼连成一串，由一名驮夫牵引。每 14 串组成一队，合计共有近 200 匹骆驼，组成一顶“房子”。兴盛时，大盛魁的“房子”有七八十顶，为了保护驼队，大盛魁特意养了很多狗随队行走。

对蒙贸易规模仅次于大盛魁的，乃是元盛德。创始人段泰是山西祁县人，在康熙帝远征噶尔丹时，曾于军中从事杂役。战后段泰以拉骆驼为生，常驮运货物至科布多，当时的元盛宏商号拖欠其脚费，就给了他一些股份。此后因元盛宏商号持续拖欠货款，于是将商号转手给他，更名为“元盛德”。

元盛德开设年代早于大盛魁，但资金规模、经营范围均不及大盛魁，其主业是贩卖牲畜，并从事放“印票”业务。元盛德的总号设在归化城，支号在科布多。在草原上，元盛德大量收购幼畜，待饲养长大后，再转运出售。光绪三十四年（1908）时，元盛德养羊达到 70 多万只。元盛德每年还养两万多头牛，并卖给俄国人。所雇佣的养殖工人，多为蒙民，工资以茶、布、烟、糖

① 佟靖礼、张德祥编著：《呼和浩特史话》，内蒙古大学出版社 1997 年版，第 235 页。

等日用杂货实物发放。元盛德也在唐努乌梁海从事贸易，主要是用茶、布、烟、糖等换取毛皮。

排名第三的天义德，主要在漠北蒙古从事“印票”生意。天义德共有七个财股，除创始人郭姓、范姓和马姓三家，还有元盛德两股，雅克圪格森活佛两股。天义德放印票的范围有限，主要在喀尔喀中路[①]（三音诺颜部），规模相对较小。后世外蒙古独立后，大盛魁、元盛德遭到沉重损失，几乎覆灭，天义德有活佛的庇护，损失相对较小。[②]

乌里雅苏台、科布多两地驻有清廷大量军政人员，需要供应各类物资，这为与清军关系密切的晋商提供了商业契机。[③]在为清军军政人员提供物资的同时，晋商也将业务不断扩展，与蒙古各部进行贸易。最初大盛魁将总号设在乌里雅苏台，后迁到归化城。乌里雅苏台是大盛魁总号之下的最大分庄，科布多分庄次之。

清代以乌里雅苏台为前营，科布多为后营，驻有将军、参赞，另有运粮官，由蒙古王公担任。沿途各驿站设帐篷，招待来

---

① 三音诺颜部、土谢图汗部、车臣汗部、札萨克图汗部并列为喀尔喀四部之一，称喀尔喀中路。

② 佟靖礼、张德祥编著：《呼和浩特史话》，内蒙古大学出版社 1997 年版，第 236 页。

③ 雍正十一年（1733），清廷设立定边左副将军，统辖漠北喀尔喀蒙古四部、科布多（今吉尔格朗图）、唐努乌梁海地方，驻乌里雅苏台（今扎布哈朗特）。乾隆二十六年（1761），清廷在科布多筑城，设科布多参赞大臣、帮办大臣，受乌里雅苏台定边左副将军节制。

往办公人员，每六个人供给一只羊。为防止驿站的人员贪污，就交给大盛魁代办，每至年终结算一次。乌里雅苏台、科布多两城设有蒙古各旗王公共同设立的办事处，分配各旗牲畜，用以偿还所欠大盛魁的账。[①]

清廷派驻乌里雅苏台、科布多军政人员的日常供应，由三大号先垫支，再由官方支付七成，商号分摊三成，有时则是官八商二。大盛魁在外蒙古供应浩繁，如前后营将军、参赞衙门，一切日用食品，均由大盛魁供给。旧历年前，前后营所用的水果、鸡鸭鱼肉之类，以数百骆驼由归化城运载而去。

当时口外贸易，因为要使用俄语、蒙古语、维吾尔语等语言，故而商号又称“通事行”。“三大号”以蒙古各部为主要贸易对象，在交易过程中，主要使用蒙古语。三大号的店员、学徒，从初入商号时起，就要学习蒙古语。大盛魁的新学徒，由山西祁县北抵归化城后，都要骑骆驼到科布多接受语言训练，由教师教授蒙古语、维吾尔语、哈萨克语和俄语，然后再分配到各分支机构，跟着老职工学习业务。虽然发音不标准、不规范，但蒙古人能听得懂，可以通行蒙古各部，也称“买卖语”。商号的老手，不仅能说流利的蒙古语，也能熟练书写蒙古文。大盛魁的总号及其在内外蒙古的分号掌柜、记账先生等，都是“蒙古通”。[②]

晋商各商号在草原上的业务，无所不包，号称“上至绸缎，

① 代林、马静主编：《大盛魁闻见录》，内蒙古人民出版社 2011 年版，第 207 页。
② 王忠民主编：《呼和浩特历史文化撷翠》，内蒙古人民出版社 2007 年版，第 326 页。

下至葱蒜”，根据草原市场需要进行组织。驮运队所运出的货物有砖茶、绸缎、布匹、日用生活品等。从新疆、漠北蒙古各地运回的物品多为皮毛、干果、药材和驼、马、羊等牲畜。

各大商号主要业务有三大块：

（一）放“印票”，即放高利贷。草原上的牧民手中没有现银，各家商号采用赊销办法，到期也不收取现银，而以牧民牲畜折价偿还，再将这些牲畜产品转运内地销售，获取双重利润。因为是赊销，要计算利息，本金加上利息，虽然存在剥削，但保证了牧民日常生活用品的供应，也解决了牧民产品的销售问题，因而受到欢迎。

对蒙古王公贵族的各类奢侈品消费及每年入京纳贡、轮流值班，商号进行物资供应与资金借贷，既可交好蒙古贵族，也可以获得利润。王公的借款，按照所辖区域内的人丁数目分摊下去，由所辖区域牧民集体偿还。光绪十七年（1891）至十八年，扎萨克图盟长阿育尔因为进京值班等事宜，三次向大盛魁借银，共计8600余两，按扎盟20旗的人丁分摊。

大盛魁还特意成立了一家小号——大盛川票号，专门负责办理王公进京值班事宜，让王公更方便地借款。日本人观察到：“外蒙古的一百四十旗，不负债于大盛魁者，仅有十旗或二十旗左右，其他大部分都是大盛魁的债务人。天义德对科布多管区内各旗也有同样的情况。”①

外蒙古王公或扎萨克，分别代表一个部落或一个旗，向旅蒙商号出具盖有王公或旗署印信的借据，印票上有“父债子还，夫债妻还，死亡绝后，由旗公还”字样。因为借据上盖了官印，所以称为“印票”。“印票”利息一般为月息三分，满三年停息还本，大盛魁则满三十三个月就停息，以示财力雄厚，不超过“一本一利”。

嘉庆八年（1803），清廷严查旅蒙商号的经商票照，无票或票照过期的商号均被驱逐出境，留下的商号则颁发专营许可证。在清理之后，清廷决定停止商号随意放贷，而由几家大商号独揽印票生意。大盛魁、天义德等大商号，由于与清廷的长期合作关系，自然得以专享印票生意。

随着资本不断扩大，又得到蒙古王公的信任，大盛魁包办了前后营地区几十个旗的王府用货和台站的差务，进一步扩大了放印票的范围。同光年间，库伦办事大臣和某王公联合控告大盛魁“重利盘剥”。清廷调阅账簿，加以核算，认为账面上是“平允合理”。

晋商通过商品赊卖，开展具有高利贷性质的经营活动，具备支配蒙古部经济及部分蒙人行为的能力。不过晋商在蒙地所放印票，并不能完全收回。如光绪年间，旅蒙商号受时局牵连，无法

① 中国人民政治协商会议内蒙古自治区委员会文史资料研究委员会编：《旅蒙商大盛魁》，载《内蒙古文史资料》第12辑，内蒙古人民出版社1984年版，第70页。

收回欠款："且近年时势，更非昔比。天灾流行，蒙古生计浅薄，每年应收之数，只求三分之一旧欠。"[①]

（二）从内地采购各类日用物品至草原上销售。大盛魁利用骆驼队，在草原上流动贸易，驼队也称"驼房子"。从内地采购的茶叶、丝绸、布匹、烟、糖、酒、药品以及其他各类生活物资，由归化城总号运到外蒙，分配给各个驼房子运到指定的盟旗进行贸易。驼队到旗之后，将货物成批赊销。有时他们也组织部分驼队，做零售业务，以少量骆驼驮着货物，前往散居的蒙古毡房做买卖。

大盛魁根据草原上的消费特点，组织货源。如牧民以肉食为主，喜用砖茶，大盛魁便自设茶庄，加工高质量的砖茶。牧民喜穿斜纹布衣服，大盛魁便采购结实耐用、朴素大方的斜纹布。对牧民、喇嘛需要的专用商品，实行专门订货，如蒙靴、马毡、木桶、木碗和喝奶茶的爨壶等，都是选择工匠，特别订制。[②]砖茶在草原上广受欢迎，可以直接换取牛羊，"茶一斤易一羊，十斤易一牛"[③]。砖茶的流入，改变了牧民的生活习俗，饮奶茶成为牧民日常生活中必需的部分。

砖茶在草原发挥了货币的功能。《蒙古志》载："蒙古人又往

① 乌云格日勒、祁美琴整理：《〈光绪朝东华录〉蒙古史料摘抄》，内蒙古人民出版社 2017 年版，第 142 页。

② 阳泉市政协文史资料委员会编：《晋商史料与研究》，山西人民出版社 1996 年版，第 247—248 页。

③ 毕奥南整理：《清代蒙古游记选辑三十四种》，东方出版社 2015 年版，第 595 页。

往用小片砖茶以代货币，羊一头约值砖茶十二片，或十五片，骆驼十倍之。行人入其境，辄购砖茶，以济银两所不通。”[①] 商号常以高于市场的价格赊销砖茶，但如果牧民以砖茶来还账，则一概不收。

对蒙古各部的砖茶贸易，每年可达两万五千箱至三万箱。砖茶主要被销往库伦等蒙古草原上的城镇，也有一部分被运到边境口岸恰克图后，转销至俄国及其他欧洲国家和地区。“汉博”茶（“汉博”乃是蒙古语，意为驮茶用的竹篓子）主要供应漠南蒙古的喀喇沁、土默特、敖汉、翁牛特和苏尼特等部，乌珠穆沁、阿巴嘎、克什克腾及察哈尔地区的蒙古人则自己到多伦来购买茶叶。白毫茶的销售量有限，每年只有三四千箱。[②]

（三）收购牲畜、皮毛、药材，再运出转售。俄国人曾经观察到，晋商采购时，蒙古人可以拿任何值钱的东西来换他们的商品，他们都会接受。各家商号每年在草原上，通过实物交换，换回大量羊、马、牛以及所产的皮张、绒毛、肉乳和野生动物的皮毛等产品，运回内地销售，由此赚得利润。

长途贩运，购进卖出，营业额惊人，每年大盛魁营业额可达上千万两。“晋人北入，蒙货南输”，为了销售各类运回的物品，各大商号还设置小号。如大盛魁专营马匹的小号设在汉口，专营羊的小号则设在北京，分销草原各类特产。

---

① ［清］姚明辉编：《蒙古志》，中国图书公司 1907 年版，第 292 页。

② ［俄］阿・马・波兹德涅耶夫：《蒙古及蒙古人》第 2 卷，刘汉明等译，内蒙古人民出版社 1983 年版，第 340 页。

草原贸易为各家商号带来了巨大利润。如大盛魁每三年为一个账期，结算分红一次。“大盛魁分三十四股，其中创始人三家占三股，其他三十一股，分配给总号、分号经理，一股一万两银子红利，三年一分。”[①] 总号经理每三年分一万两银子，而归化城将军一年所得不过一千一百余两，是其三倍。

大盛魁的历任总号经理，都是从业多年，业绩突出，能力过人，经验丰富者。从乾隆末年到嘉庆初年，担任总号经理的秦钺，对大盛魁的组织制度加以整顿，建立了一套比较完备的账簿体系。秦钺加强与清廷官方及蒙古王公的关系，获得了清廷所颁发的“龙票”，其本人及乌里雅苏台、科布多、北京等分号掌柜也都捐了“红顶子”。龙票的实质是专营特许证，不是每家旅蒙商号都能得到，只颁发给极少数几家商号。在外蒙地区，获得龙票的只有大盛魁、天义德，持龙票者出入蒙古地方，各旗应负责保护。

获得顶戴，具有功名，对于晋商而言具有重要意义。在归化城、科布多、乌里雅苏台的商号经理，都有顶戴花翎。为了获得王公的支持，各家商号都要给蒙古王公送礼。每年大盛魁放账和收账的“房子”携带礼物，从王公到各级官员，都要送上一份轻重不等的礼物。送给王公的礼物是上好的绸缎衣料和绣佛像的哈达等，官员们分送烟、酒、茶和哈达等。

---

① 中国人民政治协商会议内蒙古自治区委员会文史资料研究委员会编：《旅蒙商大盛魁》，载《内蒙古文史资料》第 12 辑，内蒙古人民出版社 1984 年版，第 32 页。

大盛魁的债务，一般牧民不敢抗拒，蒙古贵族到期也要归还。大盛魁的经理时常顶戴花翎，前去拜会蒙古王公，请其帮忙催债。蒙古王公欠了大盛魁的债务，自然得帮忙效力。大盛魁等商号不但垄断了蒙古地区的贸易和信用，成为蒙古王公和平民的债权人，且可与清廷代表、蒙古王公三方，组成议定蒙古物价的朝勒格尔（楚格拉），形成垄断价格体系。[①]

每年春夏之际，各家商号的驼队满载货物，深入草原，将货物赊销给蒙民。秋冬时节，牲畜最肥时，商人便携带账簿，至草原各处结账。收账时，大盛魁的店员可以享受到特别待遇，牧民让他们住在白毡子的幕帐里，他们还可以吃到最肥美的羊背子。由于采取以物易物，没有定价权，不知市场行情的牧民处于弱势地位，而大盛魁等商号则可操控物价，获取利润。每年春季赊售，至秋季收款，秋季是牲畜最肥之时，市价也最高，但收款时却以低价计算。绵羊一般低于市价 75% 以上，如市场上价值八钱银的绵羊，在偿还“印票”债时，只作二钱银子。牧民在交易中常陷入被动，吃亏颇多。清人曾批评，晋商长驱入塞放贷，牛羊驼马，搜括将空，“以致蒙古生计颇艰，贫瘠日甚”[②]。

“蒙古与商民贸易由来已久，凡粮、烟、茶、布为蒙古养命

---

① 阳泉市政协文史资料委员会编：《晋商史料与研究》，山西人民出版社 1996 年版，第 249—251 页。

② 瑞洵：《瑞洵集辑笺》上册，杜宏春、郑峰辑注，黄山书社 2017 年版，第 371 页。

之源。一经断绝，益形坐困，自系实在情形。”[1] 直到1860年，内外蒙古所有进出口贸易都由晋商掌握。俄国人与蒙古的贸易仅限于边境地区，他们最大的竞争对手是晋商商号大盛魁。俄国人在前往蒙古考察时，想要买些羊肉却不能，因为羊群的蒙古主人欠了债，畜群要被大盛魁收走抵债。

大盛魁自清康熙年间成立，到1928年倒闭，历经230余年。1911年外蒙古宣布独立，蒙俄订立库伦通商协定，俄国人取得在外蒙古免税自由贸易的特权。大盛魁在蒙古的市场不断缩小，内地小号也一天天不景气。大盛魁倒闭的直接原因是1921年外蒙古再次宣布独立，在苏联支持下，1924年建立蒙古人民共和国，实行公有制，大盛魁在外蒙古的资产全部被没收，此后一蹶不振，直至四年后倒闭。大盛魁倒闭后，祁县财东家资赔尽，沿街乞讨。

至于其他旅蒙商号，也受时局冲击，逐渐没落。民国年间，以牲畜为主业的元盛德，在草原上与牧民发生两次冲突，损失大量牲畜。至1928年，元盛德在科布多已无立足之地，遂将所有伙计撤回，宣告停业。外蒙古宣告独立时，天义德由于有活佛的股份，得到庇护，没有遭受售卖损失。此后天义德将在外蒙古的财产大部分转移到归化城和新疆，余下的财产和铺底卖给俄商，于1926年至1927年间宣告歇业。

---

① 邢亦尘编：《清季蒙古实录》上辑，内蒙古社会科学院蒙古史研究所1981年版，第66页。

总体而言，清廷对于边疆区域的治理，并不要求其提供税款以增加中枢财赋，只要求其保持稳定即可。对于边疆区域，清廷甚至给予财政补贴，又通过分封各部精英、联姻等手段，达成控制的目的，维持大一统中央帝国。在清廷的边疆战略中，鼓励商人以商业手段，主动深入各部，为其提供各类物资，满足各部的物资需求，避免因为贸易而引发边疆冲突。稳定的边疆，节省了清廷的统治成本，商业贸易又繁荣了边疆与内地的经济，以商控蒙，实是高明手段。

大黄贸易：被误解的“军国利器”

清代中国对俄国贸易的大宗商品，除了茶叶之外，还有大黄（Rhubarb）。大黄起源于青藏高原，很早就传播到中国西北部以及中亚一些地区。大黄以青海、蜀地所产为优，陇西大黄作横片，蜀地大黄作竖片如牛舌形，但两者在药性上并无区别。大黄性湿润而易坏蛀，故而要在太阳炽烈的月份烘至干燥才佳。

中国是最早发现大黄医药效果的国家，古人将之用于治疗疟疾、发热、便秘等病症。汉代时，张仲景就已经认识到“大黄苦寒”，入药时需要中和药性。在他留下的医方中，以大黄入药的记录颇多。大黄性苦寒善泄，晋代名医葛洪也记录了大黄的各种药效，特别是泻下功能。①

大黄很早就传到了欧洲，在希腊罗马文化中，大黄被用作泻药，也被用来治疗许多疾病。古希腊医生佩达尼乌斯·迪奥斯科里德斯（Pedanius Dioscorides）在著作中写道，大黄来自土耳其“博斯普鲁斯海峡之外”，这是通过古丝绸之路传入了西方。

10世纪波斯萨曼王朝的药学家阿布·满苏尔（Abu Mansur）

① ［晋］葛洪：《肘后备急方》卷之二，明《正统道藏》本。

在其著作中，也提到了中国大黄。13世纪马可·波罗在游记中记录，中国肃州境内多山，山上出产一种质量非常好的大黄，别处商人都来这里采购，然后行销世界各地。

14世纪上半叶，意大利旅行家鄂多立克（Odoric）来中国后记录，甘肃出产大黄，产量极丰，你花不上六枚银币，便可把一头驴子驮满。阿拉伯人对中国大黄的功效有较多认识：“强肝健胃以及促进其他内脏功能最有力的是大黄，治疗急性腹泻、痢疾和慢性发热最有效的乃是中国大黄，而事实上，最有镇静作用、渗透性最强的也是中国大黄。”①

明万历十年（1582），利玛窦描述：“大黄和麝香最初是撒拉逊人带进来的，在传遍整个亚洲以后，又以几乎难以置信的利润出口到欧洲。在这里买一磅大黄只要一角钱，而在欧洲却要花六七倍之多的金块。”②波兰传教士卜弥格在1643年前往东方，他所撰写的《中国植物志》中，有对大黄的记录：“大黄虽然生长在整个中国，但最常见于四川、陕西省和靠近长城的肃州。”③

清代大黄持续对外输出，在欧洲广受欢迎。此时欧洲人对大

① [法] 费琅：《阿拉伯波斯突厥人东方文献辑注》，耿昇、穆根来译，中华书局1989年版，第296页。

② [意] 利玛窦、[比] 金尼阁：《利玛窦中国札记》，何高济、王遵仲、李申译，广西师范大学出版社2001年版，第13页。

③ [波] 卜弥格：《卜弥格文集：中西文化交流与中医西传》，张振辉、张西平译，华东师范大学出版社2013年版，第37页。

黄不是用作药材，而是用作染料。但中国形成了错误判断，认为大黄如同茶叶一般，是欧洲人乃至蒙古人不可或缺的能帮助消化的药材，关系洋人性命。

此类误解普遍存在，如乾隆年间的《西域总志》载，往叶尔羌西南，马行六十余日，至克什米尔。克什米尔往西南，再行四十余日，至温都斯坦（印度北部、克什米尔一带）。当地人尤重大黄，以黄金兑换，其人之疾病疮疡，得大黄即愈。有贵客来，则以大黄为敬，大宴必备，若经年不见大黄则死。地方上虽穷人也要备上些许大黄，放置衣领间，时时以舌舐鼻嗅之。

清代大臣松筠出身蒙古正蓝旗，经历乾隆、嘉庆、道光三朝，长期在边疆任职。松筠编撰的《卫藏通志》《西招图略》《钦定新疆识略》，翔实记录了当时西藏、新疆社会的生态。据松筠记录："俄罗斯多食鱼，须大黄以解鱼毒，特派头人专司收买，散给属下，官卖济众。"这也是道听途说，却影响颇深。

松筠称，自己在库伦时，曾以大黄捣为细末，浸以黄米酒，蒸晒为丸，可医治瘟疫诸症，无不立刻奏效。他认为，大漠蒙古之人，不食米谷，每日以牛羊酥乳为食，"其脏腑火盛，故宜服之"。不过松筠也意识到，在西南回疆、安集延等处，食大黄者较少，多用来染色。

松筠观察，当时恰克图大黄贸易，被一个青海回民家族所垄断，且该家族最为俄罗斯所信服，这就是专享对俄大黄贸易特权的青海西宁穆氏家族。

1737 年，俄国决定由商人史威宁专门负责采办大黄。1738

年，史威宁用俄国政府的拨款采购大量毛皮，至恰克图交换大黄。此年史威宁在恰克图与中国西宁商人穆拉特（穆亮德）签订合同，由穆拉特每年提供高质量大黄，穆拉特的大黄专卖权也得到了清廷许可。后世穆家每年对俄出口大黄的数量并不固定，从500普特到1000普特不等。在恰克图，晋商保持着垄断，排斥外来商人介入。乾隆朝时，一度曾有西北回商试图介入恰克图贸易。在恰克图的晋商挑唆俄罗斯人，阻挠回商贸易。在清廷看来，晋商可以保持垄断，但不可挑唆俄罗斯人，这影响到清廷的国家战略。乾隆帝降旨，将阻挠贸易的晋商抓捕，解送京城严审，从重治罪。晋商在恰克图保持垄断，但不能做到绝对的垄断，因为对俄贸易份额太大，且如大黄这样的物资，只有在青海具有影响力的穆家才能组织起来，故而晋商将穆家纳入恰克图贸易之中。

大黄是俄国官方垄断的货物。输送到欧洲的大黄有两种，一种是所谓“印度大黄”，由中国四川、西藏出产，经广州，由海路运往欧洲。另一种称“土耳其大黄”，产自中国青海西宁一带，由波斯、土耳其等地经过陆路运抵欧洲，此条大黄贸易的线路被俄国所控制。

1649年起，大黄与烟草成为俄国国家专营商品。1657年，俄国规定，私下买卖大黄者处以死刑。1695年，俄国将西伯利亚大黄的五年专营权交给汉堡商人波帕。1727年，彼得二世放开大黄自由贸易，但持续时间不长，1731年，俄国再次实行大黄官营。1735年，俄国政府下令，严禁商人私贩大黄，一经发现没收全部财产。此后又颁发命令，破坏政府对大黄贸易垄断者，处以死刑。

俄国对大黄的重视，引起中国方面的误解。在中方看来，俄国人依赖大黄维持生命，控制了大黄，就捏住了俄国的命根子。“后有数事渝约，上命绝其互市，禁大黄勿出口。俄罗斯遂惧而不敢生事，今又许其贸易焉。”[①]

实际上，俄国进口大黄，再转运至欧洲各国，其国内消费量极少。而欧洲各国进口大黄，主要用途并不是如中国一般入药，而是用作染料。此时欧洲纺织业大发展，对各类染料有着大量需求。19 世纪 50 年代前，植物染料是全世界范围内使用最广泛的染料，如巴西红木就是珍贵的红色染料来源，导致大片林木被砍伐，几乎消失。

俄国对大黄的收购要求极为严格，被虫咬过的一概不收，凡有腐烂的部分要切掉。18 世纪 30 年代，大黄在恰克图采购价格不过十几卢布，运到欧洲后售价能翻上十倍，利润惊人。恰克图出口的大黄，品质比广州出口的要好，一则广州出口时，对大黄的品质要求没有恰克图高，二则海上长途运输会导致大黄受潮。恰克图之外，在新疆，大黄也是对中亚贸易的重要资源，晋商、陕商、回商纷纷参与其中。

乾隆二十年（1755），清军攻取伊犁，俘获准噶尔部首领达

① ［清］何秋涛：《朔方备乘》卷五十七《辨正诸书二》，清光绪刻本。

瓦齐，准噶尔平定。第二年，清廷在天山南北大规模屯田。陕甘总督黄廷桂上奏，请求开展对天山北路的贸易。清廷议定，许可商人领取印票，至天山北路开展贸易。乾隆二十二年（1757），黄廷桂曾推荐皇商范清洪等人承办口外对哈萨克贸易事宜。只是范氏家族此时陷入困境，无法自拔，没有余力再参与口外贸易。

乾隆二十五年（1760），清廷取消前往新疆贸易必须绕道乌里雅苏台领取将军所给执照的规定，由张家口、归化城去新疆的商人，可节省两个月的时间，此举吸引了商贾前往北疆贸易。1762 年，喀什噶尔办事大臣永贵上奏，建议还应鼓励内地商民到天山南路贸易。乾隆帝对此表示赞同：“新疆贸易，自应流通，但须听商民自便。不可官为勒派。”受惠商政策吸引，山西、陕西商人大批前往新疆，开拓贸易。乾隆三十一年（1766），在乌鲁木齐的山陕商人联合修建了晋陕会馆。

对来新疆贸易的中亚商人，清廷也给予优惠，本地回商抽税二十分之一，中亚商人只抽三十分之一，克什米尔、巴达克山地区的商人则抽税四十分之一。至道光十二年（1832）时，甚至对浩罕商人免税。在浩罕境内形成了贸易城市安集延（今乌兹别克斯坦安集延州首府），安集延距离喀什噶尔不过 500 里，是中亚、印度乃至俄国对中国贸易的重要据点。浩罕商人将中国的茶叶、丝绸、大黄等商品运回，再转运到印度、俄国和其他欧洲国家。

乾隆五十年（1785），清廷第三次停止恰克图互市，同时首次禁止大黄、茶叶出口。禁令颁布后，安集延商人抓住机会，从中国私下贩卖大黄到俄国，获取暴利。互市停止后，俄国一直未曾低头认罪，乾隆帝满心狐疑。

乾隆五十四年（1789）正月，安集延商人喇哈默特、内地商民马成孝等，私贩大黄数千斤被查获，所有大黄被没收，并从重治罪。由此乾隆帝认为，必须采取全面封锁措施，使俄国不能得到任何大黄，减少其国税收，“情急势迫，自不得不恭顺天朝”。为此传谕伊犁、塔尔巴哈台、喀什噶尔、叶尔羌等邻近俄罗斯地区之将军、大臣等，严行搜查，严禁将大黄与安集延商人进行贸易。

各处严格稽查，如有走私大黄者，一经发觉，从重治罪。直隶总督、陕甘总督、山西巡抚则配合查禁，杜绝大黄从张家口等处出口。乾隆帝思虑缜密，担心商人“从广东海道将大黄私贩出洋，偷卖与俄罗斯，希图厚利”，为此严令内地商人，不可私贩大黄至广州出洋，在澳门的贸易洋行，也不得夹带大黄。

清廷突然停止大黄贸易，对持有大量大黄的中国商人影响极大。从事大黄贸易的中国商人，在漫长的边境上，仍然进行大黄走私贸易。二月，先后查获叶尔羌商民瑜都克私贩大黄600余斤，哈密等处商民由肃州私贩大黄5000余斤。乾隆帝指示：“一经拿获，不惟大黄入官，他物一概抄没，人犯拿解内地，加倍从重治罪。”

乾隆帝继续加大力度，杜绝大黄出口。广东之外，盛京、江南、闽、浙、直隶、山东各地俱有沿海口岸，令各省督抚、将军，于沿海口岸严行查禁大黄。乾隆帝又令广州、澳门对外贸易时，每年每国只许500斤大黄出口。沿海各省督抚要加强巡查，杜绝大黄走私出海。清代人认为，大黄的功效之一乃是治疗瘟疫瘴气。台湾瘴气多发，故而特许每年输入500斤大黄，凭官票运输出海，“得资疗疾”。其余内地各州县，均听其照常贩运，毋庸发给官票，以免扰民。

此年五月，陕甘总督勒保，拟将在喀什噶尔、阿克苏贩卖大黄的李生贵、玉素普等，按“窃盗赃例”，定拟绞候。乾隆帝认为案情复杂，令解送京师，由军机大臣会同刑部另行质讯，最后定下处罚“永远监禁、遇赦不赦”。

乾隆五十五年（1790），清廷将对俄国的大黄出口禁运，扩大为禁止俄国货物出口到中国。在水路上，由广东严查各国船只，如有俄国所产海龙、黑狐等皮张货物，不许入境。在陆地上，要求边境关卡严禁俄国货物入卡，对前来伊犁、阿克苏二处贸易的商人，须给以路引，于各处查验。

清廷停止对俄贸易，导致俄国收入锐减。俄国一度想调集兵力，对中国开战，奈何被欧洲的争霸战所牵制，只好对清廷服软。乾隆五十七年（1792）初，库伦办事大臣松筠与俄方签订《恰克图市约》，恰克图再次开市贸易。俄国此时忙于在欧洲争霸，无暇东顾，又希望通过与中国的贸易，支持在欧洲的争霸，故而仓促签下协议。

《恰克图市约》形式上是平等换文，但是实际上条款全部都由清方片面裁定，令俄遵守，直视其为附属国。而俄方不但全部接受清方提出的条件，而且在会盟时态度前所未有地卑顺恭谨。[1] 协议签订后，俄国乖乖遵守，60 年间，不敢破坏，更使清廷将大黄视为制敌之利器。

此年四月，署两广总督郭世勋上奏，因已准俄罗斯通市，洋商呈请买运大黄，不再受每年每国 500 斤之限，并准许其海龙、黑狐皮张进口售卖，得到乾隆帝许可。乾隆帝又下谕，现在恰克图已准其照常贸易。所有刑部监禁的私贩大黄案涉案人李生贵、玉素普、迈玛第敏等，加恩释放。在清廷几次对外贸易战中，禁令颁行之后，投入巨资的中国商人，多数只能无奈服从，少数则暗中继续贸易，被清廷抓捕入狱。清廷对商人的损失亦有了解，当通过贸易战完成战略目标后，对他们也予以宽大处理。

此番大黄贸易战，清廷大获全胜，由此更加坚信俄国人离不开此物，大黄是天朝所独有，乃羁縻外夷的一等利器。史学家赵翼感慨："天若生此二物为我朝控驭外夷之具也。"嘉庆十年（1805），两广总督那彦成上奏称，俄国依赖于中国所产大黄，才能得生。嘉庆帝朱批"所见甚是"。此番大黄制服俄国，使清廷得出错误判断，认为西方各国人的肉食习惯，导致其消化系统独特，必须依赖虎狼之药大黄才能活下去。

大黄作为贸易战的工具，被清廷继续运用。道光年间，张格尔以浩罕国为根据地，先后四次扰乱边疆。[2] 道光六年（1826），

---

① 张哲嘉：《大黄迷思：清代制裁西洋禁运大黄的策略思维与文化意涵》，《"中央研究院"近代史研究所集刊》2005 年第 47 期。

② 浩罕国核心地区位于中亚的费尔干纳盆地，包括浩罕、马尔吉兰、安集延等城市。

张格尔先后攻陷英吉沙、喀什噶尔、和阗、叶尔羌等地。道光七年二月，清军击溃张格尔主力，收复喀什噶尔，但张格尔逃到浩罕国境内躲藏。为了追捕张格尔，清廷以贸易为武器，严控大黄、茶叶对浩罕境内安集延出口。

此年十一月，清廷指示：“断绝各外夷贸易，并严禁大黄、茶叶出卡。”年底，清军在喀尔铁盖山擒获张格尔，变乱平定。但浩罕国收留清廷追索的逃犯，清廷继续严密稽查，“勿任大黄、茶叶偷漏出卡”。

平定张格尔后，那彦成作为钦差大臣调任喀什噶尔。张格尔之乱中，在新疆贸易的浩罕商人“从逆者甚多”，“张格尔滋事悉由安集延内外勾结”。道光八年，那彦成采取一系列措施，打击深入南疆的浩罕势力。在南疆居住十年以上的浩罕商人被编入当地户籍，不满十年者一律驱逐出境，并没收其囤积的货物。禁止浩罕商人和当地民众通婚，禁止来新疆贸易。此年道光帝下旨，严禁大黄、茶叶从新疆流入浩罕国，在各要道设卡派兵盘查。

那彦成的强硬政策，清廷的贸易封锁，导致了浩罕的反弹。道光十年（1830），浩罕军侵入喀什噶尔、叶尔羌、英吉沙等处，一路抢劫，其中多有被驱逐的浩罕商人势力。喀什噶尔被围时，有千余参与叛乱的安集延人在城外声称：“我们是喀什噶尔、阿克苏、伊犁等处逐出的安集延，在卡内买卖多年，并未随张格尔造反。忽于八年间，将我们的茶叶、大黄全行抄没入官，并不给价，驱逐出卡，无以为生。……我们更加气忿，因此进卡，只求将茶叶、大黄给还，仍准在卡内做买卖。”

喀什噶尔被围城逾三月之久，只是因为布哈拉汗国侵入浩罕，浩罕方才突然撤军。战后为了震慑浩罕，清廷决定在南疆驻扎重兵，清廷强硬派如伊犁将军玉麟主张挥师直捣浩罕，但清廷财力吃紧，已无力发动大规模战事。道光十一年（1831）春，清廷内部调整政策，以不能妥善办理善后为由，将那彦成革职，以长龄再至喀什噶尔主持军政事务。

七月，道光帝指示，新疆所需要的茶叶、大黄等物，可仍按照旧例贸易，概免查禁。至于对安集延贸易，“霍（浩）罕果能献出贼目，请罪投诚，再准其通商交易，以示羁縻”。在与浩罕的谈判中，清廷以“缚献贼目”作为进行贸易的条件。面对清廷在南疆驻扎的大军，浩罕很是畏惧，遣使至俄罗斯搬兵求援，只是俄国此时无暇他顾。在寻求军援不得的情况下，七月以后，浩罕向清廷求和。

十月，道光帝决定招抚浩罕，指示钦差大臣长龄，“大皇帝天恩浩荡，许该夷仍旧通商。其茶叶、大黄，俱在所不禁，并免其货税”，“其缚献贼目，送出民回一节，竟可不问，以示大方”[①]。清廷方面开出了优惠条件，不但不要求浩罕缚献贼目，且给以大黄、茶叶贸易免税待遇。至道光十二年，双方达成和议，再开贸易。

---

① 马塞北主编：《清实录穆斯林资料辑录》中卷，宁夏人民出版社 1988 年版，第 526 页。

当大清国与英国发生碰撞之后，清廷再次祭出大杀器——大黄。道光十六年（1836），直隶总督琦善《遵旨复奏禁烟折》中提出，可以用大黄、茶叶制服外夷：“凡西口外极大者为俄罗斯，以及诸番，皆需此物。盖地土坚刚，风日燥烈，又日以羊、牛肉磨粉为粮，食之不易消化，大便不通立死。每日食后，此为通肠之圣药。”① 道光十八年（1838），江南道监察御史周顼奏陈：“查外夷于内地茶叶大黄，数月不食，则有瞽目塞肠之患，甚至于不能聊生。”②

整个大清朝野上下，都以为洋人没了大黄，就会大便不畅而死，更视大黄为制敌利器。道光十九年十二月，钦差大臣林则徐委托英国船只 Thomas Coutts 的船主，转交一封信给维多利亚女王，抗议英国输入鸦片，又威胁英国，如果中国闭关绝市，停止供应茶叶、大黄，英国将无法生存。

只是大黄并未能发挥克敌制胜的功效，在英国的坚船利炮威逼下，大清无奈地签署了条约。鸦片战争后，也有清醒者如魏源认识到，欧洲人追捧大黄，“亦仅用以染色，非用以治病”③。

在第一次鸦片战争前，中国每年对外出口大黄在十万斤以

① 丁守和等主编：《中国历代奏议大典》，哈尔滨出版社 1994 年版，第 415 页。

② 中国第一历史档案馆编：《鸦片战争档案史料》第一册，上海人民出版社 1987 年版，第 258 页。

③ [清] 魏源：《海国图志》卷二，载《魏源全集》第 4 册，岳麓书社 2004 年版，第 38 页。

上。鸦片战争之后，根据条约实行五口通商，随之大黄出口数量激增。随着对外贸易物品的多样化，大黄在对外贸易中的地位不断下降。而随着国人对大黄在欧洲国家使用情况的更多了解，也不再将之视为关系洋人性命的物资，放弃了以“大黄制夷”的外交政策。

第四章 依附：徽商群体与盐业垄断的暴利

入清之后，徽商通过大宗商品贸易，积累起了巨额资本。在两淮盐业贸易中徽商占据了绝对的垄断地位。盐业贸易存在暴利，就连皇帝也觊觎，通过各种途径，以皇权直接操控盐商，为皇室获取利益。由此出现了清代最为奇特的局面，两淮盐商可以上交天子，而商人与皇权直接交往，却福祸相依。在清代，徽商捐资报效朝廷，堪为最巨。徽商资本对权力的依附，密切的政商关系，使商业资本不是投入生产流通，而是投入到报效皇权之中，这对中国社会经济的发展产生了什么样的影响？

官商结盟：清代的盐业贸易体制

汤显祖诗云："欲识金银气，多从黄白游。一生痴绝处，无梦到徽州。"

徽商，一般指徽州府所辖歙县、休宁、黟县、婺源、绩溪、祁门六县商人。徽州一府六县被连绵群山包围，土地贫瘠，有"七山一水一分田"之说，地狭人稠，靠当地所产不能维持生计。在明中后期，徽州人口不断增长，从商成为谋生的途径，如徽州谚语云"以贾为生"。

但徽州又不是绝对地封闭，尚有发达的水路联通着各地，如有流向东南钱塘江的新安江，可达杭州；流向西南鄱阳湖的阊江、乐安江，可出湖口；有流入长江的水阳江、青弋江、黄盆河。经由水路，徽州人与外界保持着密切交往，他们离开乡土，至各地经商，"人十三在邑，十七在天下"。

因地理风土人情等差异，徽州六县各有象征性动物，如休宁蛇、歙县狗、黟县蛤蟆、绩溪牛、祁门猴、婺源龙，也被外人用来描述六县的不同性格与贸易领域。明清两代，徽商的营业范围广泛，无所不包，但以"盐、典、茶、木"为最。六县各有所产，各有所专，四大业务之中，歙县人主要从事盐业。

明代时，晋商先来两淮，介入盐业贸易，"山右或盐，或丝，或转贩，或窖粟，其富甚于新安”。但徽商后来居上，控制了两淮盐业。之所以徽商能胜过晋商，一则徽州距离两淮较近，对风土人情有较多了解。二则徽商竭力培养子弟进入官场，同时交好盐政官员，“善行媚权势”，得到盐政官员帮衬。三则徽州商帮更重视宗族血缘关系，其凝聚力较以地域为主的晋商更为牢靠。明清两代，在两淮盐区，徽商占据了主导地位。据留存的记录，从明嘉靖年间至清乾隆年间，有记录的扬州盐商 80 人中，来自徽州的便有 60 人，来自山西、陕西的各 10 人。[①]

清代两淮盐业贸易利润丰厚。当代学者研究认为，两淮盐商年应得盐利 380 万两，乾隆朝 60 年共应得盐利 2.28 亿两。各种苛捐、勒索如报效捐输之类占去应得利润的很大一部分，盐商的实得利润有 9011 万两。[②] 虽然还有其他各类苛捐杂税，每年耗费不赀，但盐商实得利润还是丰厚，多有几十万、上百万身家者，也有坐拥千万白银者。

盐税收入是清廷最重要的收入来源，为了保证盐税收入不被吞没，清廷常派遣最亲信的大臣担任两淮盐运使。即便如此，清廷还是不放心，另外设置两淮巡盐御史，基本上由皇帝钦点的内务府包衣担任，以确保皇室对盐业的控制。

两淮盐运使与两淮巡盐御史同为盐官，职司不同，前者掌理

① ［日］佐伯富：《清代における盐业资本について（上）》，《东洋史研究》1950 年 11 卷。

② 汪士信：《乾隆时期徽商在两淮盐业经营中应得、实得利润与流向试析》，《中国经济史研究》1989 年第 3 期。

征收盐税、盐运、盐销、钱粮支兑拨解，处理各类私盐案件；后者巡视盐课，纠其属吏征收督催不如法者，二者廨署不在一处。

两淮巡盐御史本负责监督，后来却越过盐运使，操控两淮盐务。按清代职官体制，盐运使为从三品，巡盐御史官阶可大可小，常出现从二品、二品的高阶官员，由此巡盐御史反而成了盐运使的上级。《红楼梦》第二回里说："闻得今岁盐政点的是林如海。"又说林如海"今钦点出为巡盐御史"，第十九回又称林黛玉为"盐课林老爷的小姐"，可知林如海所担任的便是两淮盐政（巡盐御史）。

盐商与主管官员之间关系亲密。盐商行盐，受到官方严密监控，官方在各个环节都能给盐商制造麻烦。盐业贸易带来的暴利，盐商们既无法也不敢独占，必须与官员们分享，此种分享，经由皇帝许可，成为常态。比如，盐官正俸之外，还有养廉银，其中巡盐御史为5000两，盐运使为2000两，此养廉银便由盐商支付。这些尚是公开的收入，至于各类灰色收入，则不可胜计，清人云"盐务盛时，盐政一年数十万，运司亦一二十万"[①]。

乾隆五十九年（1794），两淮盐政闹出弊端。起因是，盐政衙门办公费用也由盐商出资，名为"规礼银"。此前据被抓捕的两淮盐政董椿供称，两淮盐政衙门每日由商人供应饭食银50两，幕友束脩，笔墨纸砚一切杂费银70两，每日总计供银120两，

① ［清］欧阳兆熊、金安清：《水窗春呓》卷下，《历代史料笔记丛刊》，中华书局1984年版，第77页。

以一年计算，竟有 4.3 万余两之多。乾隆帝忍不住抱怨，两淮盐政开销实在过多。老皇帝喋喋不休地举例，现在宫闱之中，每日御膳供应，只有二妃二嫔以及诸皇子皇孙等，并军机大臣、上书房、南书房以及侍卫、章京、拜唐阿（执掌皇家事务的人）等，每年御膳房开销不过 3 万余两，可谓节省。再以朝中官员收入为例，中枢之中，户部尚书收入较高，每年不过 5000 余两，外省总督最多者不过 2 万两。

除了上述的养廉银和规礼银外，各类私下的孝敬，动辄成千上万两。康熙朝时，李陈常原本家境贫寒，但担任巡盐御史不过一年，便有“好田四五千亩，市房数十处，又有三处当铺，皆有其本钱”。嘉庆朝时，盐商为交好官员，一掷千金，凡是官员过往扬州，照例会得到盐商的程仪（即给作路费的钱）。《儒林外史》第三十五回，写到庄绍光征辟落选回来，路过扬州，“次早才上了江船，只见岸上有二十多乘齐整轿子歇在岸上，都是两淮总商来候庄征君，投进帖子来”。众盐商都说：皇上要重用台翁，台翁不肯做官，真乃好品行。“当晚总商凑齐六百银子到船上送盘缠，那船已是去的远了，赶不着，银子拿了回去。”

李煦曾在奏折中指出，两淮盐商的浮费甚多，其大者有三项：一送程仪，一索规礼，一送别敬。“每年于御史任满时，本地乡绅例送别敬。……此三者，合一岁而计之，亦不下盈千累万。”[1]

两淮盐官及督抚大员，与盐商还形成了特殊的“寄顿”关

---

①［清］李煦：《李煦奏折》，中华书局 1976 年版，第 26—27 页。

系。寄顿，是官商之间的结盟，盐政官员“或与商人联姻换帖”，结成姻亲关系，“或与商人伙本行盐”，结成商业关系。

康熙年间，歙县人余同铭与淮南盐务总商程上慎为世交好友。康熙七年（1668），安徽巡抚张朝珍与程上慎共同出资，在安庆开设友善号盐店，委托余同铭之子经营，生意蒸蒸日上，又在各地开设分店。康熙十六年，徐国相担任安徽巡抚，与余家保持了密切关系。康熙二十三年二月，徐国相升任湖广总督时，余家随徐国相至淮盐运销第一大口岸汉口。徐国相自出两万两银，由余家在汉口开设人和号盐店。

康熙二十七年三月，徐国相因“徇庇”免官，余家失去靠山，又受三藩之乱影响，营业下降，最终歇业。歇业之后，余家讲究诚信，竭力将徐家所出本银两万两归还。汉口人和号盐店，最终以150两的低价，在康熙三十九年卖给了安徽巡抚高承爵。康熙四十一年二月，喻成龙任安徽巡抚，盐商循例出郊迎接。喻成龙遇见余同铭之孙余锡，问盐价几何，余锡婉辞诉说，得以减去衙门盐规。由余家三代人的经历可知，其能长期从事盐业贸易，离不开官场要人的庇佑。

乾隆八年（1743），白钟山调任江南河道总督，管辖江苏、浙江、安徽三省黄、淮、运事务。按照规制，白钟山每年所得养廉银，除去用度之外，所存不会太多。可清查出来，白钟山寄顿在盐商家的资产就有十余万两，乾隆帝不由大骂他“甚属无耻”。淮北商人程致中收存白钟山银二万两。程致中女婿汪绍衣，在清江开当铺，收存白钟山银四万两。商人程容德，收存白钟山银二万两。商人程迁益，收存白钟山银二万两，代为运营生息。

寄顿关系，也表现为换帖交往及联宗、联姻等。对于两淮盐商与官员密切交往，乾隆帝很是警惕。盐政巴宁阿乃上三旗汉军包衣，本姓汪，一次与总商汪肇泰闲聊时询问："你姓汪，可是徽州人？"汪肇泰回答："祖籍原系徽州。"巴宁阿说："我祖籍也是徽州，你与我原是一家。"

二人不过是闲谈而已，但乾隆帝得知后，认为巴宁阿与总商联宗，"过于卑鄙，有玷名器"，加以惩戒。对于总商汪肇泰，则不加处理，乾隆帝还告诫盐政官员，调查盐商时要客气。通过此案，乾隆帝意在敲打两淮盐官。两淮盐业乃是皇帝禁脔，不能容忍官商来往，形成政商网络，暗中分食皇权私利。

可即使如此，两淮盐商仍然在官场上编织出了密集的人脉关系网，乃至上达帝国中枢军机处，随时可得到中枢绝密消息。富商们常在河边行走，难免要湿鞋。而军机大臣们得到相关消息之后，自然要帮忙照顾。军机大臣裘曰修与盐商牛兆泰是亲家。牛兆泰被人控告后，裘曰修立刻修书联络地方大员，嘱咐帮忙照顾。乾隆帝得知后，下令免去裘曰修军机大臣职务。

清廷明令禁止盐商与官宦之家结亲。道光年间，钦差户部尚书王鼎会筹两淮盐务时，拟定章程十五条，其中规定："有与商人联姻换帖者，俱令回避。"大力整顿两淮盐务弊端的陶澍也指出，盐务官员"或与商人联姻换帖，或与商人伙本行盐，最为劣习"，建议一经查出，即行严办。

可两淮盐业政商关系良好，官以商之富而得利，商因官之权而得庇，双方各取所需。皇帝对于这一套是心知肚明，故而安插自己的心腹任职，希望加以监督，哪怕奴才捞些钱，最后不还是为主子捞的？两淮盐政，上下舞弊，百弊丛生。康熙四十九年（1710）八月，两江总督噶礼弹劾曹寅、李煦亏空两淮盐课银300万两。康熙帝将此事给压了下来，称“其缺一百八十万两是真”。

雍正帝登基后，大力清除两淮盐务各类陋规浮费，一度训斥各省盐官：“上下各官需索商人，巧立名色，诛求无已。穷商力竭，不得不挪新补旧，上亏国课，高抬盐价，下累小民。”

皇帝叫停陋规浮费，地方盐政官员与盐商却是极为彷徨。盐商们畏惧权力，他们本可通过陋规浮费交好当权者，进而获得庇佑；现在皇帝不让缴纳了，盐商们纷纷开始进行试探。雍正四年（1726），以黄光德为首的两淮盐商，公捐银24万两交给运库，又捐公务银8万两交给噶尔泰。

皇帝打压盐政官员，使之收入锐减，噶尔泰也不知皇帝心意，于是将此笔银两奏请交给皇帝，进行试探。雍正帝大力推动改革，废除浮费，此时自己收钱，也觉得说不过去，乃决定以此笔钱在扬州建盐义仓四处。盐商黄光德又捐出薪水银4万两，交给盐运使张坦麟。张坦麟将此4万两连同盐商捐出的淮北例出水脚银1.4万余两，请一起捐出建盐义仓。雍正帝将其中5万两用来建盐义仓，4000余两则赏给张坦麟。

通过几番试探，皇帝、盐官、盐商三方最终还是达成了默契，盐商捐钱，两淮盐政、盐运拿钱之后，部分用于两淮，部分交给皇帝，大家一起分润。此后盐商纷纷效法，以备公之名“捐输”银两，实际上等于直接向皇帝缴纳保护费。

在乾隆朝，两淮盐商大量捐款，帮助两淮盐官讨好皇帝，置办贡品、迎接皇帝南巡、捐输军需等。两淮盐政也帮助盐商谋取各类利益，如为盐商子弟另立商籍。商籍是朝廷为了笼络掌握大宗贸易的盐商而特意设立，其他商人子弟不能获得。商籍乃特设学额，在科举考试中占据优势。

清代以商籍应童生试，一般每 10 人取 1 人，其录取率高于民籍应试者。在乡试时，商籍也占据优势，如广东商籍每 60 名取 1 名，其他各省“五十卷取中一卷”。广东本省士子以民籍应乡试，每科不下万人，而中额仅 68 人，每 140 余人才取 1 人。

除此以外，盐官还会帮助两淮盐商争取实质性利益，如盐斤加耗等。初期两淮盐引每引 200 斤，或是因为卤耗（煎煮生产与运输中之耗损），或是盐商经营困难，为补偿盐商，在每引之外，额外可以多带盐斤。

乾隆十四年（1749），乾隆帝决定南巡，盐商们自然得表示。十一月，两淮盐政吉庆上奏称，听闻皇帝南巡的消息后，江南地方无不欢腾，两淮盐商最为激动，“其踊跃难形情状”，以程可正为首的两淮盐商愿意公捐银 100 万两，乾隆帝龙心大悦。盐商如此上路，盐官自然也要帮忙争取些利益。

乾隆十五年，吉庆上奏，考虑到明年春季皇帝南巡，运河上要实行交通管制，运盐船只停运，请于本年十月将盐斤预运 40 万引。乾隆帝则下令，将此年冬季所运 40 万引纲盐，每引加耗 20 斤，以让商力充沛。40 万引，每引加 20 斤，合计盐 800 万斤，这是一笔巨大的利润，等于变相补贴盐商。

盐官也帮助两淮盐商在各行盐区域争取利益，维护盐价。在盐官与地方主官之间，也存在着一定的博弈，是谓“督抚偏袒百姓，巡盐御史偏袒商人”。

雍正元年（1723），湖广总督杨宗仁与两淮盐政谢赐履因盐价发生争执。杨宗仁认为盐价过高，“从前一钱一包之盐价，今则公然要卖至一钱五六分一包”，要求盐价降到一钱一包。雍正帝对杨宗仁的奏折很是满意，朱批：“览尔所奏，朕实嘉悦。”两淮盐政谢赐履则代表两淮盐商的利益，反对杨宗仁的主张，只同意盐价减去六厘，声称两淮盐商以盐价亏本，纷纷告退。

就盐价高昂的原因，双方各自寻找解释，最终雍正帝让户部就此发表意见。令雍正帝惊讶的是，户部的意见竟然是湖广盐仍然按照时价销售，且户部所定价格，甚至高于谢赐履的建议。户部的考虑，是从国课征收角度出发，时价高则国课收入也高。

杨宗仁继续坚持，请求雍正帝来确定盐价，这等于将皮球踢给了皇帝。此时两淮盐商故意停运，导致汉口盐价日昂。雍正帝最终放弃支持杨宗仁，训斥他办事糊涂之际，“不思商民之便、国课之需，但图眼下一身之名，不管国家商民一体”。皇帝态度明确后，杨宗仁不敢坚持，只能接受户部定价，争执结束。

盐本是普通的资源，海盐、矿盐、井盐，分布广、产量大。政府通过将盐控制起来，制造出稀缺性，再将此种资源进行售卖。盐商则从政府手中获得盐业特权，保持了对盐业贸易的垄断，进而利用政商关系，达成利益最大化。在盐业的经营过程中，面对皇权、官僚的层层盘剥，盐商的利润空间被挤压，只能进一步寻求获得垄断地位，并通过官方手段，采取短斤少两、掺沙、抬价等手段，将成本转嫁给广大消费者。

在清代的盐业贸易体制中，皇权介入商业，充当秩序的控制者，更在垄断产生的盐业利润中担任蛋糕分配者，实现皇权利益的最大化。总体而言，18世纪的中国，经济有变化，政治无变革。与清廷相比，18世纪的英国早就经过了重商主义阶段，并放弃了靠垄断特权获得税收的制度，代以单方面自由贸易，由此经济有变化，政治有变革。

万岁爷的本钱：二元财政与清室赚钱能力

自西汉盐业被国家垄断后，盐税就成为历代王朝的主要收入来源。雍正朝时，大学士朱轼云："商贾贸易，贱买贵卖，无过盐斤。"在清朝的各类大宗商品中，以盐业贸易获利最丰。[①]

虽然清初在商业上有"恤商裕课"的政策，但当时天下未定，战事频繁，"所需兵饷，半资盐课"，两淮盐商被不断加征。除了官方公开的浮征外，还有盐官的各类私派，盐商不堪重负，盐价高昂，私盐充斥，导致盐引壅积。

名义上清廷不处分拖欠盐课的两淮盐商，可当财政吃紧时，官方却尽显毒辣手段。顺治十六年（1659），郑成功进兵至京口，清廷向两淮盐商追索积欠盐课45万两。盐商一时无法筹出，巡盐御史高尔位以严刑逼迫，每日毙命于杖下者数人。

康熙朝初期一度整顿陋规勒索，严令盐官不得盘剥商民，此举稍解商困，稍振盐业。康熙十三年（1674），三藩之乱起，清廷军费激增。康熙十六年，两淮盐课猛增40万两，浮课则几倍

① 康熙二十四年，盐课岁入276万两，全国财政收入为3123万两，占9%。雍正三年，盐课收入443万两，全国财政收入3585万两，占13%。乾隆三十一年，盐课收入574万两，全国财政收入4854万两，占12%。道光二十一年，盐课收入747万两，全国财政收入4125万两，占18%。

于正课。淮盐销售地湖南、江西又成为主战场，行盐口岸大为缩小，两淮盐业一片萧条。三藩之乱中，清军军费有相当一部分来自两淮盐税。至三藩之乱平定，台湾收复后，清廷放松对盐商的勒索，出台措施，试图恢复商力，发展经济。

在清代，皇室财政与国家财政区分，由内务府负责皇室财政，户部负责国家财政。总体而言，乾隆朝之前，内务府经费经常不敷使用，“时檄取户部库银以为接济”。乾隆朝内务府广开财源，每岁盈余累积，反充外府（户部）之用。如乾隆三十三年（1768）五月，内务府奏请将广储司银150万两交给户部收存备用。乾隆朝内务府财政状况的改善，主要来自两淮盐区、粤海关收入的保障。

所谓两淮盐区，地跨江苏（不包括长江以南的镇江、常州、苏州、松江四府）、安徽、湖南、湖北、江西、河南6省250余州县。两淮盐业最盛之时，盐课甲于全国，有产盐场23处，供给中国人口最密集、经济最发达的地区。

两淮盐场分为淮南、淮北两处盐场，以淮南为主体。每年两淮共行纲盐169万余引，其中淮北不过30万余引。淮南盐区的盐引、盐税占了两淮的七成，两淮则占了盐税总收入的四成至五成，其重要性可想而知。

两淮盐区乃是大清帝国最重要的财源，皇家也少不得要来插上一腿，由内务府出面通过帑银、人参变价银、玉贡银、两淮提盐引等方式加以分润。

一、帑银

除了两淮盐业正项、余引收入外，以帑银借给两淮盐政放贷收息，是内务府收入的重要来源。康熙四十二年（1703），康熙帝批准借给两淮盐商帑银100万两，年利一分，十年完本付息，这是皇室向两淮盐商放银生息之始。将帑银借给盐政，康熙帝的本意是既可获取收益，也可解决盐商资金流动问题，扶持盐业的发展。内务府所借帑银受到盐商欢迎，盐商得意地将此项银两称为“万岁爷发的本银”。康熙帝对这笔帑银也充满期待，乃至激动地批示：“伊等请借银两愈多愈好。”

但万岁爷所发本银，并未对两淮盐业起到太多积极作用。康熙四十二年所借帑银100万两，商人实得只有80万两。康熙五十六年（1717），盐商请求李煦代奏，想要再借帑银。两淮盐商声称：“万岁发的本钱，极其顺利，我们四十二年借的已完在库。”不想康熙帝批示：“何尝他们完的，可笑。”两淮盐商又声称：“今求代题再借皇帑一百二十万两，商等认利十二万两，分作十年完纳。我们再领圣主本钱，两淮生意就好到极处了。”康熙帝朱批：“借帑一事，万万行不得，再不要说了。”①

康熙帝之所以断然拒绝，概因此笔帑银从运库中借出后，盐商将利息交给内务府，却未归还本金给运库。运库亏空严重，康熙四十三年运司库项钱粮亏空80余万两，至康熙五十年亏空高达282万两。康熙帝责令官商一起赔付，结果李煦、曹寅无钱赔

①［清］李煦：《李煦奏折》，中华书局1976年版，第220页。

付，于是额外加派，又导致盐商逃亡，两淮盐业一片混乱。汲取教训，此后盐商主动求借帑银时，康熙帝一概不准。雍正帝登基后，有盐商要借运司库银，雍正帝大为紧张，批复："此事万万使不得。"

乾隆十三年（1748），乾隆帝令两淮盐政每年解银十万两，长芦盐政每年解银五万两，交付内务府，作为行幸赏赐之用。此时两淮盐政并无可解之款，由两淮盐商捐银十万两给内务府。然后内务府再将这十万两借给两淮盐商，月息一分五厘，按本生息。将每年所得息银归入本银，继续生息。长芦盐商与此类似，也以银生息。以年利率18%推算，两淮每年所得利息加上本金，累积五年之后，共得银84万余两。

待累积至五年后，长芦、两淮本利合计可得银100万两，此笔银一分为二，两淮60万两、长芦40万两，永留本银生息，每年所得息银，送交内务府。两淮本银60万两，按一分五厘起息，"每年计息银十万八千两。乾隆十八年奉旨，将利息改为一分，此后每年计七万二千两"[①]。

乾隆三十年（1765），内务府发本银十万两给盐商，按一分起息，作为巡幸赏赐之用。乾隆三十五年（1770），内务府再次借帑十万两，"每年所得息银解交内务府收贮，以备火器营支用"。乾隆五十年（1785），为庆祝乾隆帝"御宇"五十年，两淮

① 中国第一历史档案馆编：《乾隆朝上谕档》第5册，广西师范大学2008年版，第622页。

总商江广达（江春）等“恭进一百万两”，以备赏需。乾隆帝将其中 40 万两交给江广达营运，照例生息。

此后内务府又多次将帑银借给两淮盐商生息。如嘉庆五年（1800），内务府拨圆明园库贮银十万两，交两淮盐政，放给盐商，按一分起息，每年所得利息于年终交圆明园银库，以为公费等项应用。内务府所借帑银利息一般为一分，低于社会上的高利贷，且皇帝不时还有恩免，在一定程度上，确实对盐商起到了扶持作用。但清廷没有想到的是，这些扶持盐商的帑银，却往往收不到预定的利息。

自道光三十年（1850）起，两淮盐商长期拖欠帑银利息。光绪元年（1875），清廷指责：“两淮各商，领帑最多，欠款最巨。”令刘坤一严饬两淮盐运司，将欠款交还。至光绪四年，累计拖欠银 60 余万两。经两江督臣多方努力，分四次拨出银 12 万两，解送京师。至光绪五年时，两淮仍然拖欠了帑银达 54.8 万余两之多。

二、人参变价银

东北出产的人参被视为天赐之物，有起死回生之效，在市场上能卖出高价。但人参被清室垄断，往往有价无市。内务府之中，库存人参较多，而人参又不能长期保存，日久天长之后，必然腐烂。自康熙年间开始，对于库存过剩的人参，由内务府出面变卖。在南方，交给两淮盐运使、江南三织造及粤海关变价销售；在京师，则由崇文门税关售卖。正是因为手头有人参资源，江宁织造曹寅患疟疾后能大量服用，以至康熙帝告诫他："此病与服人参有关，不可再服。"

内务府将四等、五等人参交给两淮变卖，成为内务府收入的一个重要来源。内务府将变价人参交给两淮盐官，两淮盐官则将人参售给盐商。道光十一年（1831），食盐营运被交给两江总督管理，此后，人参变价事宜也由两江总督负责。

1831 年，陶澍接手两淮盐政之后，内务府又奏请将人参发给两淮出售，并请两江总督立刻派人到京师领取人参。只是此前变卖人参的银两已拖欠了五年。五年之中，两淮只交付银 7 万两，所拖欠的银两共计 96.4 万余两。

两江总督陶澍堪称清代屈指可数的改革家，他个性强硬，又得到了道光帝的支持，立即上奏，请缓领人参："俟两淮盐务稍有起色，再行奏请发领变价之处。"[①] 不想内务府大为不满，认为人参变价银并不会影响到两淮多少。两淮地区盐引有 169.2 万余引，人参变价银，算下来一年每引不过征银一钱数分而已。在内务府看来，此笔钱微乎其微，伤不到两淮盐业的根本。

内务府还奏请将两淮所拖欠的银两按照一分生息。若是依照内务府的方法，则两淮每年的利息就要达到 11.5 万余两。在内务府的强硬要求下，陶澍只好让步，承诺分批归还所拖欠的银两。作为妥协，内务府则不再要求将拖欠银两生息。

只是两淮盐业财力已疲惫不堪，对于内务府新发来的人参，

① [清] 陶澍：《陶云汀先生奏疏》卷三十三《江督稿》，清道光八年刻本。

只能照例拖欠银两，内务府继续与两江总督打着口水官司。道光十六年（1836）时，两淮盐商拖欠的人参变价银达71万两，陶澍请求改变人参变价方法。最终道光帝同意将两淮商人“应交参价减去三分之一”，以求按年清款。降低人参变价银在一定程度上减轻了两淮盐业的负担，也使内务府能按期收到人参变价银。

三、玉贡银

清代严禁私人开采玉石，和阗玉龙喀什河及哈朗圭塔克河中的子玉，除了不足二两的以外，全数入贡。为防止玉石外流，官方在和阗城城外东西河，共设哨卡12处稽查。河玉之外，叶尔羌所产的山玉，被乾隆帝定为贡品，不准民间私自开挖、贩卖。乾隆帝霸道地指示：“和阗所出玉石皆为官物，要尽得尽纳。”对于民间捡拾到玉石而主动献出者，“给予报酬”。

乾隆四十三年（1778），清廷严禁民间私贩玉石，“自是以后，玉器遂为无价宝矣”。姚元之在《竹叶亭杂记》中记录，玉禁之后，玉价暴涨，曾有人出售玉烟壶2枚，开价银1800两。冷姓商人出售4个玉碗，口径5寸，开价5000两。[1] 到了嘉庆四年（1799）玉禁放开之后，大批商贩涌入叶尔羌贩玉，于是玉石价格大跌。姚元之不由挖苦道：“余犹见前索价五千之四碗，只须八十两矣。”[2]

---

① ［清］姚元之：《竹叶亭杂记》卷三，清光绪十九年姚虞卿刻本。

② ［清］姚元之：《竹叶亭杂记》卷三，清光绪十九年姚虞卿刻本。

乾隆二十六年（1761），乾隆帝拨给两淮盐政银1.2万两，用于办理玉贡。但两淮盐政并未办理，而是令商人代办。两淮预提盐引案发后，内务府决定拨银6.5万两，作为办理玉器之类的贡物之用。至嘉庆朝，两淮盐政持续办理玉贡，耗费颇多。

1801年，嘉庆帝下令，此后每年万寿、端阳等时节，两淮盐政不必再进贡玉器，依照办理玉器的价值，春秋两次，折银交给内务府。至于玉贡折价银的数量，一般定为50万两。由嘉庆七年（1802）至嘉庆二十五年（1820），除去减免之外，两淮盐政共缴纳玉贡银790万两。

嘉庆二十五年七月，老皇帝嘉庆去世，为了庆贺新皇帝登基，各地的贡品络绎不绝地向京师送来。八月八日，道光帝下旨，令各省督抚、盐政、织造等暂停进贡。十一月，道光帝下令停止各地的玉器进贡。就在此月，两淮盐政延丰上奏称，已拖欠的玉贡折价银70余万两，节省玉贡银90余万两，请分年解送。道光帝大方地批示，现在已停止贡玉，此笔160余万两的款项“均着加恩豁免”[1]。玉贡银虽停，但通过出售貂皮、宫中瓷器、丝绸、茶叶等，内务府也可以获得巨大收入。

四、各类捐输

清初至雍正年间，盐商捐输相对较少，总计不过100余万两白银，均由盐商自掏腰包。至乾隆、嘉庆朝，各地盐商频频捐

① ［清］王定安：《两淮盐法志》卷七《王制门》，清光绪三十一年刻本。

输，数额庞大，名目繁多。捐输主要分为备公、军需、河工、灾济四大部分。

备公，即交给内务府备公所，供皇室开销，此类捐输以乾隆朝为多。盐商以历年进贡、生辰寿礼、南巡等名目，向皇室输纳巨款，如《红楼梦》所说："银子花的像淌海水。"乾隆帝第一次南巡，"今淮南北纲食大小众商情愿公捐一百万两，少资供意之用"。此后五次南巡，盐商每次都捐输100万两。

乾隆五十一年（1786），乾隆帝巡幸五台山，河东商人愿备赏银20万两。乾隆五十五年，恰逢"圣寿庆典"，两淮商人踊跃捐输，何永和等备银100万两供庆典赏赉之需。对于盐商备公捐输，乾隆帝一般来者不拒，他认为如此款项，除了自己之外，地方官员也可从中取用，用于办理工程，而办理工程于贫民生计大有裨益。

凡遇战争、河工、灾济，盐商都要大量捐银，"报效"皇上。乾隆帝好大喜功，屡兴战事，军费开销日昂，于是多次勒令盐商捐输。乾隆十三年（1748），在长芦从事盐业贸易的晋商王泰来家族，献银十万，赞助金川战事。乾隆帝不满，"查其家产现银一千七百万有奇，他物称是"。经过敲打，此后每遇战事，盐商们都踊跃捐输。

乾隆三十八年（1773）八月，第二次金川战事中，歙县盐商江广达等"捐银四百万两，以备军需之用"。乾隆四十七年正月，徽州盐商洪箴远、程俭德等，"以后藏奏凯在即，公捐银四百万两，以备赏需"。六月，江广达等"公捐银二百万两，以充东省工赈”。乾隆五十三年正月，江广达等“以大兵进剿台湾，公捐银二百万两，以备赏需”。

嘉庆朝危机频发，蔓延五省的白莲教起义，持续的黄河河水泛滥与改道，迫使盐商不断捐输。嘉庆四年（1799），两淮盐商请捐300万两，以平定川楚白莲教起义。因为川楚战事，两淮盐商于嘉庆五年捐100万两，嘉庆六年捐200万两。因为豫省衡家楼黄河工程，嘉庆八年两淮盐商捐110万两，嘉庆九年捐100万两。为黄河改道灌口归海，嘉庆十一年，捐330万两。[1]

有清一代，盐商所捐输银两颇多，有传言说总数在8000万两以上。[2]当代学者研究认为：“两淮盐商作为捐输的绝对主力，他们在乾隆朝捐输约2893.3万两，嘉庆朝约5360.7万两。”[3]乃至有学者认为，嘉庆朝持续不断地捐输导致的高额负担，是盐商没落的主要原因。

如前所述，清代形成了二元财政系统，以户部国库收入为公，以内务府的收入为私，国家财政与皇室财政分开。入关之后，清廷的统治术明面上为满汉一体，实际上以满制汉，对于汉

① 江晓成：《清乾嘉两朝盐商捐输数额新考》，《中国经济史研究》2021年第4期。

② 郭正忠主编：《中国盐业史》（古代编），人民出版社1997年版，第765页。

③ 江晓成：《清乾嘉两朝盐商捐输数额新考》，《中国经济史研究》2021年第4期。

人极为提防。在关系国本的财政上，清廷更是做了大量措施，如天下财赋皆由户部北档房执掌，清代两百余年，北档房只用满人。即使这样，清廷仍不放心，通过内务府直接介入，形成皇室财政，保证皇室手中有稳固的资金，而两淮盐商各类捐输则是资金的重要来源之一。

但两淮盐商捐输报效，背后存在较大问题，本应是盐商自掏腰包，但盐商没这么干，而是“先由运库垫解，分年带缴。积欠累累，是库存正款，徒为商人骗取议叙之用”[①]。盐商捐输报效的银两来自“库存正款”（即两淮运库），本约定分年偿还，而盐商往往拖欠不还。

两淮盐商以捐输来表达对皇帝的忠诚，营造出良好的政商关系，同时也可将库银套出。捐输报效由总商主持，如乾隆朝的黄元德、程可正、江广达、洪箴远、程俭德等人，而套出的库银多数流入总商手中，增强了其财力。总商从运库中借银，进而得以参与运库管理，将国库与私人混淆，可以更加便利地从库银中捞钱。借银捐输，造成两淮盐业的财政体制混乱，公私不分，账目难清，而盐商所借库银也成为一笔烂账。

在乾隆朝的捐输中，两淮盐商是绝对的主力，此外浙江、长芦、广东、山东盐商，也有系统的捐输。长芦盐商虽然财力不如

① ［清］陶澍：《陶澍全集·奏疏二》，岳麓书社2010年版，第273页。

两淮、浙江，但其中多有属于内务府包衣者，乃皇帝家奴，自然也要卖力捐输，乾隆朝总计捐输银220万两。[①]在乾隆二十四年（1759）之前，长芦盐商历次捐输银近90万两，且都是实在的现银，没有借支库款，也没有分限完交。

① 江晓成：《清乾嘉两朝盐商捐输数额新考》，《中国经济史研究》2021年第4期。

帝室私利：预提盐引案风波

清代盐商分为两类，一是场商，主收盐；一是运商，主行盐。清初在各盐场设立公垣，收购盐民生产的盐，商人领引，至公垣中交易。后公垣改为场商自建，自行收购灶盐，卖给运商。因为场商在垣中收盐，故而又称垣商。运商先购买盐引，再至指定盐场，向场商买盐，再运往指定地区销售。

能成为运商，必须能拥有或者购买到“根窝”。清代由户部将盐商所认购之引，设立底册，注明花名、引地、引数，发给单据，称为“根窝印卷”。商人“认窝”，交纳银两，即取得官方授予的垄断经营权。拥有根窝的盐商也称“窝商”，可以世代承袭，每年承运一定数量的盐，形成垄断。

根窝是商人获取盐引、参与引盐运销的资格证。有根窝（引窝）的商人先向运司缴纳纸朱银三厘，取得朱单。有了朱单后，商人须到盐运司，缴纳请单银（盐课），由此拿到盐引单（照单）。单上填有商名、应领引目数额及发场出场日期。此后盐商凭单到盐场查照领盐。

要领取盐引单，首先要有根窝，一些窝商资本短缺，就将每年经过官方朱批的根窝租给商人承运，产生的溢价称为“窝价”，如此，根窝票据成为有价证券。窝价多数情况，指朱单之价。有根窝之商被称为“根商”，用自己的朱单或购买他人的朱单行运之商被称“运商”。

盐引是盐商经营盐业的许可证，由户部统一印制。盐商缴纳包括税款在内的盐价之后领取盐引，然后凭盐引运盐销盐。盐引每年定量配给各地销售的称为“正引”，卖不完的盐引称为“余引”，交户部查销。

“提引”是因为盐畅销，额引不足民用，故预提次年纲盐运销，以补本年不足。户部议准，每年额引不足时，令盐政先计算数目，奏请之后，于下一年的配额内提出行销。至次年正纲，仍照岁额请领，引内注明预提字样，以免正纲重复。

两淮正引，每引交纳正、杂、窝价银共3.6两，预提盐引不交窝价，免除杂费，只要交1.5两，每引多出的2.1两，称为“余利银”。提引是清廷根据人口增长与容量变动，来调整市场上盐供应量的机动政策，但预提盐引的“余利银”如何收取，如何使用，如何管理，清廷并未有明确规定，其中有很大的操作空间，这也给了两淮盐商与盐政官员留下了可乘之机。

两淮盐区是内地十一个盐区中最大的一个，所产行销江苏、安徽等六省，而这六省又是人口最为密集的地区。两淮预提盐引始于乾隆十一年（1746），此时天下太平，人口激增，用盐量增加，遂在此年奏请增加“提引”。

乾隆十四年（1749），乾隆帝决定两年后南巡，两淮盐商忙碌招待，耗费颇巨，皇帝下令将“余利银”补贴给盐商。此后盐商只要搞定两淮盐政官员，就能将这笔钱给吞掉。此种局面，一直延续到了乾隆三十三年（1768）才发生改变，这一年尤拔世出任两淮盐运使。

尤拔世是乾隆帝的亲信，曾多次以皇帝代言人的身份，至九江海关、粤海关等处，整顿关务，厘清财务。此次被乾隆帝调至两淮，也肩负了整顿两淮盐务的使命。

不久之后，尤拔世捕捉到了两淮盐政的弊端，揭发前任普福挪用提引款项：“上年普福奏请预提戊子纲引目，仍令各商每引交银三两，以备公用，共缴贮运库银二十七万八千有奇。”尤拔世特意提出，这笔钱普福共动用了8.5万余两，还有19万余两，请交给内务府查收。

乾隆帝非常重视此事，他认为盐政动用此项银两，却未奏明，“显有蒙混不清，私行侵蚀情弊”，于是要求彻查清楚，不得丝毫隐饰。清查之后发现，从乾隆十一年（1746）至乾隆三十二年（1767），20余年间，两淮提引数量惊人，预提盐引有496万余道，总值在1000万两以上。而统计下来，盐商花在乾隆帝历次出巡及每岁购买贡品上的开销，不过460万两，尚有600余万两的余款。此笔巨款，如果不是尤拔世提起，早被清廷遗忘。

随着案件调查的深入，查出两淮盐商曾送给两淮盐政高恒大笔银两，又代两淮盐政普福垫银购办贡物，两淮盐运使卢见曾则接受过盐商的古玩贿赂。高恒在乾隆二十二年至三十年担任两淮盐政。乾隆三十年，因为从兄高晋担任两江总督，才加以回避，内调京师，担任户部侍郎、总管内务府大臣等要职，一时风光无两。

在审问中，江广达（江春）、黄元德（黄履暹）等总商供称，曾向两淮盐政高恒家人顾蓼怀送交银两。顾蓼怀被押往扬州审讯，供称自乾隆二十三年（1758），陆续代高恒收过黄元德等五商银 4.8 万余两，又收洪充实银 3 万两。乾隆二十五年，收黄元德等五商银 7.1 万余两。乾隆三十年，收汪启源银 1 万两。此外尚有高恒家人张文学，经手银 4 万两。盐商前后所出银两已达 20 万两之多。

顾蓼怀上下经手，也发了笔横财，在其原籍苏州，查出房产、现银、酒水等，值银 1.2 万余两。顾蓼怀被解送入京后，突然翻供，称所经手银 15 万余两，都是代商人置办的物件，并未交给高恒。顾蓼怀称，在扬州时，办案的扬州知府不许说是代办物件，被逼供称是缴进高恒署内。扬州官员只得将总商江春等人送至北京对质，却无实证。

总商被逮入京时，首总黄履暹（黄元德）已经老病不能言，故江春成了主要问询对象。朝廷询问之时，江春“唯叩头引罪，绝无牵引”。乾隆帝素来对江春青睐有加，江春廷讯时表现得临危不乱，有长者之风，于是特予赦免。[1]

此案之中，江春、程谦德等六名总商被革去各自的职衔，“奉旨褫奉宸院卿衔黄源德、徐尚志、王履泰，布政使衔江广达，按察使衔程谦德、汪启源职衔”[2]，未受其他处分。预提盐引的余

① 王英志编纂校点：《袁枚全集新编》第七册，浙江古籍出版社 2018 年版，第 649 页。

② ［清］方濬师：《蕉轩随录》卷八，清同治十一年刻本。

利银1000万两，勒令盐商分十年缴纳。

就历年提引赔款，两淮盐商集体表态，愿意共同偿还。但乾隆帝认为，应该由总商洪充实、江春、黄履暹等承担。当时动用提引官银，总商名义上是为了迎驾，但乾隆帝认为此笔银两多用在总商自己的园林，诸如倚虹园、净香园、平山堂、观音山、九峰园等处，耗官赀、饰私产、博恩荣，兼得数利，自当由总商承担。如果由众商分担，则公道安在？黄履暹是乾隆年间首位首总，曾在乾隆二十三年（1758）率领两淮盐商向朝廷报效白银达100万两。此案过后，首总黄履暹老病，改由江春代替。

实际上，盐商挪用的提引银，主要还是用在皇帝身上。乾隆帝喜欢古玩玉器，于是两淮盐政大力采办，大拍马屁，钱从何来？自然是从盐商处来。“淮南总商，因各盐政将引张多多赏给，所得余利独多，乐于代办古玩器物，以酬加赏引张之惠。代（前任盐政）吉庆垫古玩器物银13万余两，代高恒垫办古玩器物银38万余两，代普福垫办古玩器物银21万余两。”

审讯顾蓼怀时，他曾供称盐商送了20余万银给高恒，高恒收下银两，即让顾蓼怀陆续赴苏州采办。采办何物？自然是皇帝最爱的玉器了。乾隆二十五年（1760），乾隆帝五十寿辰时，高恒一口气进献了各类玉器437件之多。

军机大臣会同刑部审理后，最终认定高恒收受银3.2万两，至于普福，则认定在预提盐引内开销银8.4万两。高恒弄了这么多钱，去哪了？帮皇帝采办物品了。普福开销银干吗去了？也是帮皇帝采办物品了。

案情明朗后，乾隆帝对涉案人员分两类情况处理。对于盐商，他虽然极为不满，但只是让盐商将侵吞的银两吐出来了事。此笔银两数目巨大，两淮盐商被勒令分十年缴清，此外不再追究。此笔款项，乾隆帝多次展限。乾隆四十七年（1782）展至第十三限时，宣布豁免200万两。乾隆四十九年（1784），乾隆帝南巡时又将余银163万余两全部豁免。

至于此案涉及的众多官员，则严加处理。涉案的官员中，高恒是乾隆的小舅子，卢见曾则是当时的大学者、文坛领袖，在任职两淮盐运使期间，恰逢乾隆皇帝第二次、第三次南巡，驾幸扬州。为讨好皇帝，卢见曾沿小秦淮修建红桥二十四景及金焦楼观等，供皇帝游赏，又购置古董之类，逢迎格外卖力。

此案交由军机大臣刘统勋负责查办。刘统勋为官清廉，不徇私情，对于此案，加以严办。最终此案牵连官员甚多，前后两任盐政高恒、普福，盐运使卢见曾因侵吞盐引余息，接受贿赂，受到重处。其中高恒是皇贵妃慧贤的弟弟，被判斩刑处死。卢见曾被判死刑，关在苏州，待秋后处决。还未来得及行刑，即瘐死于苏州狱中，时年78岁。卢见曾是乾隆朝前期的重臣，又是文坛领袖人物，创作较多。辞官返乡后，曾将生平作品加以整理，但尚未来得及刊行，就因盐引案被官府查抄，后毁于火灾。

从查案开始，乾隆帝即定下了本案的基调，那就是区别对待，宽容盐商，严惩官员。之所以如此，是因为盐业关系国本，如果追究盐商，牵涉面过大，会影响到整个东南盐业市场的稳定。所以稍微打击一下，警告盐商不得与官员勾结蒙蔽朝廷，也就放过去了。

至于涉案官员，则被加以严惩。两淮盐业官员控制着大清最肥的衙门，却侵吞舞弊，结交盐商，“如此任意侵肥”，这是乾隆帝不能容忍的，不得不加以打击。在此案的审理过程中，乾隆帝甚至一日颁发四五道谕旨，指责涉案官员“不忠”，可见其怒火之大。

通过预提盐引案，乾隆严厉整饬了地方盐官，充实了自己的腰包，并进一步加强了对盐商的控制。

在此场风波之中，乾隆帝是唯一的赢家。此案过后，两淮预提盐引照样颁发，只是所得的银两被交给了内务府，而不是户部，充作了皇帝的私房钱。此项银两为数甚巨，如乾隆三十五年（1770），两淮应解内务府预提盐引银就达50万两。在缴纳盐税之外，经由两淮盐政衙门的孝敬，内务府财政获得持续而稳定的收入，乾隆一朝总数在1800余万两。乾隆四十六年（1781），乾隆帝称，经过“裁减浮费，厘剔积弊”，内务府收入激增，每年内务府库银拨给户部者，动以百万计。此处所云剔除积弊，便是当年整顿两淮盐官，将提引收入归入内务府。

与之前历代王朝相比，清廷对国内商业和经济的管控相对较松。除了盐业特许专营外，政府几乎不干预任何商品的生产与流通。即便是在盐业专营中，政府也只是负责征收专营税，其他交由商人。[1]乾隆朝的经济政策，在后世甚至被视为“自由主义”，这当然是过高评价了乾隆朝的经济自由度。

---

① 万志英：《剑桥中国经济史：古代到19世纪》，中国人民大学出版社2018年版，第272页。

上交天子：江春的盐商生涯

梁章钜在《浪迹丛谈》中曾云，康熙、雍正两朝，扬州盐商中有“三通人”，分别是江春、汪懋麟、马曰琯。通人者，是指打通政商两界，常保富贵的盐商。其中江春，更是直达天子，倚皇帝为靠山。

江春，字颖长，祖籍徽州府歙县江村。江春的祖父江演、父亲江承瑜，都以盐业起家。乾隆六年（1741），江春参加乡试失败，经过考虑决定放弃举业，从事商业。江春在两淮业盐，自然要交好官员，由此也卷入了政坛风波。

乾隆十三年（1748），孝贤皇后陪同乾隆东巡时，在德州感染风寒去世，年仅 37 岁。孝贤皇后的去世，引发了“礼仪之争”，导致了牵连甚广的“剃发案”。依照礼仪规定，皇后去世之后，京内文武官员要缟素 27 日，百日之内不得剃头。为了表达自己对皇后的追思之情，乾隆帝决定提高皇后葬礼的规格，为皇后服孝。

但为皇后戴孝服丧与礼制不合，遭到礼部反对，礼部官员甚至放出狠话：“不可以夫妻之私情，为之增损于其间也。”乾隆帝搬出了明代嘉靖帝为皇后服丧的先例，但礼部坚持要求乾隆帝恪守祖制。祖先之制根深蒂固，乾隆帝也无法撼动，只好让步。在丧仪中，大臣们敷衍了事，错误频现，而乾隆帝在视察皇后陵寝时，又发现很多大臣偷懒未到，于是责令皇后的弟弟傅恒将未到的王公、四品以上官员列表统计，分别加以处罚。

面对着祖先礼制，乾隆帝无可奈何，一肚子的怨气只能发泄到臣子身上，此时正好“剃发案”发生。皇后去世之后，乾隆帝向全国官员发了通知，要求官员缟素27天，但谕旨中未要求100天内不准剃头。很多官员遵照规定，27天之内缟素，也遵照满洲习俗不剃头。27天一过，缟素结束，很多官员想当然地以为可以剃头了。

得知各地官员开始剃头之后，乾隆帝下旨严加追责，将剃头的各省官员交给刑部议处，并指示军机大臣：“本朝定制，遇有国恤，百日以内不剃头，倘违例私犯祖制，立即处斩。”锦州府知府金文淳因在27天后剃发，被乾隆帝下令交给刑部定罪。刑部尚书盛安将金文淳判为斩监候。这让乾隆帝恼羞成怒，认为盛安曲意徇私，视自己为“幼年无知之主”，也将盛安处死。乾隆帝这是将“礼”凌驾于“法”之上，以皇帝的个人私愤来裹挟整个国家。然而，面对着无上的皇权，谁又能反抗，谁又能奈何得了他呢？

受“剃发案”牵连的高官还有江南河道总督周学健、湖广总督塞楞额等人，都被赐自尽。满人塞楞额违背规制，在乾隆帝看来是不可原谅的，他说“塞楞额满洲大臣，历任督抚有年，乃如此丧心病狂”。但以“剃头”为由将他们处死，终究让人侧目，乾隆帝遂以贪腐的名义将他们治罪。事后乾隆帝还自我吹捧，称对“剃发案”的处理是“大中至正，轻重之间，毫厘不爽”。

“剃发案”爆发后，乾隆帝传谕两淮盐政吉庆，令其查明周学健等官员与两淮盐商有无“寄顿”关系。

吉庆查办后，一方面称周学健等人与商人并无银钱“寄顿”关系；另一方面，又称商人吴裕大、江春、程观泰等，因与周学健往来，愿出银十万两赎罪。乾隆帝觉得其中有矛盾，盐商既然没有“寄顿”，那么平素往来，并不是罪过，“而横加重罚，国家有此政体乎？”乾隆帝斥责吉庆所奏殊属乖谬，由此江春等人也撇清了关系。

乾隆十四年（1749），因为江春练达多能，熟悉盐法，得到两淮盐运使赏识及盐商信任，被推举为总商。所谓总商，乃是康熙十六年（1677）在两淮所设，由盐商公推财力雄厚、为人练达的大盐商担任，充当官方与盐商之间沟通的中间人，负责上传下达。在两淮盐商之中，江春颇有威望，盐商对其言听计从，官方每有大事均与其商量。

江春行盐，以“广达”为旗号，行盐业主申报时不报真名而报旗号，故世人都称之为“江广达”，就连乾隆帝也如此称呼。[①]

乾隆二十七年（1762），内廷太监张凤盗窃内廷金册南逃。他在乾隆帝南巡时与江春相识，两人明面上关系融洽。张凤出逃后，在近京及怀柔、密云潜匿许久，复由张家湾坐船直至扬州，

① 王英志编纂校点：《袁枚全集新编》第七册，浙江古籍出版社 2018 年版，第 649 页。

投奔江春。江春设酒席招待张凤，将其诱擒，因此有功，特赐给布政使衔。宦官乃皇帝身边之人，知晓皇帝喜好。有传言说乾隆帝南巡扬州时，游大虹园，云园中风景类似琼岛，可惜无塔。江春乃以巨资贿赂宦官，获得白塔图纸，一夜建成。至乾隆四十五年（1780）二月，乾隆帝传谕两江总督萨载等："各处行宫名胜，于驾未到之前，不许地方官及各员长随，与内廷太监说话。""从前太监张凤认识商人，皆由于此，引以为鉴。钦此。"乾隆帝云太监张凤认识商人，明显是指江春。

江春早年在科举中浸染多年，虽功名未有突破，但诗名在外。他广结各路政商名流，酒赋琴歌，常通宵达旦，文坛领袖、两淮盐运使卢见曾与之交往密切，两人不时游园赋诗。

乾隆三十三年（1768），两淮预提盐引案爆发，牵涉"余利银"1000余万两及众多两淮盐商。江春、程谦德等六名盐商被革去各自的职衔，未受其他处分，但预提盐引的余利银，被勒令分十年缴纳。

受此牵连，江春元气大伤。乾隆三十六年，乾隆帝赏借江春银30万两，帮助其渡过运营难关。江春将30万两银交给盐商生息，每年有利息2.6万两。乾隆三十九年正月，盐政李质颖奏称："江广达一年所得利银二万六千两，为数过多，据禀，每年愿缴利银一万两充公。"乾隆帝则表示："今伊既以银数过多，受之不安，不如曲体商情。"同意其上交一万两银。乾隆五十年，乾隆帝再次赏借25万两银给江春，按一分起息。

江春与皇室关系密切，袁枚所作《诰封光禄大夫奉宸苑卿布政使江公墓志铭》云："四十年来，凡供张南巡者六，祝太后万寿者三，迎驾山左、天津者一而再。"乾隆十六年（1751），乾隆帝首次南巡，江春协助接待，营缮供张，纤细毕举。乾隆二十二年，乾隆帝第二次南巡，在金山行宫接见江春，亲赐金丝荷包，授内务府"奉宸苑卿"。

每次迎驾时，江春跪于道旁，乾隆帝望见辄喜，召前慰劳，询问家常，亲昵密切。在扬州城北郊、东乡和南河下，江春均有园林，其中以康山园最负盛名。乾隆三十年（1765），乾隆帝第四次南巡，江春修治虹桥东之江园，受乾隆帝赞赏，赐名净香园，赏御书"怡性堂"额，赐福字金玉如意。

江春膝下无子，初以其弟江昉之子江振先为嗣，不想早夭，又以江昉次子江振鸿为嗣子。乾隆四十五年（1780），乾隆帝第五次南巡时，曾住在江春家的康山草堂，御笔给江春题写匾额并赐诗，其时江春"抱七岁儿迎驾，上抱至膝上，摩其顶。亲解紫荷囊赐之"。乾隆四十九年，乾隆帝第六次南巡，江春在康山草堂迎接乾隆帝。乾隆帝持续赏赐，江春官衔升至一品。凡是"国家大典礼、大徭役"，江春都要带领盐商，积极捐输。乾隆五十年，乾隆帝举办千叟宴，江春受邀，与皇帝共宴。

乾隆帝是戏曲爱好者，第一次南巡时，扬州、苏州城内各处设戏台彩棚，沿途扎灯船戏船，上演迎銮供御大戏。两淮盐运使卢见曾的幕僚厉鹗、朱夰分别在扬州、苏州赶制《迎銮新曲》进呈。

盐商自然也要投皇帝所好。扬州盐商纷纷搜罗各地名角，组成家班。江春广求名角，“演戏一出，赠以千金”，家中设有春台班、德音班二班。每次邀请文人士大夫游园后，江春家班出演，“男女乐各一部，俱十五六岁妙年也”。江春豪奢，挥金如土，甚至乾隆帝也心中暗羡。乾隆帝南巡回京后，有皇子因晚起而误读书，乾隆帝斥责：“汝欲逸乐，何不作淮南商人子，而必生吾家耶。”

乾隆帝对江春格外照顾，也是因为江春的外表、性格、才华及处世态度等，给乾隆帝以极大好感。乾隆帝认为江春为人沉稳，做事有担当，乃是可以信任之人，故而江春每次遇到麻烦时，都予以开恩，乃至出手帮助。

乾隆五十一年，江春又招惹了麻烦。有落魄滁州生员骆愉，在仪征、扬州等地，以写匾对为生。江春托他写了对联，以 14 两银作为润笔，也是可观了。不料骆愉嫌少，江春又加送了 4 两。因觉得骆愉人品不好，此后两人不再来往。骆愉没了收入，对江春等盐商充满怨恨，于是撰写《盐法策》，“极言盐务弊窦，砌词耸听”。

骆愉罗列了政商勾结的一些事例，如江春“被赐南苑宫妃”“送银十二万两给京中红人”。此案发生后，乾隆帝并未因为与江春的亲密关系而加以回护。他要求严格保密，不可使江春知晓，并彻查到底。刑部审讯之后，骆愉才供称所指控盐商的罪状不过是道听途说。

案情清晰后，乾隆帝却没有就此结案，反而下令继续清查。乾隆帝如此表现，因为此前三年，湖广、安徽等省，年丰岁稔，盐引畅销，盐商却没有预提盐引销售，这影响到了皇室收入。盐商们很快搞清皇帝的心思，表态将会采购提引，乾隆帝达到了目的，下令将骆愉立即处斩，案件至此结束。

乾隆五十四年（1789），江春去世，“身歿之日，家无余财”。此时恰逢两淮官盐壅滞，乾隆五十五年，江家竟无钱可以开销，不得不“鬻产及金玉以足数”，偿还所借皇帑及利息。乾隆五十八年，因为康山别业“无力修葺”，乾隆帝命众盐商出银五万两，赏给江春养子江振鸿营业，另又赐给五万两银，作为营运资本。嘉庆六年（1801），嘉庆帝闻得江振鸿“资本未充”，又赏借银五万两。

虽然江春后裔在两淮盐业上衰退，却仍是两淮一方势力。江氏后代“名流代出”，如江廷祥的两个儿子“连缀高科，莅任开府”；江嘉谟“诸弟侄俱得成名入仕”；江兰在嘉庆朝任兵部左侍郎；江璧是同治四年进士。江春家族还通过联姻，发展势力，被称为“三朝阁老，九省疆臣”的阮元，便是江春的从甥孙。

江春之后，洪箴远继为两淮盐务总商，曾助饷百万，赐头衔二品，其起居服食者，王侯不逮。从乾隆五十五年（1790）至嘉庆九年（1804），总商洪箴远先后十七次与他人合捐银共1603万两，谷30万石。

1738年至1804年，垄断了盐业贸易的两淮盐商，不得不支付近4000万两的苛捐杂税，作为对帝国的贡赋。乍看数量惊人，但考虑到两淮盐商每年的利润在600万两至700万两，这是完全可以承受的负担。有学者统计，18世纪下半叶，扬州盐商的总利润可能达2.5亿两白银。[1]

通过频频捐银，盐商们得以与皇帝交往。商人们因此得到了某种加持，面对官员们时也有了些许底气，在政商关系的天平上，获得了更多的砝码。如康熙朝时，扬州大盐商安麓村，“督抚监司，莫不与抗宾主礼矣”。乾隆朝时，总商黄至筠总揽盐业，“上至盐政下至商，一视君为动静”[2]。对此皇帝心知肚明，却也加以默许，只要不侵吞两淮盐业的利润，动皇帝禁脔即可。

至道光年间，陶澍整顿两淮盐政，追缴盐商所欠皇帑。江春之孙江镛，所欠达40万两。陶澍抄没江镛家产，以其康山别业入官，得银4万余两。陶澍推行改革，认为总商“名为盐商，而并不行盐”，反而居中剥削散商，遂加以裁撤。陶澍改革之后，“公私皆没入，旧时翠华临幸之地，今亭馆朽坏，荆棘遍地，游人限足不到”。

① ［荷］皮尔·弗里斯：《国家、经济与大分流》，中信出版社2018年版，第330页。

② ［清］梅曾亮：《柏枧山房全集》卷九，清咸丰六年刻民国补修本。

行盐难题：权力与市场的博弈

在清代，全国分为两淮、两浙、山东、长芦、辽东、河东等11个产盐区。持盐引行盐的商人只能在引地之内活动，不得跨区行盐。“一应行盐地方，各有疆界，以杜越贩，凡客商将有引官盐不照原定地面发卖，违例于别境犯界之处货卖者，杖一百。”

清代盐区划分情况

盐　区	行盐省份
两淮	江苏、安徽、江西、湖北、湖南、河南
长芦	直隶、河南
两浙	浙江、江苏、安徽、江西
山东	山东、河南、江苏、安徽
广东	广东、广西、福建、江西、湖南、云南、贵州
四川	四川、湖南、湖北、贵州、云南、甘肃、西藏
奉天	奉天、吉林、黑龙江
云南	云南
河东	山西、陕西、河南
陕甘	陕西、甘肃
福建	福建、浙江

盐区多数跨越多省，如河东盐区涵盖了山西全省，河南、陕西部分地区；长芦盐区则包含了整个直隶、河南部分地区；两浙盐区涵盖了浙江、江苏、安徽、江西部分地区；两淮地跨六省，以淮河为界，分为淮南、淮北。

两淮所属六省中，河南被四个盐区分割，分别为长芦、两淮、山东、河东。安徽、江苏分属两淮、山东、两浙；江西分属两浙、两淮、广东；湖南分属两淮、四川、广东。湖北被切割得不算厉害，分属两淮、四川盐区。

各个盐区的划分有着久远的历史。早在五代十国时期，各国在各自区域内推行食盐专卖，如后世的江苏、安徽、江西属南唐，属同一个盐区。浙江属吴越，两广属南汉，湖广属楚。宋代统一中国，盐区的划分被保留了下来。北宋前半期，盐税属地方政府收入，地方官严守盐区边界，杜绝其他盐区食盐流入，如此形成日后盐区划分的雏形。“盐区的划定是沿着政治的疆界，而非经济的考虑，这就是为什么盐区制度内含有经济的不合理性。”①

在各个盐区内，距离产盐地越远，盐价越高；距离越近，则盐价越低。对于产盐地及靠近产盐地的盐区，清廷征收低盐税或者免盐税。如此只要控制好远离产盐地的盐区，理想状态下，就能获得更高的盐税与利润。不同行盐区域之间，由于路途远近，

① 杨久谊：《清代盐专卖制之特点——一个制度面的剖析》，《“中央研究院”近代史研究所集刊》2005 年第 47 期，第 12 页。

带来了盐价贵贱的差异，由此导致私盐充斥，引发冲突。

有清一代，围绕两淮盐区边界州县分割问题，爆发多次争议，但结果基本上维持原状。两淮盐区乃是历史形成，“水路则有关津，陆路则有山隘”，可以设卡缉私。哪怕有私盐进入，越过关津、山隘，不过活跃在边界州县，对整个淮盐区域影响不大。而淮盐行盐区域的主要部分得到确保，就能保证税银，充实内务府财政。于公于私，清廷都要确保两淮盐区利税稳定，故时常以政府有形之手，干预两淮行盐市场。

当时，淮盐通常由仪征出江，至湖北汉口，路程达1600里，再由汉口转运至湖北、湖南各府州县，路途较为遥远。而淮盐在湖广、江西等地，又面临粤盐、川盐走私入境的问题，这将挤占两淮市场，进而影响国课。

乾隆元年（1736），两淮盐政尹会一上奏，称湖南衡州、永州、宝庆三府，被广东私盐所侵，湖北巴东则被川地私盐所侵，地方官员放任不管，导致淮盐滞销。湖南巡抚钟保加以解释，永州府所属五县，距离汉口遥远，水路不通，淮盐运输过去，每斤盐往往卖出银三分的高价。而此地靠近粤盐地区，粤盐运输方便，价格每斤不过银一分，所以此五县“实无淮盐贩卖”。

就湖广盐区改革问题，乾隆帝令各省督抚讨论。乾隆二年四月，湖广总督史贻直谈及鄂西道州、巴东等地，距离汉口水陆两千里，淮盐由汉口运至，含运费每斤价格达三四分，而川盐最贵不过一分，于是商贩不肯卖淮盐，民众不肯买淮盐，“此民之不得不食私盐，亦不乐更食淮盐也”。

史贻直指出，淮盐数百万引课，湖广约占一半，道州、巴东等地，乃是淮盐区藩篱，一旦划入川粤盐区，则淮盐失去缓冲地带，行盐区将被侵削，故而不可以轻言割弃。他认为，不但不能将道州、巴东划入粤川盐区，反而要在两地多设关卡，加紧巡查，以杜侵越。史贻直的意见得到户部和乾隆帝认可，由此轰轰烈烈的改划盐区改革停止，“所有两淮纲地，应请循旧制行销，概停查改，以固藩篱”。

江西建昌府虽食淮盐，可距离淮南盐场过于遥远。淮盐由仪征入长江，至九江，入湖口，抵达江西南昌府，里程为1460里。再经章江、滁仪、柘林、池港、抚州等地，抵达建昌府，里程为1820里。建昌界连闽省，私盐多从福建贩入。乾隆六年（1741），署江西巡抚包括上疏称，建昌一府额销淮盐7590引，建昌府所属南城、南丰、新城、广昌、泸溪五县，与福建较近，距淮南遥远，淮盐每斤价格十七八文，福建盐只要八九文。他请将建昌府属之南城、南丰、新城、广昌、泸溪五县改归福建盐区，就近招商卖盐。此议依然被清廷否决，以确保淮盐的销售和国课收入。

转眼半个世纪过去，纲地的老问题依旧，私盐充斥盐区边界。乾隆五十六年（1791）三月，江西巡抚姚棻上奏称，建昌府靠近福建，山野小径密布，堵截私盐实在困难，唯有在各处关隘多设卡口，增加巡逻，勉强才能奏效。乾隆帝也知此点，朱批“此亦无可奈何之法”。

建昌府缉私盐之难，引发了乾隆帝对再次改革盐区的思考。乾隆帝认为，既然增设卡口、堵缉私盐收效甚微，不如将建昌府划归福建盐区。江西建昌一府距淮南3000余里，离福建邵武、汀州等处不过二三百里，运盐路程相差近十倍，食盐价格悬殊。既然禁不住福建盐进入江西，则不如就近食盐。

三月二十六日，乾隆帝下谕旨，根据产销区之间的距离，尝试重新划定盐区："即直隶、豫东、江浙、闽粤、山陕、甘肃、云贵等省，向定销盐地方，有相离较远之处，或可改归就近省分均匀搭配，庶于民食国课，两无妨碍。"

就建昌府的盐区划分问题，乾隆帝令两江总督苏林前往江西，会同江西巡抚、闽浙总督等一起商议，改变"舍近求远，舍贱买贵"的局面。

但是地方大员如两江总督苏林、河南巡抚穆和蔺、浙江巡抚福崧、两广总督福康安等，给出的意见与皇帝相悖，都认为建昌府一地卡住了福建盐进入江西，如果将建昌府放开，则福建盐可以大量进入江西，一马平川，无可拦截，最终会侵占两淮盐区的利益。

五月初九日，乾隆帝对改划盐区一事的态度突然发生转变，"即使以建昌划归闽省，而私贩越过建昌，仍可随地阑入，延及他府，则改拨之法，亦属无益"。原先乾隆帝认为，私盐泛滥是盐区划分不合理所致，此时乾隆帝却转而指责"无知小民，唯利是图"，将私盐充斥归咎于民众贪图小利。此后乾隆帝不再谋求重新划分盐区，只是同意在建昌府设置20个卡口，严查私盐。

乾隆帝突然改变态度，原因还是两淮盐区关系清廷财政，不可轻易动摇。如两淮盐政全德所云，设若建昌府划入福建盐区，

“每年百万正杂钱粮凭何办纳？”不论是每岁课银总额，还是每引所纳课银，两淮盐区都高于其他盐区，“淮盐较川课重十余倍，是淮盐销得一分，几足抵川盐二十分之课”。

各个行盐口岸，彼此不能跨界，凡跨区运盐，皆作私盐论处，“照律没官”。但乾隆朝时，又开了个口子，这就是融销。“以别省口岸应销之（盐）引，运至楚省行销。”融销制本意是帮助盐引滞销的盐区，能如数销售，征收盐课，但此举导致其他盐区借机渗透，侵入两淮。如广东沿海私盐盛行，官盐难销，于是就以融销之名，向江西吉安、湖南郴州等地销售。乾隆年间，赣州查姓盐商，以融销之名，将广东私盐290余万斤，“发小票，任人价买，随地贩销”[①]。

乾隆朝末期，湖南衡州、永州、宝庆三府，粤盐大行其道，名目繁多，有融销、借销、搭销、代销之类。甚至有粤商在湖南境内设熬锅，将红色的粤盐熬成白色，冒充淮盐。面对粤盐侵入，两淮盐区虽有边界缉私，却是无可奈何。乾隆六十年（1795），清廷就淮盐与界邻盐区食盐贸易，定下规制：“将切近楚境二三十里之盐店，移撤三十里之外。”[②]此后与两淮界邻的盐区，均不得在边界30里内设盐店。因为此条规定，后世两广盐区与两淮盐区之间还是爆发了多次冲突。

川盐、粤盐大量倾销至两淮盐区，也与四川、两广盐区的独

① 中国第一历史档案馆藏《军机处录副奏折·财政类》，乾隆五年岳睿奏，档案号4-0445-28。

②［清］王定安：《两淮盐法志》卷六十《转运门》，清光绪三十一年刻本。

特性相关。在四川盐区，为了鼓励井盐生产，清廷加以放开，民众可以自由开凿、占有盐井，实现了盐井产权私有化。川盐的运输也比较自由，采取的是民运民销。四川盐井遍布，灶户多有在偏僻之地开凿者，官方很难一一查缉，“产盐愈多，则卖私贩私之弊愈炽”。川盐的产销更贴近市场，这使川盐具有较多的自由度，且官方介入不深，盐课较轻，故而成本较低，不断向周边扩张。面对汹涌而来的川盐，两淮盐区的主事者叫苦不迭，只能费尽心力，勉强应对。

广东所产私盐之泛滥，在各大盐区中当为首位，其中因素众多。两广盐商资本薄弱，有时无法完全收购盐场灶户所产之盐。因此官方出面收盐，以此杜绝走私。此举在雍正二年（1724）成为定制。其后问题出现，沿海民众看到官府收盐有利可图，纷纷将田地改为盐田，官方开销不断增加。两广盐商又利用融销制，官商结合，大肆向其他盐区走私粤盐。广东强悍的民风，强大的宗族势力，私盐的高额利润，再加上两广地区复杂的地形，使得大量人员涌入私盐贩卖。

嘉庆、道光年间，湖广地区私盐泛滥，民间“食私者十七八”，两淮盐商所贩官盐滞销，盐商拖欠盐课。嘉庆二十四年（1819），湖广、江西无商领食盐达 25 万引。道光九年（1829），淮南滞销盐引 50 万余引，淮北滞销盐引 9 万余引。道光十年，淮南仅销 50 万引，积欠历年税银 5700 万两；淮北销 2 万引，积欠历年税银 600 万两。两淮历年积欠盐课达 6300 万两。

乾隆、嘉庆朝，盐业兴盛时，扬州盐商数百家，资本大者千万，少者一二百万。至道光朝，盐业衰败，两淮盐商没落，淮北盐商数家，淮南盐商数十家，资本最多者不过百万，二三十万两者十余人而已。盐商尉跻美、许宏远，原本都是能运销 20 万盐引的豪商，也在道光十六年（1836）没落。

清代的盐业贸易，乃是将各省分割，划上一个个圈，再根据各个圈内的不同情况，分别执行盐业政策。此种划分与政策，第一目的是在官督之下，保证清廷的盐业税；第二目的是由商人进行运销，保证民间能以低价食盐。这两个目标之间，本身就存在矛盾，无法统一。

清代盐业中，各个盐区一直问题不断。根本原因在于，食盐来自自然，储量丰富，本可以较低的成本，满足所有人的需要。但清廷对各处食盐征收税费之后，再交由盐商垄断销售，在生产、运输、销售等各个环节都产生浮费，权力又对盐商持续加以盘剥，最终导致食盐价格高昂。

皇帝、盐商、民众三者之间，商人投奔了权力，结成了联盟，通过盐斤加价等方式，将盐业贸易中产生的各类费用转嫁给普通民众。而食盐的暴利，自然会引发体制外力量的介入，由此大量私盐充斥市场，挑战权力制定的不合理规则。于是，普通民众选择了私盐，导致官盐滞销，盐税拖欠，国库匮乏。

有清一代，在盐业上虽有各种改革，对盐商也有各类补贴照顾，可利润最为丰厚的盐业恰恰如同一个无底巨坑，吞噬了一波波的盐商。盐业的问题始终是一个死结，除非官方放弃对暴利的追求，打破垄断，让盐自由流动，不然终究无法解决问题。

积重难返：两淮盐业的弊政与革新

两淮是中国最大的行盐区，分为淮南、淮北两场，淮南有盐场 23 个，淮北仅 3 个。淮北纲盐总量 30 万引，行安徽、河南、江苏三省四十九州县。据《两淮盐法志》，每引行盐数不断增加，清初顺治朝每引行盐 200 斤，乾隆朝时为 344 斤，嘉庆、道光朝增加至 364 斤，同治、光绪朝增至 600 斤。

康熙中叶以后，两淮盐商生意年年俱好，获利甚多，淮北盐业的问题尚未凸显。至嘉庆朝，淮北盐业百弊丛生。嘉庆八年（1803），两淮盐政佶山委派歙县盐商鲍芳陶办理淮北盐务。鲍芳陶即鲍启运，是当时两淮盐运总商之一鲍志道的弟弟，曾捐得官衔。此时淮北盐务“久形疲滞”，很难牟利。鲍芳陶眼看无利可图，就称病不去。佶山大怒，认为鲍芳陶有意躲避，乃向朝廷上奏，请旨革去他的官衔，“并究明唆使之人，一并究办”。

此案惊动朝廷，关系两淮盐务，对盐业贸易影响巨大，嘉庆帝令两江总督陈大文至扬州查办此案。见此情形，淮南盐商共同表态，愿意从淮南一百余万盐引中，摊带淮北停运两万引课，鲍芳陶则输纳五万两银，代完淮北盐商未运纲盐一万余引正课。双方各退一步后，清廷认为鲍芳陶确实生病，其子正在读书，不谙盐务，势难兼顾，尚非有心违抗，着免其斥革。

对此事，嘉庆帝连下三道上谕，对鲍芳陶多有袒护。鲍芳陶在老家歙县棠樾村设立了三块圣旨碑，迄今犹存。此次风波虽然过去，但淮北盐业的问题并未解决。嘉庆二十五年（1820）七月，两淮盐政延丰奏称：“淮北商力素称疲乏，近值豫皖各省口岸被淹，纲引益形积滞。”

淮盐长途运到湖广，价格暴涨。道光十年（1830），据陶澍云，汉口为销盐第一口岸，“盐价每斤需钱四五十文，迨分运各处销售，近者六七十文，远者竟需八九十文不等”。道光年间，在大萧条的背景下，行盐的淮商由最盛时的数百家降到数十家，且多借资经营，运商中能运四五万盐引者寥寥无几，淮北盐业受水利影响，更加萧条。两淮盐业为何凋敝如此？垄断盐业市场的盐商为何又避之唯恐不及？

这与盐业、漕运弊政有关。淮北盐场在海州，每年运送纲盐都要等待漕运船只通过，利用运河下注之水赶运，一旦遇上河道淤积，则运输困难重重。淮南盐场在通、泰二处，遇到河道淤积，江水倒灌，盐船也是通行困难。而运河水量时常不足，加上黄河河水不时倒灌，导致泥沙淤积，漕船行走困难，渐成不可救药之势。嘉庆十四、十五年间，淮扬之间运河淤积300余里。而疏浚运河，耗费多至银千余万两，少也要银数百万两。且疏浚的效果也不佳，遇到无法通行时，就改为陆运通过受阻区，再由运河水路运输，耗费重，弊端多。

嘉庆二十五年，陶澍巡视江南漕运，就有心革除漕运弊政。道光五年（1825），陶澍任江苏巡抚，即推动改漕运为海运，改官运为商运。陶澍出台政策，保证商人获利，如沙船在上海装米，可带客货二成，免税发行。至天津卸货后，仍可前往奉天装豆饼等货物回沪。沙船运米，如因为海上风暴发生损失，免其赔缴，并给予抚恤。商船运米一万石以下者，赏给匾额，运米一万石至九万石，分别给予九品至五品的官衔顶戴。

道光六年，陶澍借助上海沙船帮的力量，前后两次动用沙船1500余艘，通过海路运粮160余万石至天津。沙船帮在东北、上海之间从事运输已有多年，规模庞大，经验丰富。在海运过程中，米没有发生霉变，运费也比河运低。运输途中发生的损耗，不过800余石，不及运米总量的千分之一。在陶澍支持下，“沙船行往自由，而不致掣肘”。

漕粮经海路运输北上的试验，效果极佳，成本更低，运输更快，被时人称为利国、利民、利官、利商。虽有四利，可漕运改海运在轰轰烈烈地搞了一年之后，被突然叫停。所有人都知道海运的好处，但漕运一旦改为海运，十几万旗丁、水手、纤夫就要失业，流落江湖，走上亡命之途，运河两岸的城镇也将因此而衰落。道光帝下不了决心，遂在道光七年下旨，所有海运停止，一切漕粮照常河运。

道光十年（1830），陶澍任两江总督，次年兼理两淮盐政。在魏源、包世臣等幕僚策划之下，陶澍着手清理两淮盐业弊政。

两淮盐业弊政表现为“成本积渐成多”“借官行私过甚”。成本过高，是因为盐商需要承担各类“浮费”，如规费、匣费、办公费、办贡银、帑息等，此类开销数额巨大，超过正课。行私过甚，则是私盐泛滥。

安徽淮北及河南南部一些地区，所食用的是两淮盐。两淮地区所制的盐，每斤要50文，而在北方所售卖的长芦盐，每斤只要25文，有的地区差价更大。此外，长芦盐味鲜且口感好，淮盐味苦，人们更喜欢食用长芦盐。巨大的差价，广阔的市场，刺激了淮北地区的人外出贩卖私盐，无数青壮年走上了贩卖私盐的亡命之路。

清初发行根窝时，好比发行原始股，招商购买，买到根窝的盐商，将名字及盐引数目登记入册，然后按册派给盐引，称"窝商"。根窝如田产印契，可以世代相传，当年没有买原始股的人，眼红于盐业的暴利，就从窝商手中买根窝。如同股票一样，买的人多了，根窝价格自然被推高，盐价也跟着走高。官盐价格居高不下，民间贩卖私盐的人自然也就更多，导致官盐卖不掉，政府税收减少。有根窝者不必行盐，就能坐享其利，"如操市券，以一纸虚根，先正课而坐享厚利，以致运商成本加重，昂价病民"。①

陶澍整理盐务，决定打破原先窝商对盐引的垄断，开放盐引，让资金涌入。陶澍的改革触动了很多人的利益，遇到了阻力。当朝主政的曹振镛，其家族很多人在扬州从事盐业贸易，陶澍本人则是曹振镛的门生，一时间投鼠忌器，难以下手，于是他就写信给曹振镛讨教。曹振镛看了信后，回复他道："世上有饿

① ［清］陶澍：《陶澍全集·奏疏二》，岳麓书社2010年版，第297页。

死的宰相吗？”见曹振镛这样表态，陶澍遂一展身手，整顿盐政。

道光十二年（1832）五月，陶澍在淮北盐区试行票盐制。由运司印发三联空白票式，一为运署票根，一留分司存查，一给民贩行运。每票一张，运盐十引。盐四百斤为一引，纳课一两八钱八分，此外不再缴纳任何费用。

原先运盐时，盐要经过“五坝十杠”，六次换船，一路受关卡、官吏、夫役勒索。且途中盐包要经过多次改捆，耗费人力、物力，增加成本。改革之后，盐运输时“改道不改捆”，即食盐运输时即使不走原来道路，也不再重新捆绑。运盐时，选择最便捷的道路，争取一路直达，不经过任何中转，由此大幅降低运输成本。

清代各处交通枢纽设有关卡，对往来商贾货物，抽税派捐。陶澍推行票盐制时，对胥吏兵丁严加警告，如果敲诈盘剥，一经发觉即严行究办，不许“地棍土豪私立盐关”。任上陶澍也对各类浮费加以改革，总计革除浮费银260万两。

票盐制推行后，打破了垄断，商人只要纳税领票，即可以购销食盐。且票盐制下，不需要大量资本，即可介入贸易，更便利中小商人投入其中。推行票法后，淮北官盐直接由商民申请贩卖，无论何人，没有资产限制，只要照章纳税，“纳一引之课，运一引之盐”。

实行票盐制之后，窝商的世代垄断被打破，任何商人都可领票，运销食盐，至于盐的价格、运销的地区，则自由竞争。此次淮北盐业改革，本应全行裁革控制根窝的盐商，但为表体恤，每引酌给银一钱二分。

清代虽然重商，但政商关系，特别是在垄断领域，都是畸形的。商人依附权力，借助权力保持垄断，持续不断地向权力输送利益，日久天长，百弊丛生。陶澍的改革，打破垄断，重视商人和商业力量，国家只收取税课，淮北盐业放开，票商自由竞争。

参与淮北盐业贸易的商人增加，竞争激烈，降低了盐价，便利了民生。通过改革，减少了权力寻租的空间，也减少了官商勾结。推行票盐制后，民众购买便利，盐价下降，只有往昔一半。票盐制的推行，也增加了就业，缓解了无业游民贩卖私盐的问题，“枭无团集之害，商无勒运之苦，民无买私触法之罪”。

淮北推行票盐制，成就显著。道光十二年十月，御史周彦奏请在淮南效法淮北推行改革。但淮南盐区改革比淮北更为艰难，由于牵涉的利益过广过深，陶澍不敢轻易推动。道光十六年（1836），就是否在淮南推行票盐制，陶澍咨询姚莹。姚莹认为：“淮北课少而地狭，淮南课多而地广，其事不同。”[①]

淮北盐区运盐，走内河不过数百里，故而票贩愿意前去盐场领盐贩运。淮南盐区，纲盐行销湖南、湖北和江西三省时，长江水路运途遥远且多风险，需要较多资本，若是推行票盐法，则商人积极性不足。陶澍斟酌再三，未在淮南推行票盐制，而是在现有体制内进行完善。淮南盐原本“四百斤为一引”，一包即一引。陶澍改革时，将每包盐增加至500斤，以此降低商人运输成本。

---

①［清］葛士濬：《清经世文续编》卷四十三《户政二十》，清光绪石印本。

“商人每包多带，有加课而无加费。借此轻减运脚，于成本所省实多。”[1]

只要是改革，就必然会打破原有的利益格局，重新分配利益。陶澍的改革，利益损失最大者，自然是总商，往日每年可以坐享千金、万金，从此颗粒无收，于是俱多怨恨。原总商鲍志道（商号鲍有恒）族人鲍文淳，科举出仕前得到鲍志道颇多关照。至考中进士担任御史后，成为两淮盐商的政治代言人。鲍文淳弹劾陶澍，称其票法改革未有把握、淮北奏销未能如期、私刻朱批刊布云云。原来，皇帝在臣子奏疏中，会有朱批指示，发给臣子阅读后，不得外传，陶澍却刊印出来。道光帝批评陶澍“辄行刊布，迹近沽名，殊失公而忘私之义”，被降四级留任。

陶澍有清晰的头脑，明确提出重商利商，更提出推进币制改革。他与林则徐联名上奏，反对禁止洋钱，认为洋钱在沿海流行，一旦禁止，损害的是贫民利益。至于官方，应当主动铸造银钱，“每一枚以纹银五钱为准，轮廓肉好，悉照制钱之式”。只是他的建议遭到了极大阻力，就连道光帝也认为此举“大变成法”，最终加以否决。

陶澍在淮南的改革未能深入，即于道光十九年（1839）六月病逝。道光二十九年（1849），湖北武昌塘角发生大火，烧毁盐船400余艘，损失钱粮银本500余万两，淮南盐商受挫，纷纷请退。道光三十年（1850），两江总督陆建瀛在淮南推行票盐制，

① ［清］陶澍：《陶澍全集·奏疏四》，岳麓书社2010年版，第36页。

设总局于扬州，将徽商垄断两淮盐业贸易的格局彻底打破，垄断盐业百余年的徽州盐商从此淡出盐业贸易。

陶澍、陆建瀛在两淮的改革，在一定程度上缓解了清政府的财政危机。不过好景不长，太平天国战争中，内务府财政遭到了沉重打击，其所依赖的两淮盐务、粤海关，已是颗粒无收。而原先这两处收入，占内务府总收入的七成左右。

太平军冲击南方，湖广、江西等省被太平军占领，华中市场被川盐和私盐占据，两淮盐业市场萎缩。随之盐厘的开征，又增加了运盐成本。而在战事之中，各路大员又将盐商当作财源所在，不断勒令捐输。至咸丰、同治朝，曾经辉煌无比的两淮盐商已是奄奄一息。

第五章

放任：晋徽商帮在金融领域的成长

在清代，经由口外贸易，晋商获得大量资本，为了方便资金的流动，进而成立了一系列票号，实现了大宗款项的快速流动。在传统经济中，晋商、徽商两大资本密布天下的当铺，充当了小额贷款人的角色，成为众生钱库。票号、当铺对传统经济起着什么样的作用？在近代，票号如何控制清廷的官款汇兑，进而削弱清廷的财政能力？票号又为何未能进化为银行，反而成为中国经济发展的拖累，并导致了晚清的经济危机，阻碍了中国走向现代化？

众生钱库：当铺与小额信贷的诞生

古代俗语云："有钱常记无钱日，莫待无钱思有时。"意为手头应当留些余钱，以备不时之需。日常生活中，不论是城市还是农村，民众除了生产之外，在日常消费、投资、缴税等活动中常发生借贷行为。乾隆年间，无锡、金匮等地乡民每年根据季节变换，或是以米，或是以布，至当铺典当，获得资金，从事生产。[①] 当遭遇各类天灾时，民众也向当铺求助。乾隆年间，福建福州府闽县遇有荒歉、青黄不接之时，"民间多当，不能限制"。

从古至今，对当铺有各种非议之声，认为它与民争利，最是不仁；剥削过深，最是不义。但典当业零星放贷，没有时间、数额要求，不同于主要针对官绅放款、资本雄厚的钱庄，典当所收物品广泛，很适合小生产者的需要，故而民间谓典当乃"穷人的娘舅家"。小生产者的生产活动一旦出现困难，可以以家中之物典当质钱，进行生产。当生产完成，产品售出，再赎回典当物。典当业虽然收取利息，但清代典当业的利率经过官方规定，仍比一般的私债要低。

典当业为传统小农经济提供了金融支持。宋代袁采就认为，

① ［清］黄印：《锡金识小录》卷一，成文出版社有限公司 1983 年版，第 53 页。

“假贷钱谷，责令还息，正是贫富相资不可阙者”。明代方采山认为，民众旦夕有缓急，邻里无人能帮助，窘迫之中，以家中所有加以典当可以解决问题，“则质铺者，穷民之管库也”[①]。

在商品流动中，商人也时常被资本有限所困，他们通过典当取得流动资金，可以维持、扩大商业经营。清代从事粮食、棉花、丝绵等长途贩运的贸易商人，便是季节性地从典当铺取得流动资本，这些商人以待销或滞销的粮食、丝绵、棉花等，于典当铺质押，以借出银两作为追加资本再次投入运营，使资产得以盘活。雍正年间，嘉、湖二府属县，每年新谷登场，从事贩运的商贾在购米之后，即以米典当获银，待米价涨到合适价位时，就地粜卖。粮商之外，丝商、布商也以货物典当，融通资本。

除了底层民众、商贾外，一些士大夫阶层因为生活压力，也不得不去借贷。如北京一些官员，“领俸米时，百计请托，出房租日，多方贷质”。八旗之家虽有朝廷供养，可后世沉沦，无米下厨时，只好将刀枪盔甲送入当铺，“各旗自参佐领，以至养育兵丁，无不借贷”[②]。一些世家望族没落之后，也靠质押度日，“世家强半久虚空，借贷无门到处同。小押钱来方籴米，早餐饿到夕阳红”。

“典当银钱，定例值十当五。”[③] 物品去当铺质押时，首先要交

① ［明］顾起元：《客座赘语》卷五，中华书局 1987 年版，第 163 页。

② 黄鉴晖等编：《山西票号史料》，山西经济出版社 2002 年版，第 46 页。

③ 刘秋根编：《中国典当史资料集：前 475 —1911》，河北大学出版社 2016 年版，第 89 页。

给当铺的朝奉来决定价格，一般按照原价打上六折或者五折，故而朝奉在民间口碑最差。质物价格一经决定，轻易不会更改。顾客手头窘迫，哪怕再三哀求，也无讨价还价的余地。当铺的朝奉需要有一定的职业素养，具有鉴别各类物品的能力，从金银珠宝、西洋钟表，再到各类衣服，要在最短时间内鉴定估价。

物件送入当铺估价鉴定，换得钱后，当铺还要出具当票，以供日后取赎。当票上的字，故意写得都比较难认，此类字称“当体”，又称“徽字”，外人根本看不懂。《红楼梦》中，才女如林黛玉、史湘云都没法辨认当票上的字。当票对所开物件的描述，与原物并不一致。如所当金银铜铁五金等物件，必是“坏”字开头，衣服则都加上“破碎”两字，皮货则件件是“虫蛀”过的。不过当铺信用很好，虽然好的写成坏的，到取赎时绝不调包。

典质之物，期满如不取赎，则可解息转期。如果既不赎取，又不转期，则成为死货，由当铺出售变卖。普通当铺所收货物，以衣服为大宗，首饰次之，再次为木制品和其他日用品。当铺的死货，期满之后，木器等由门市销售，首饰则向银铺兑现，衣服送给衣庄。

康熙三年（1664），户部规定，当铺根据营业规模，每年纳税四五两或者二两五钱不等。雍正六年（1728），清廷始规定开设当铺需要领取当帖，即营业执照，同时以当铺税轻，提升为每户年纳银五两。皇当自然是不要纳税的，官当少纳税或者不纳税，民当则要依法纳税，但所纳税额极低，这也促进了当铺业的发展。乾隆年间，官当资本一般在万两以上。嘉庆八年（1803），清廷规定，开设当铺资本须在万两以上。此后开设当铺的资本要求不断提升，至咸丰年间，小当铺也要两万两以上，大当铺则要四五万两。

总体而言，当铺之中虽有皇当、官当，可典当业相对还是平民化的。在当铺中，什么都可以当，豪门之家落魄时，金戒指、象牙筷可以当；一般民众，单短褂裤之类也可以典当。当铺在清代，以小额放款活跃经济，自身也能生利，故而数量不断增多。康熙二十四年有当铺7695家，雍正二年有9904家，乾隆十八年有18075家，嘉庆十七年有23139家，总资本高达3.47亿两。[①]

当铺之中，又分典、当、质、押，各不相同，主要按涉及资金的多少划分。典的资金额较大，受典的物品（资产）范围广而珍贵；当则次之；质、押更次之。典，除了值钱财货外，不动产如房屋、土地等，都可以抵押。质、押之物，多为日常生活用品。时间上，典、当最长，一般十八个月，长的达两三年。质，时间在半年至十八个月。押，时间不超过六个月。

清代当铺利率一般为月利二分，高者二分五厘，低者一分五厘，最高不得超过三分，这是因为清代官方规定，每月取利不得过三分，利率总额不得超过本金。[②]清代北京竹枝词云：“典肆开张为便民，却将利息定三分。不论铜子或银币，票写京平十

---

① 罗炳绵：《近代中国典当业的分布趋势和同业组织》，《食货月刊》1978年第8卷第2期。

②《大清律例》：“凡私放钱债及典当财物，每月取利，并不得过三分，年月虽多，不过一本一利。”

足银。”

当铺有大小之分。大当铺质押时间较长，一般在一个月以上，小当铺则三五天，或十来天，不超过一个月，称为“小押店”。典当的利息，大当铺至少一分八厘，小押店则高至三分。小押店当本愈小，取利愈高，甚至以十日为一期，每期取息三分者，则按月达九分。①

当铺最初专营房产、土地、实物等抵押业务，后来则兼营钱票等业务。钱票是当铺签发的兑换券，可在市场上流通，并收取利息，在北方各省很是流行，凡民间置买物件、粜籴米粟，多用钱票。

当铺放钱票的大客户乃是官吏群体。北京的当铺放贷给未上任的官吏，一般“九扣三分为常，甚有对扣、四扣、三扣者”②。九扣三分，即一千实给九百三十，对扣则一千实给五百。据纪昀记录，某人选得贵州一令，向山西当铺借银百两，实际到手不到三十两。③《红楼梦补》第三十四回，万儿的父亲向山西商人借高利贷：“谁知他这个混账老子赌极了，寻着惯放京债的老西儿，九扣三分吃利钱。两个月一转票，利上起利，如今滚到三百多两银子。”④

除了扣头之外，还要加上每月利息，“滚利叠算，以数百金，

① 《善政被阻》，《申报》1881 年 2 月 8 日。

② ［清］梁章钜：《退庵随笔》卷七，清道光十六年刻本。

③ ［清］纪昀：《阅微草堂笔记》卷十，清嘉庆五年望益书屋刻本。

④ ［清］归锄子：《红楼梦补》，江西美术出版社 2018 年版，第 315 页。

未几而积至盈万”[①]。不过放贷给外任的官员也有风险，当时有所谓“三不还”，即官员未到任丁艰者不还，革职不还，身死不还。嘉庆朝时竹枝词云：“凭他随任山西老，成例犹遵三不还。”典当业在某种意义上可以说是官员的投资人，这种投资既带来金钱上的回报，更有暗中的利益交换。

当然，官员借贷导致的弊端甚多，乾隆十四年（1749），清廷下令，得缺官员可向户部借银。所借银两数额，根据道路远近、官职高低确定，到任后限一年内分四季扣还，云贵、奉天则在一年半内扣还。推行此政策后，还是有不少官员既从户部借钱，又从当铺借贷，户部决定停借官款。乾隆二十八年，乾隆帝下令“加恩准其借给”，但上任官员向当铺借贷者仍屡见不鲜。

“要想富，开当铺”，典当业较其他行业，风险小、税率低、周转快、利润高，从富绅到平民纷纷投入其中。在典当业中，晋商、徽商，一南一北，各执牛耳。

晋商所经营的当铺，规模为各大商帮之首，在北方地区更占有绝对优势，老板多来自介休、孝义、灵石等地。清代各地皆有晋商开设当铺，以鲁省为多，豫省次之，冀省则多在天津。至于北京，当铺林立，大半系晋商开设。山西灵石县巨富杨氏家族在京师开设当铺70余所，京中人呼之“当杨”。[②]一些由他省人投资的当铺，掌铺、伙计等仍以山西人充当，如“天津各当铺除店

① 黄鉴晖等编：《山西票号史料》，山西经济出版社2002年版，第8页。

②［清］王韬：《遁窟谰言》，光绪六年刻本。

东外，司事以下半系晋人”[1]。

随着晋商实力的扩充，晋商当铺不但遍布北方，在南方各地均有开设。“清乾嘉年间，晋商在长江各埠设典当四五百家。”[2]如湖南常德，清初晋商开设有两家当铺乾丰益、义昌恒，资金雄厚，业务繁盛。在徽商势力所在地江浙，晋商也取得突破，“山西当商，多在江南金陵大城放官账”[3]。

值得注意的是，到了清代中期，“徽商开当，遍于江北”的局面发生改变。江北典当业在乾隆朝以前多为徽商所开，此后大半系晋商及土著所开。之所以出现徽典退出江北市场，与清代的官方政策有关。从康熙朝开始，皇室、官方也以富余资金投入典当业，不但官府投资经营当铺，就连皇帝也开设当铺，典当市场表现为官民典当同台竞争。

皇室与官方资本投入的主要方向是在北京及北方地区，相应徽商资本撤出，转到更为市场化、经济更发达的江南地区。后来皇当、官当机构臃肿，经营效率低下，根本没法满足皇室官府的赚钱需求。从乾隆朝中期开始，皇当逐渐退出典当业。皇当关停，直接影响了各级地方官府所办的官当，使得官当也渐渐收缩。但官员直接创办的或者入股的当铺仍比比皆是。当皇室与官方资本退出后，雄踞北方的晋商乘虚而入，将江北的典当业纳入麾下，而徽商则主要经营江南的典当业。

---

① 《胶版貂褂》，《申报》1878 年 1 月 15 日。

② 李宏龄：《晋商盛衰记》，山西商业专门学校 1923 年版，第 45 页。

③ ［清］邵彬儒：《俗话倾谈》，《古本小说丛刊》第 6 辑。

各典当行在典当业务之外，也会拿出部分资本从事金融业务。清初小说《豆棚闲话》中，即有徽商使用会票融资的故事。绩溪人汪彦经商致富，积资20余万，后令儿子汪兴哥携资到苏州开典铺。汪兴哥“不一月间，那一万两金钱俱化作庄周蝴蝶，正要寻同乡亲戚写个会票接来应手”。此处的会票，便是徽商之间的短期信贷。

徽州当铺多悬挂“以义为利”“裕国便民”的招牌，可资本终究要逐利，必然导致一些人不满。明清流行“徽州朝奉”一词，胡适曾云：“徽州朝奉一词，便是专指当铺里的朝奉来说的，到后来就泛指一切徽州士绅和商人了。朝奉的原意本含有尊敬的意思，表示一个人勤俭刻苦，但有时也具有刻薄等批判的含义，表示一个商人，别的不管，只顾赚钱。”“朝奉”一词含有贬义。徽州民谣云：“龙生龙，凤生凤，麻雀生儿飞蓬蓬，老鼠生儿会打洞，婢妾生儿做朝奉。”此处即嘲讽，妾室所出子的宿命是从事朝奉职业。

当铺幽深的大门，高高的柜台，居高临下的掌柜，自然给前来质押的顾客心理压迫。而质押时，掌柜们千方百计压低质物价值，让顾客不满。质押完之后，顾客还要承担典息，又是心中不快。在这种情况下，不会有顾客对当铺有好印象。上海竹枝词描述：“朝奉狰狞赛恶魔，徽州籍贯最为多。高居柜上头垂下，又似双峰屎骆驼。”

虽然有人批评当铺典押时间短，利率高，但经济发展后城镇中有更多当铺彼此竞争，会导致利率下降。例如康熙朝平定三藩、收复台湾后，经济发展，当铺业发达，利率开始下降。江苏当铺“取利以二分为率，当期以三年为满”，这较民间放私债的印子钱等为低。[1]乾隆朝之后，各地当铺利率降至月利二分左右，低的达到了一分五厘。故而徽商的当铺，不戴有色眼镜观之，可以视为“温和的高利贷”。

对于底层民众来说，当铺提供的小额信贷款项乃是生活、生产中不可或缺的。江南地区普遍种植经济作物，导致粮食匮乏，而种植经济作物的投资，日常买米，红白开支，都需要用钱，这时就要依赖于当铺的质押。如嘉兴府民众种桑养蚕，田地收入仅供八个月之食，而等待蚕丝的收入则需要时间，这就需要当铺资金支持才能维持生计。再如江苏南汇县，地理位置相对偏僻，素无金融机构，贫者借贷无方，唯有以物品质于当铺。不但贫民借贷，小商小贩转运不灵，也以物质于当铺。有时富人手中资金吃紧，也向当铺借贷。因此南汇县当铺之多，甲于江苏全省。

清人李燧对典当业深恶痛绝，他认为：“锱铢必较，名曰便民，实闾阎之蠹也。”但既然是放贷机构，当铺自然是要牟利的，而且这种牟利处于游戏规则之下，即一本一利。典当业充分调动了社会各类闲置资金，使之投入到流通、生产领域中，既实现了资金的升值，也加速了经济流动。

在传统经济模式下，由于自然灾害、经营不善、投资需要，

---

① 李文治：《中国近代农业史资料 第一辑 1840—1911》，生活·读书·新知三联书店1957年版，第571页。

城镇、农村的商民都有融资的需要。在 1897 年中国通商银行创办之前，没有任何官方的金融机构，商民只能求助于民间金融业。在民间金融业中，票号主要从事大额汇兑业务，钱庄不会将钱借给困窘的小商民，这就为小额典当业的发展提供了空间。

与之相比，高利贷在农村起着极大的破坏作用。普通借洋一百元，需田一亩半作抵押，年利二分者每五年一计。年利一分六厘者，须年年支付利息。如到期不还或拖欠利息，即可没收其地权，而成为永租佃。[①] 比较起来，当铺操作更为规范，利息相对较低。

无锡人华鸿模在光绪年间创办的"永裕典当"，资本较为雄厚，是江南最有名的典当行。永裕典当经营范围广泛，"除了当衣裳、首饰外，任何东西都可质押"[②]。永裕典当极大地便利了地方上急需资金者。一般穷人，偶尔经济上不能周转，便拿些衣服、首饰、古董之类，到典当铺抵押。等有了钱，在规定期限内（一般 18 个月）可以赎回。抵押的数目有伸缩性，可多可少，利息相对也会变动。典当的利息，比现金借贷的利息要低。只要是值钱的东西，都可以去典当铺典当，比借贷简单易行。

典当业相当于小额贷款，通过提供启动资金，活跃了农村经济，使农民、小手工业者与市场发生联系。在启动资金的支持

① 倪养如：《无锡梅村镇及其附近的农村》，《东方杂志》1935 年第 32 卷第 2 号，第 90 页。

②《无锡县文史资料》第 2 辑，无锡县委员会文史资料研究委员会 1985 年版，第 31 页。

下，农民可以养蚕、养猪、种茶，小手工业者可以扩大生产，进而将自己的产品投入到流通环节中去，在改善自己生活的同时，也促进了社会经济的发展。

牟利的当铺，时常得到官方的保护。康熙年间，常熟官方出面，禁止骚扰从事典当业的徽商："和等典铺一业，向蒙宪恩，加意抚恤，严禁借端生扰。"[1]虽然如此，徽典在常熟仍然面临胥吏衙役的各种扰累，常熟地方官于是竖立《永禁扰累典铺碑》，示谕通县军民人等知悉。[2]

有清一代，所谓的"盛世"，并不是靠着封闭的自然经济，而是让生产与市场发生联系，将无数小农经济的产品汇合为大宗商品，参与市场流通，进而满足不断增长的人口的各类需求。在这架庞大的经济马车中，典当业是不可或缺的一个重要组件。

① 刘秋根编：《中国典当史资料集：前475—1911》，河北大学出版社2016年版，第305页。

② 安徽省地方志编纂委员会编：《安徽省志·商业志》，安徽人民出版社1995年版，第355页。

大宗汇兑的票号如何产生？

入清之后，随着《恰克图条约》的签订，中国对俄贸易得以拓展。每年晋商需要南下至福建、两湖、江西等地采购茶叶，至江南采购棉布、丝绸，再辗转运至恰克图，往来万里。南北之间，千山万水，银钱运输极为不便，若依赖镖局押解，成本高昂。

在恰克图贸易中，晋商在货物的采办、运输、交易中，要投入三份资本，一般估计要三千万两白银，这是巨大的数字。随着恰克图贸易的繁荣，原先的结算方式已不能满足需要，需要新的交易方式。至嘉庆、道光年间，票号应运而生，成为服务于跨区域大宗贸易的金融机构。

乾隆元年（1736），山西汾阳商人王庭荣出资四万两白银，在张家口设立祥发永账局。账局主要从事存、贷业务，所放贷款，主要服务对象是官僚、富商。账局多数只在一地设局，不设分号，不从事汇兑业务，存在一定的局限性。

中国的汇兑业务由票号开启，而票号之创始人一般认为是山西平遥人雷履泰。清朝嘉庆年间，雷氏受雇于平遥县城西达蒲村人李箴视，任平遥县西裕成颜料庄总号掌柜。颜料庄出售的染料，原料主要有蓝靛、铜绿（孔雀石）等。蓝靛可在山西就地取材。铜绿，山西本省不产，多购自四川。平遥达蒲村有两三千人口，很多从事铜绿加工，有两个很大的作坊，一个是东义合赵记，一个是西裕成李记。日升昌就是在西裕成李记的基础上发展而成[①]，其老号设在平遥县西大街路南，以买卖颜料为主业[②]。

不过，日升昌的创设时间多有争议，一般认为应在嘉庆、道光年间。如高叔康就认为："日昇昌颜料店，（正如日昇昌老掌柜所说）是乾隆末年成立的，在嘉庆末年，是日昇昌非正式经营票号的时代，道光十年始为正式票号。"[③]但此说也无确证。虽然创办的时间存在争议，但日升昌由雷履泰开创，却无疑义。山西票号发达之后，饮水思源，各号联合送给雷氏子孙一个匾额"拔乎其萃"，借以纪念雷氏创业的功绩。这块匾以前高悬平遥雷氏故宅，后被迁移毁坏。[④]

同时，日升昌还在北京、天津、沈阳、四川等地设有分号。雷氏往重庆贩铜绿，运至北方颇能获利，因此营业日盛。雷履泰久驻北京，为人诚实，擅长交际，很得山西商人信任。日升昌生意兴隆，往来款项数目巨大，现银交易不便。与此同时，在京经

① 高叔康：《山西票号的起源及其成立的年代》，《食货》1937 年第 6 卷第 1 期，第 32 页。

② 平遥县文史馆编：《平遥票庄纪略（草稿）》，1960 年 8 月。

③ 高叔康：《山西票号的起源及其成立的年代》，《食货》1937 年第 6 卷第 1 期，第 35 页。

④ 陈其田：《山西票庄考略》，经济管理出版社 2008 年版，第 13 页。

营干果的晋商颇多，每到年终，要将大量款项运回山西，运费既高，且风险较大。

雷履泰把握到其中商机，创行汇兑一法，设立票号。凡商业往来银钱，均可为之接收代汇，客户持汇票至所汇地的分号或联号，即可如数兑收现银。

票号创设，汇兑业务始通，大大便利了商业往来。“汇款时按各地银色之高低，路途之远近，银根之松紧，于所汇数目之外，另加汇费，名曰汇水。”[①] 汇票较之现银更为安全便捷，商人使用后，莫不称善，而日升昌之营业日广，利润日增。

得知票号能带来巨利，长江各埠及京津一带的晋商，纷纷于本号之下，附设票号。

票号成立后，长期未被清廷纳入管理，也不纳税。清代被纳入官方管理的金融业，只有当铺与钱庄。开设当铺需要登记，每年纳税五两。成立钱庄，要经过官方许可，实行五家联保制。而票号成立后，清廷却未加以关注，使之游离于朝廷之外。正因为票号处于灰色地带，有很多可操作空间，一些官员不时加以勒索，票号从业者只能隐忍。

在当时，票号分为祁县、太谷、平遥三帮，各设总号于本县，设分号于各省。分号之多，以日升昌、蔚泰厚、存义公、天成亨、大德恒、大德通、志成信、协成乾等为最，专营票业者共有 30 余家。据统计，山西票号资本平均在 20 万两以上，50 万两

① 《山西票号商盛衰之调查》，《江苏实业月志》1925 年第 75 期，第 19 页。

以下，其中日升昌的资本为50万两。三县票号，以平遥帮资本最为雄厚，不算日升昌，平遥县即有370万两，太谷县为150万两，祁县为180万两。祁县、太谷两县资本加起来，与平遥帮尚相差40万两。[①]

山西票号的出现，将散在商人手中的资金整合起来，投入到实体经济中，从而扩大社会生产，促进经济增长。通过山西票号，国内大宗货物商品的流动也被加速，商人可以摆脱银钱运输的困难，降低融资的成本，能在短期内实现货款往来，调动大宗货物实现跨区长途贸易。在恰克图贸易和对蒙贸易中，票号被晋商广泛利用，显著降低了交易的成本。

经由票号，参与恰克图贸易的晋商获得大量货币资本，并将之注入实体经济中，实现了货币流动，活跃了实体经济。

票号创立时，由东家出面，邀请见证人，订立书面合同，写明资本若干两，以一万两或八千两为一股，几年一核算。票号或为独资，或为合资，投资者承担无限责任，其名下的所有资产也是票号的资本。各家票号的资本不一，详细数目秘不示人。票号账目素来隐秘，除了涉及商业机密，也因为多有达官贵人入股，而官员依律不得经商，故商家不对外公布。

票号与钱庄又有区别，钱庄开业，可以利用他人资金以供营运，与股本多少关系不大。票号则以汇兑为业，先得有相当多的资本，才能营业，且票号多由其他商业改组而来，投资者多系巨

① 东海：《记山西票号（续）》，《银行周报》1917年第1卷第8期，第15页。

商，故而票号实力都在钱庄之上。票号以从事汇兑为主业，兼营存款借款等。钱庄则以从事存款借款为主，副业为发行庄票、联络汇兑。票号多从事异地汇兑，而钱庄主要经营本区域内的资金业务。

在没有电报之前，票号汇兑方式主要是信汇、汇票。信汇，使用者多为相互熟悉的商号或商人，各以信关照。汇票分“顺汇”和“逆汇”。顺汇，即在甲地付款换取汇票，再凭票前往乙地支取。逆汇，则是甲地票号先向客户付款，乙地票号得到甲地通知后，再向客户收款。因为先付后收，存在时间间隔，故而逆汇收取的汇费，较顺汇要高。

大宗商品贸易中使用汇票最多，汇费（汇水）按照两地平色的高低、交易的淡旺、月息的大小，定下标准。虽然汇票多为记名式，但凭票付款，并不识人，也就是“认票不认人”。汇票上写有立票人，汇兑银两数，汇到何地，何人兑付，兑付期，用何平法，年月日等。如果有双方约定的提款时间，则必须到期提款，如果要提前提款，则需要额外支付一定费用。票号的汇兑信件、汇票，在有信局的地方，通过信局传递；没有信局的地方，由镖局、商号或者其他票号互相捎带。随着票号业务的扩大，各家票号共同雇人传递，称“信卒子”。

票号存款分两种，有定期、活期，由票号出具收据，利息按月计算，从二厘至四厘不等，一般低于钱庄。票号的放款，利息按月计算，从六厘至一分不等，期限从三个月至六个月不等。由于票号利息低，故而商人多不愿意存款，而官员则考虑到票号的方便，多加利用。

官员之所以偏好票号，一者，官员常调动职务，存款于票号，至他地即可提取。二者，清代官员往往需要等待实缺，一旦某地某官有缺，就要立刻运动，打通关节。已放实官者，为了升迁，也需花钱走门路。此时都可以向票号借款，待上任、升迁后归还。三者，官员钱财存在票号，使用化名如富贵、吉庆之类，票号代守秘密，如遇查抄处分，也能保下财产。此外，清朝定制，凡授外官，官方并不发给旅费。故有外任职务者，一旦没有旅费，则无法前去上任。此时票号给予贷款，以救其急，由是官员与票号关系更见亲密。

官员与票号之间存在千丝万缕的联系，官员自然要给予票号极大关照。由于与官场关系密切，在北京及各省会的票号经理，都要选取文雅干练，计算周密，操守严谨之人，方能胜任。乃至举人、贡生、生员之类有功名者，担任分号经理，也不罕见。各分号经理，在京师及各省会，交往官员，招徕生意。

至于票号的人员配置，在总号常设经理一人，俗称大掌柜，统筹全号事务；协理一人，俗称二掌柜，协助经理；营业三四人，俗称跑街；账房四五人；信房三四人；练习生一二十人。分号则设经理一人，俗称老帮，办理分号事务；副经理一人，俗称副帮，协助处理分号事务；此外还有营业、账房等名目。

总号人员享有顶身股者，按照股份数每年分红，每股能分到三四百两至五百两不等，另有薪水，从十两至一百两不等。分号人员，经理每月十两，副理八两，其他人员不等，日用饮食由分号开支。[1] 顶身股，即经理等人通过劳动获得股份，一经获利，平等分配。是故经理伙计无不殚精竭力为票号出力。晋商票号发达，全赖于此。

票号的组织相对简单，并无一定规章，全凭信誉开展业务。票号采用合股的方式来募集资本，将职业经理人与投资人分离，保证职业经理人在管理上具有自主性。票号创办后，将资本交付经理（大掌柜）一人，营业上一切事宜，财东均不过问，事前不预定方针，事后不实施监察，一切凭借人与人之间的信任。故票号所用得其人，则营业发达；不得其人，则有莫大风险。如票号营业失败，经济损失由财东独力负担，经理不负赔偿之责。自票号创办，因晋商素重信用，各票号经理中不曾有过侵蚀款项之事，博得美誉。

总号有时还为重要的分号经理出资，捐一候补道官衔，以提高分号经理身份，若遇到诉讼，出入官府也有身份上的优势。分号人员有严格的纪律规定，如不准携带眷属，不准在外娶妻纳妾，不准嫖娼赌博，不准在外开设商店，不准捐纳实职官衔，不准携带亲故在外谋事等。

值得关注的是，在清代，晋商进入当铺业之后，又扩张到了钱庄业，最后发展出了高级金融形式票号业。而徽商拥有海量资本，在当铺之外，却较少投入钱庄，更不曾介入票号业务。为何在金融流通领域，徽商的步伐不如晋商？

① 范椿年：《山西票号之组织及沿革》，《文化月刊》1935 年第 14 期，第 51 页。

其一，晋商在口外贸易中，获得大量的资本，又由于与皇权保持距离，得以不被皇权过度盘剥，因而能有资本介入钱庄、票号。徽商在盐业、茶业贸易中，通过依附权力，垄断贸易，获得暴利，但由于对皇权、官方依赖太深，所得资本通过捐输等形式，被权力汲取，成为大清王朝统治系统中的一环，哪有余钱投入金融流通领域？

其二，徽商的主要业务，如盐业在两淮，茶叶由徽州采购后贩至广州，都不需大量白银长途运输，故而没有汇兑需求的迫切性。晋商在恰克图对俄贸易，在草原对蒙古部贸易，在新疆对中亚各国贸易，需要至南方采购各类物品，耗资巨大，路途遥远，故而需要票号提供汇兑业务。

如此徽、晋两途，走出了两条不同的商业道路。

官款汇兑与新型政商关系

嘉庆朝之后，清廷面临日益严重的内外危机，财政开销居高不下，根本没有结余。为了缓解朝政危机，清廷不得不通过盐斤加价、开捐纳等措施填补窟窿。在嘉庆、道光两朝，捐纳甚至成为国家财政的重要来源之一。

捐纳者根据所捐银两多少获得不同官职，其所捐银两从数百两至数万两不等。捐纳手续繁琐，银两跨地区运输极为不便，捐纳者与朝廷都希望缩短时间，提高效率，这就为票号提供了用武之地。遍布各地的票号，组成了一个捐纳网络，各地捐纳者的银两，经过票号，源源不断注入户部。咸丰二年（1852）《大捐履历》179 件报捐中，票号承办的代捐金额约占 80%，其他金融机构占 17%，而个人承办仅占 3%。①

“经营代捐业务本身亦有助于票号增加营业收入、扩大市场，特别是与官僚群体建立密切联系，为后来票号全面经办官款业

① 伍跃：《中国的捐纳制度与社会》，江苏人民出版社 2013 年版，第 437—438 页。

务、走向辉煌的大发展打下坚实基础。”[①] 经由代办捐纳业务，票号得以参与国家财政，进而通过官款汇兑，与国家财政结合得更深。

山西票号初设时，主要在北方营业，南方有分号的地区只有汉口、广州、苏州、成都、重庆等商业重镇。在太平天国战争中，汉口被太平军多次占领，苏州被太平军占领长达三年零六个月。在战火冲击下，晋商不得不收缩分号和业务。当此危难之际，山西票号走出了一条不一样的路，即加强与权力的结合，服务清廷，由此形成了新的政商合作关系。

清代地方政府须向中央输纳京饷等款项。地方贫瘠、收支不能平衡的省份，则由税收富裕的省份拨款协济，称“协饷”。清代定制，各省京饷、协饷由官兵押解前往京师及各地。清廷作为税务发包人，严格要求各省官方必须以现银“委解”至指定地点。

在太平天国战争中，从黄河流域至长江流域，乃至福建、广东等地，均陷入战火之中，社会动荡，道途梗阻，转运维艰，各省巨商显宦多将资财托于票号汇兑，清廷的军饷也通过票号运送。同治二年（1863），江西巡抚沈葆桢上奏称，河南一带受捻军战事影响，直隶境内则有马贼出没，建议将京饷变通，交给江

① 周建波、李婧、曾江：《票号代办捐纳的业务特征及其财政作用探析——以道咸年间蔚泰厚苏州分号代捐业务为例》，《清华大学学报（哲学社会科学版）》2021 年第 5 期。

西的新泰厚记票号，汇兑入京。

同治年间，清廷默许各省督抚通过票号以汇兑的方式缴纳税收。“溯查历年起解现银装鞘者总须四五个月方能到京，而商号汇兑者最迟不过七八十日即可到部交纳。”[①] 粤海关、闽海关解京款也改由票号送至京师户部再行汇兑。四川因为受捻军活动冲击，将解京京饷改为汇票，其他各省也有改用汇票者。[②]

“同治以后，基础愈固，规模愈宏，即边陲之协款，内地之赈抚，皆资票行以为挹注。一纸之信符遥传，百万之巨款立集。”[③] 至光绪初年，即国家之丁赋，也有经过票号代汇者，于是票号资本更加充足，影响日益巨大，隐隐然有一国央行之姿态。

其时官款之存入票号者，有税项、运饷、协款、丁漕，均不计利。私人之款，则多为官宦绅富寄存，每年取息仅二三厘，更有不取利息者。票号则以他人之款，存放其他商家，年取一分之利。至汇兑之时，票号所收取的汇水（汇费），一般在三至七厘。在交通便利的通都大邑，每千两汇水仅二三两，交通不便的地方，每千两汇水要二三十两，甚至有时高至七八十两，新疆地偏，每千两汇水高达百两。[④]

---

① 黄鉴晖等编：《山西票号史料》，山西经济出版社 2002 年版，第 182 页。

② 同治二年（1863）起，清廷设置中央专项经费，将各项重要财政费用，如边防、军饷、海防、荒政、外交、旗营、内务府之费等，分解开来，定额摊派到各省与海关，要求各省保证必须缴纳。至于各省有无能力缴纳，中央根本不管。

③ 李宏龄：《山西票商成败记》，山西经济出版社 2003 年版，第 109 页。

④ 陈其田：《山西票庄考略》，经济管理出版社 2008 年版，第 61 页。

官款汇兑数额较大，故而汇费较高。同治二年（1863）左宗棠在答史士良的信中提到："新泰厚兑汇之费太重，此项不如雇搭轮舟，委员解部为宜。"清廷也一度命令各省关核减汇费。①

票号在各地设有分号，通过汇兑，可以快速解送款项。各地官方利用票号汇饷至京，固然可以降低成本、提高速度，但不解实银入京，国库没有白银入库，导致京师银根紧缩，银贵钱贱。"解部之款，动逾巨万。会票一到，银价立昂。"户部手头无现银，实无财政的底气。1862 年以后，中枢几次尝试停止汇兑，恢复起解现银，但广东、福建、四川三省始终坚持汇兑京饷。

地方督抚通过票号将京饷汇到北京，但户部从未使用汇兑网络来分配政府经费的支出。"地方到中央和中央到地方，本来构成汇兑政府经费的一进一出两个环路，如果户部使用汇兑，将减轻民间银行将京饷汇票兑换成实银以上缴户部的压力，在刺激国内金融业发展的同时，也能使清政府的财政运作变得更加快捷，为实现真正意义上的集中化管理政府财政奠定基础。"②

采取票号单向汇兑，无法恢复中央以现银实现财政再分配的秩序，使财政体系进一步走向"地方化"，将财政权下放至地方，削弱了清廷的财政控制力。清廷中央财政日益紧绌，而货币的汇兑权却交给了票号，白白流失货币大权。各省督抚通过票号汇

① 黄鉴晖等编：《山西票号史料》，山西经济出版社 2002 年版，第 273 页。

② 和文凯：《财政制度、国家权力正当性与国家能力：清代国家能力的再考察》，《中国经济史研究》2021 年第 1 期。

兑，完成中枢派下的京饷、协饷任务，即可自由裁量地方财政。

当各省财政吃紧时，常向票号借贷款项，以缴纳官款。票号只是解垫汇兑，并不贷给现银，获利可观。借贷过程中，各省官员选择官款汇兑的票号，其中必然存在利益交换。官款汇兑利润巨大，各家晋商票号纷纷抢夺，如山西祁帮票号“打算进入广东分肥，收解藩库和运库的款项，前后运动三次，花钱不少，方克成功”[①]。

在太平天国战争中，上海得到了大发展，确立了在远东的商贸中心地位。晋商敏锐把握到了商机，同治年间，票号业务重心向上海转移。1867 年，日升昌在上海增设分号。1872 年前后，在沪有山西票号 22 家。1875 年，增加至 24 家。随着通商贸易的发展，山西票号也向杭州、福州、厦门、营口、广州等地发展，设立分号。

原本山西票号坚持“认票不认人”的原则，只要持票即可提银。为了防止冒领汇票，票号也有一些措施，如汇票水印防伪、字迹防伪、印章防伪、密押等。但至上海后，屡屡发生冒领汇票的事件，山西票号无奈改为“认票又认人”，并向官方备案，使之具备法律效力。

太平天国战争之后，上海商埠日盛，票号聚集愈多，票号在沪所收存官款日多，于是稍稍放银于钱庄，此乃票号对钱庄放款之始。钱庄原本资金有限，得了票号资金支援，顿时得以大展拳

---

① 黄鉴晖等编：《山西票号史料》，山西经济出版社 2002 年版，第 140 页。

脚。各家票号看到商机，于是纷纷放银于钱庄，“票号（放银）长期多至二三百万”。

甲午战争后，清政府向英、法、俄、德四国借款，年利高达1200万两白银，除200万两由京饷偿还外，其余1000万两分摊到全国15省和省海关。各省关所摊派偿还外债的款项，通过票号从各地集中至上海，再由上海江海关道衙门经理，按期交付在华各国银行。

在晚清的洋务运动中，各类大规模的款项往来，也多经过票号汇兑。如办理海防，购买铁甲舰所需款项依赖各省协济，各省协济经费通过票号汇解至海军衙门。再如修建铁路，各省调拨白银也通过票号汇解。

在1900年的庚子变乱中，慈禧太后、光绪帝从北京出逃西安，大量臣子一路随同，途中纷纷通过票号取款。两宫停留太原期间，随驾的大臣桂月亭，暗中给与自己交好的大德通票号经理高钰通报，告知两宫将于闰八月初八日（10月1日）启程，路过祁县，让他提前准备。得到消息的高钰，怎么会放弃这个讨好皇室的机会，立刻进行接驾准备。

出逃中的清室，也令各省将官银通过票号解送至太原、平遥等地。今晋商博物院收藏了两张光绪二十六年（1900）平遥知县给户部的呈文，记录了晋商票号给途经山西的慈禧太后、光绪帝汇兑银两的过程。湖南巡抚俞廉三将湖南十万两库平足银，通过票号汇到平遥，交给日升昌等九家票号在平遥的总号，再押运至太原交给行在户部。[①]

当清室落难之时，晋商票号提供了坚实的保障，这为其赢得了官场上的一致嘉许。在两宫回銮前，顺天府、都察院咨会山西巡抚，令票号迅速返京复业，提供汇兑服务，“故凡家有会票者，无不闻之喜悦”。此时清廷财政吃紧，乃向票号借款，户部欠票号“逾七百万两”。

庚子之后，赔款数目更加巨大，其中大部分摊派到各省。鉴于票号在庚子年的良好信誉，各省继续将赔款汇到上海，有的省份手头吃紧时，直接向票号挪借。官款汇兑，利益巨大。为了抢夺官款汇兑，各家票号纷纷交好达官贵人，这却背离了票号乃至晋商与权力保持距离的传统。各大票号中，蔚盛长票号与庆亲王奕劻关系密切，百川通票号交好张之洞，协同庆票号交好实力将领董福祥，大德通交结赵尔巽和庆亲王，三晋源交结岑春煊，日升昌交结历任粤海关监督、庆亲王、赵舒翘等，各有大树遮风挡雨。[②]

到了晚清，随着票号与国家财政、各级官员关系的加深，票号与权力机构的结合程度更加紧密。一说认为，与权力的结合，削弱了票号的独立性。但实际上官款汇兑只是票号业务中的一部分而已，尚不足以影响全局。票号没落的主要原因，在于它们相对保守，在晚清大变革浪潮中丧失了机会。

① 梁若飞：《从平遥县呈文看庚子国难中的票号汇兑》，《文史月刊》2023年第11期。

② 陈其田：《山西票庄考略》，经济管理出版社2008年版，第81页。

票号极盛时，手中资本充足，本可进军银行业，廓开大计，利用厚生，获得发展。但晋商思维保守，面对巨变时局，不思进取，由此埋下危机。光绪二十四年（1898），盛宣怀曾经上奏，请待中国通商银行开设后，但凡有中国通商银行之地，各省关所解官款，一律交给银行收存、汇兑。户部的回复比较暧昧，让各省督抚、各关监督自行决定。中国通商银行设立后，从各地票号手中也确实抢走了一部分业务。

光绪末年，袁世凯担任北洋大臣时，召集晋商开办直隶官银号，晋商拒不奉命。1905年，清廷设户部银行（三年后改为大清银行），复招晋商入股，晋商也未参与。1906年，清廷规定："凡各省如有应行解部之款，一律由户部银行兑交京师。"大清银行、交通银行成立，所有官款皆由此两行存汇，票号业务受到冲击，弱化了票号在公共财政领域的影响力。只是山西商号以信用卓著闻名，一般私人存放汇兑款项仍属不少，勉强可以支持营业。

辛亥革命爆发后，全国响应，各省票号放出之款，一时无法收回。而客户纷纷来提取存款，票号一时周转不灵，乱局之下，掌柜多携款潜逃，或伪造账目。而清室退位后，山西票号借给清廷的700万放款无法收回，贷给工商企业的几千万贷款也难以收回。矿中金尽时，阮囊也羞涩。是故民国之后，晋商票号纷纷倒闭，债权人只得向票号东家索赔。

这些东家平日里养尊处优，不问号事，且多嗜鸦片，受无限责任牵连，大多破产，更有变卖家产偿还债务者。勉强能撑持下来的票号，多改为汇兑庄，采取银行办法，一切存款放款，皆以稳当便利为先。实力相对薄弱的票号早就倒闭，在政府及债主通融下，历史最为悠久的日升昌支撑到民国二十一年（1932），后改为钱庄。仅存的票号，如渠家的三晋源，乔家的大德通、大德恒，也只是勉强维持。

票号之失败，由后世观之，主要原因在于晋商墨守旧习，不能根据时局变化调整业务，遂一败涂地。在后世看来，晋商创办的票号在极盛时，执中国金融界之牛耳，隐然一国之央行。虽然被历史淘汰，但曾经在中国经济史上占有极重要之地位。

噩梦之年：1883年的上海金融风暴

上海钱庄业的发展，与棉布业、沙船业、豆米业等有着密切关系。早在乾隆年间，沪上钱庄众多，它们发行的庄票通行于各类交易，“或买卖豆、麦、花、布，皆凭银票往来，或到期转换，或收划银钱”[①]。又因为钱庄与米、布等业联系密切，故而钱庄又有钱米店、钱布店之类称谓，实现了金融资本的转化。

票号与钱庄的性质、组织和营业范围不同，两者不但并行不悖，且可彼此获利。钱庄的营业范围最初只限定于本地，外埠不设分店；票号的分号则遍布全国。钱庄发达之后，势力范围以长江以南为中心；票号则以黄河流域为大本营，兼及长江一带。钱庄最初专营银钱兑换，后来发展到兼营存放款及汇兑业务。票号最初以汇兑为主，后来发展出存放款等业务。

钱庄营业的种类也与票号不冲突。票号代理国库、省库；钱庄包揽地方道库、县库。票号的存款以官款为大宗，放款只借给钱庄、官吏及殷实商家；钱庄的存放款则以一般商人为对象。钱庄做贴现、兑换、买卖金银、交换票据等业务；票号均未兼及。[②]

---

① 江苏省博物馆编：《江苏省明清以来碑刻资料选集》，生活·读书·新知三联书店1959年版，第485页。

② 陈其田：《山西票庄考略》，经济管理出版社2008年版，第84页。

此外，钱庄、当铺等主营业务多与铜钱相关，票号主营长途汇兑和白银业务。

在几十年的票号经营中，晋商手中资金积累颇丰，需要将资本流出。而钱庄手中资本有限，不能满足各类市场贸易的需求，需要更多资本流入。票号、钱庄之间，存在互补合作关系

太平天国战争后，晋商票号在长江流域及以南的重要商业城镇均有分布，他们以资本投资钱庄。票号向钱庄进行无定期信用放款，俗称“做长期”，可随时索还。至 1875 年，钱庄得到晋商票号的放款，“其放银于钱庄多至二三百万”[①]。

晋商之外，外商银行也给钱庄放贷。中国人自办的第一家银行中国通商银行要到 1897 年方才出现，在此之前，中国主要依靠钱庄来填补金融市场的空白。不同于主要从事汇兑业务的山西票号，钱庄从事放贷、存款、投资等一系列金融活动，在某种程度上扮演着商业银行的角色。

1869 年，余姚人王槐山从钱庄跳槽至汇丰银行担任买办。外国银行对中国钱庄不甚了解，一直不愿意放款，自王槐山至汇丰银行后，外国银行方才了解到钱庄的情况，开始发放短期贷款给钱庄，俗称“拆票”（Chop Loan）。钱庄从票号、银行获得支持，资金扩大，业务也随之迅速膨胀。

太平军攻占苏州后，洞庭东山的富豪纷纷移居沪上，并开设钱庄。如洞庭商帮席正甫至沪创办钱庄，积累了相当资本，被

①《答暨阳居士采访沪市公司情形书》，《申报》1884 年 1 月 12 日。

汇丰银行看中，聘任为买办。席正甫能熟练使用粤语、洋泾浜英语，扩充了汇丰银行的业务。1874年，王槐山委托席正甫至天津，与清廷谈成“福建、台湾海防借款”，乃汇丰银行对华政治贷款之始，此后清廷要人如李鸿章、左宗棠等，常请席正甫帮忙在沪上融资。

钱庄与西方银行有很大区别，西方银行乃集股而成，其本身资金雄厚，虽有存放资金，但银行的周转并不全依赖于此。中国钱庄则不然，财东手头资本有限，主要依赖各家存款及各处汇兑。如上海钱庄中历史较久的宁波帮的方家、李家，钱庄资本没有超过二万两。假如有人存银于钱庄，月息仅银五六厘，钱庄出借于人，月拆息一二分不等，所出者少，所入者多，钱庄也能赚钱。万一市面不景气，各家前来提取存银，钱庄账面上无款可付，则必然倒闭。

钱庄营业原本很是慎重，至手中资金稍微丰厚，才敢多放款，放款时也量入为出。自票号、银行对钱庄“做长期”“拆票”以后，钱庄得到巨量资金支持，于是大放款项，一时泛滥。钱庄生意火爆，有识者却已经认识到其中潜在的危机，一旦储户大量提款，则资金吃紧，难以维持，“势如破竹，倒若狂澜”[①]。如1871年冬，扬州盐务管理机构勒令盐商短期内补缴保证金，贩卖淮盐的一千余商人通过汇兑由上海汇去300万两现银，导致上海钱庄

① ［清］经元善著，虞和平编：《经元善集》，华中师范大学出版社1988年版，第51页。

银根吃紧，大生意不敢动手。

近代中国的风云变幻，使钱庄遭遇了多次金融危机，其中最严重的一次危机发生于1883年的上海。此次危机由多重因素引发，从国内来看，1876年至1879年间，中国北方五省发生了被称为“丁戊奇荒”的特大旱灾。这次旱灾持续几年，饿死人数达几百万之多。同期中国其他各省也遭受灾情，江南地区连续为雨灾所困，福建和广东则洪水泛滥。大规模、长时间的天灾使得国内市场严重萎缩。

从国际上来看，自1877年起，中国经历了严重的贸易逆差。中国对外出口的两类大宗商品分别是茶叶和生丝，此时面临日本、印度、意大利的竞争。1881年中国贸易逆差总额达到2000万两以上，大量白银流出，导致上海金融市场银根严重紧缩。

1883年1月12日，由于决策失误，沪上老字号“金嘉记”丝栈亏损56万两，钱庄受累者有40余家。此次事件恰好发生在农历新年之后，钱庄正是银根紧缩之时，不得不将放出的贷款收回，由此引发了市面上各行业的商号由于流动资金短缺而倒闭，至2月7日约有50家商号倒闭，进一步扩大了沪上钱庄的危机。

自上海开埠后，按往年上海钱庄惯例，正月初五日，南北市[①]钱业开市。此年受危机影响，开市时南市大小钱庄共有22家，北市共35家，较之往年，南市约少一半，北市只有三分之一。沪上南北两市由1872年年底至1873年年初，总计各钱庄

① 南市指旧城区和上海内贸市场，上海县城以北租界称北市。

被倒之银，“自十一月初迄今约一百五六十万两，沪上市面远不如前”①。

在年初的这波风暴中，大多数钱庄尚且能坚持。到了年中，随着股票价格的暴跌，而钱庄大量放贷给商人从事股票投机，结果血本无归，大批钱庄倒闭。原来，在洋务运动中，清政府兴办了一系列新式企业，这些企业大多为“官督商办”模式，主要集中于矿业、交通业等领域。到1882年，至少有14家这样的新企业在上海发行股票。这些企业以股票的形式募集资金，本是一种具有现代性的商业行为，可以集中资本，分摊风险。但在股票发行的过程中，这些企业刻意强调其官方背景，表示无论盈亏，都有官方支持，并夸大得利程度。加之股票的发行必须经过官方的批示，在股票的发行过程中，官方又代为招徕，更有地方官员通过亲友招股，获取利益。官商合作，掀起了股票热潮，民间无不以为股票乃是致富捷径，“每一新公司起，千百人争购之，以得股为幸”，举国若狂，几成风气。

沪上各钱庄纷纷放贷给从事股票投机的交易者，导致了股票价格一路暴涨。但这些官督商办企业经营状况大多不佳，在经历了投资热潮之后，炒作的恶果最终在1883年爆发，各家官督商办企业的股票价格在此年开始暴跌。1882年10月，轮船招商局和开平矿务局的股票，分别为每股270两和每股230两；1883年10月，跌至每股90两和每股80两，股价仅为一年前的三分之

①《倒帐又闻》，《申报》1883年2月2日。

一。其他企业股票的境况也皆是如此，无一幸免。企业股票价格暴跌导致了尚苟延残喘的钱庄大量破产。

金融危机爆发后，清廷并未采取措施来减轻商号的经济压力，反而增设厘卡，令货捐局追索捐银。清廷此举阻碍了商业流动，削减了商业流通中的资金，使商号处境更为艰难。为了保证钱庄中的官款，各地政府以强制手段查封钱庄，提出官款。如阜康钱庄倒闭后，在宁波的两家分店通泉钱庄、通裕银号，被当地官方查封。虽然也有地方政府采取措施，如禁止钱庄倒闭、支持钱庄信用、稳定物价等，但终究于事无补。

这波金融风暴进而蔓延至房地产领域。上海房地产大亨徐润既投入了大约 120 万两购买各类股票，又在房地产中投入了大量资金。股票价格暴跌之后，银根紧缩的钱庄开始逼债。万般无奈之下，1883 年 11 月 21 日，徐润召集所有的债权人，告知因资金困难，现已处于破产状态。徐润全部房地产（成本 220 万两银）、所有股票（认定值 98 万两银）由债权人处理，清偿其所欠的 252 万两银债务。他将名下的各处房地产低价抛售，先后卖出房产 32 处，卖出地产 2900 余亩，导致沪上整个房地产业处于衰败态势。为了填补窟窿，徐润还挪用轮船招商局款项，此举又导致官督商办的模式发生改变。

中法战争也为此次上海金融风暴火上浇油。1883 年 6 月，刘永福的黑旗军在海防与法国军队交战。8 月，法国封锁了越南所有港口，并威胁封锁中国沿海各港口，此时法国将派军舰封锁上海吴淞口、进攻江南制造局等谣言四起，沪市震动不安。对战争的忧虑加剧了正在发酵的金融危机，据《申报》报道，1883 年夏秋两季，许多存户因为恐惧战争，纷纷前去钱庄提取现款，其中主要是山西票号。

山西票号是上海各大钱庄资金的主要来源之一。在资金宽裕之时，山西票号常将资金放贷给资金紧缺的钱庄。当时的情况是，一家票号常常和四五个基础牢固的钱庄订立合同，把资金交给钱庄使用，成为钱庄的资金支持者。

外国银行、山西票号放给钱庄资金的总数约在银 400 万两至 500 万两，是钱庄最重要的资金支撑。至 10 月下旬，外国银行、票号们决定收回放给钱庄的全部资金，撤资自保。山西票号以阴历九月底（10 月 30 日）为限，将放出市面之银数百万两一起收回，此后不再放银。一名英国领事在 1883 年第四季度的情况报告中指出："普遍认为战争迫在眉睫，这驱使殷实的山西票号将他们的存银从上海钱庄提走。"延至 12 月份，沪上 99 家钱庄中剩下能营业的不到 10 家。

这次金融危机也导致了晚清巨富胡雪岩商业帝国的崩溃，其属下享有盛名的阜康钱庄倒闭。1882 年，中国的蚕丝歉收近三成，胡雪岩认为这是一次重要商机，便开始大批囤积生丝，其手中囤积的生丝甚至超过了上海生丝全年交易量的三分之二，以此胡雪岩组织丝商设立价格同盟，对外商抬高生丝价格。此次囤积生丝，占据胡雪岩流动资金达五百余万两银，据记载，当时上海"本埠南北市面常存现银不过二三百万耳"。

19 世纪 80 年代，世界生丝生产主要集中于中国、日本、法国、意大利以及中亚、南亚等少数地区。意大利、法国的蚕丝产量足以匹敌中国，且所产蚕丝质量优良。但两国繁荣的丝织业对生丝有旺盛需求，其产量不能满足本国需求，还要从世界市场上进口生丝，日本已成为中国生丝在世界市场上的主要竞争对手。

1883 年意大利生丝突告丰收，消息灵通的上海洋商转而向意大利购买生丝，结果上海丝价大跌。此时上海各钱庄正处风雨飘摇之中，银根一天天收紧，钱庄开始向一些丝商追讨贷款。有丝商承受不住压力，开始低价抛售生丝，致使价格同盟破裂。胡雪岩囤积生丝占用了巨额资本，导致财力窘迫。在资金告罄时，胡雪岩以生丝抵押的方式向汇丰银行借银 20 万两，其名下杭州泰来钱庄则向八家山西票号借银 7 万余两。

随着局面的日益恶化，胡雪岩不得不将生丝低价出售给洋行，亏损达 150 万两。阜康钱庄的存户闻讯后争相前来取款，此时胡雪岩已无力应付。

此次金融危机之后，沪上百业凋敝，一般商品价格跌价 30% 至 50%，钱庄倒闭者十有六七，房地产市场陷入长期萧条破败之中。危机中，一批刚刚兴起的新型企业如轮船招商局、上海机器织布局等长期处于发展停滞状态，危机过后几年，黄浦江沿岸仍随处可见夭折企业废弃的建筑物。此次危机也重创江浙一带手工业与农业，杭州一带仅从事制扇行业的工人就有四五千人失业，“各处行栈、店铺往来皆须现洋，概不用（庄）票”。农民手中的大米无法出售，“运输用的汽船仅能偶尔雇到，农民因无法出售大米，任凭可耕地抛荒”。

自金融危机后，山西票号慎上加慎，对钱庄的放款收缩，中国工商企业的资金主要依赖于外资银行。“目前市面借以流通，唯银行放借尚可支撑，若洋商再一敛手，则愈加局促矣。”[①] 此次危机，由采用西方股份制形式的公司肇始，使得时人对西方公司的组织形式深恶痛绝，导致“‘公司’二字久为人所厌闻”，新创办的洋务企业想通过股票形式募集资金已再无可能，只得举借外债。

1883 年上海金融危机重创了处于萌芽状态的中国金融业，并给刚刚发展起来的近代企业以致命打击。在危机爆发十年后的 1893 年，很多商人仍然不敢向近代企业投资，一闻纠股集资，无不掩耳而逃，而具有现代思想的中国商人不得不从头起步，艰难探索，中国迈向现代化的努力在社会经济层面有着巨大的阻滞力，有志之士只能在泥淖中奋力前行。

1883 年金融危机中，在沪上的买办徐润亏损严重，负债累累，又因为挪用轮船招商局款项，被从轮船招商局驱逐，二品官衔也被革除。一时间徐润周转不灵，一败涂地，哀叹家业荡然，生计全无。此后徐润变卖家中古董字画、金银首饰，得银八万两，先后投资开平煤矿、香山天花银矿等，还修补了与李鸿章的关系。1890 年，经过李鸿章奏请，清廷重新赏回徐润候补道台。

金融危机冲击后，买办徐润尚能重新振起，徽商胡雪岩则一败涂地。二人都苦心经营政商关系，都有雄厚资本，之所以最终

---

① 《论目前市面尚无兴旺之象》，《申报》1885 年 7 月 11 日。

结局不一，在于徐润将自己的投资方向放在了各类新式企业，如轮船招商局、开平煤矿、金州煤矿等，在企业生产中采用新的经营方式，使用先进机器设备。虽然一度受挫，但新生产力所具有的强大生命力使得徐润能再次崛起。且徐润虽然借助官方势力，但他由买办起步，并不是依附权力而崛起，自身具有独立性，在大时代的变革中能顺应时代而行。而胡雪岩终究只是一名旧式商人，由依附权力而得到发展，其观念思维、经营方式都未有改变，难免被时代所淘汰。

政商双杀：胡雪岩兴衰史

在皖南绩溪与杭州临安之间，有一条风光绮丽的徽杭古道，经由此条古道，徽商得以开拓贸易，走出山村，走向江南，走向世界。巨商胡雪岩少年时也曾肩挑背扛，经由此古道至杭州谋生，最终脱颖而出，叱咤于商场之上。清代徽商与权力结合最为紧密者，当为胡雪岩，乃至其被人称为“红顶商人”。

胡雪岩，本名光墉，字雪岩，安徽绩溪人，少年时至杭州，在钱庄中打杂役。学徒期满后，胡雪岩先是在钱庄中当伙计，后升为跑街（销售）。有一种说法以为，胡雪岩的第一桶金来自阜康钱庄的馈赠。胡雪岩嫡曾孙胡亚光《安定遗闻》记载：“肆主于姓，无子，爱公勤敏有胆略，颇器重之。疾革时……即以全肆赠之，数不逾千金。”[①]

此说出自胡雪岩后裔，可能对其祖先加以美化。清人段光清在《镜湖自撰年谱》咸丰十年（1860）正月记录云：“有起于钱铺小倌姓胡，名墉，字雪岩者，骗人资本，此时已自开钱店，与官场人往来。”段光清曾长期在浙江任职，对浙江政商两界有较

① 中国人民政治协商会议浙江省委员会文史资料研究委员会编：《“红顶商人”胡光墉（雪岩）兴衰史》，载《浙江文史资料选辑》第32辑，浙江人民出版社1986年版，第3页。

深了解，此记录所云“骗人资本”，大约指阜康钱庄落于胡雪岩手中之事，其中内情，已不为外人所知了。

胡雪岩初有资本后，为了在商业领域取得进一步拓展，必然要在官场上有所倚仗，他的倚仗就是王有龄。一说认为，胡雪岩结识王有龄在1848年王有龄署浙江仁和县令之前。在咸丰朝的乱局中，王有龄步步高升。咸丰七年（1857），两江总督何桂清奏调王有龄为江苏按察使，再升布政使。咸丰十年（1860），太平军围攻杭州，王有龄由江苏驰援，太平军退去后，王有龄升为浙江巡抚。

王有龄知道胡雪岩的能耐，便将粮饷事宜交给他办理。1861年，太平军进攻浙江，胡雪岩受王有龄之托，至上海向洋商购买军火、粮食。在杭州失守前一个月，胡雪岩运送粮食、军火前往杭州，但杭州被重重围困，无法进入。此年十二月，杭州被太平军攻克，王有龄自缢身死。此时，左宗棠正奉命从江西援浙，朝廷命他继任为浙江巡抚。胡雪岩当即奔赴江西广信，至左宗棠军中拜谒。此行胡雪岩携带了大礼包，献上此前采办的粮食、军火，得到左宗棠赏识，受命办理粮台与转运局务，左宗棠认为：“以浙江之绅办浙江之事，情形既熟，呼应较灵。”

同治二年（1863），左宗棠任闽浙总督，仍兼浙江巡抚。同治三年二月，左宗棠收复杭州。在此期间，胡雪岩全力为左宗棠办理军粮、军火等事宜，一度还为左宗棠联系法国驻宁波舰队军官德克碑，组建由外籍人士组成的“常捷军”。左宗棠在浙江的一系列战事中，常捷军及西方军火帮助极大。左宗棠认识到洋人枪炮的威力，后来西征时大力引进新式武器，并支持洋务运动，设局造船，以富国强兵。

同治三年，左宗棠攻入杭州，城内残垣断壁、尸骸遍地，于是委托胡雪岩收殓尸骸。胡雪岩又帮助左宗棠筹集银两、白米，从事各种善后事宜。同治四年（1865），左宗棠至福州后，上奏请调数人入闽，以资赞助，其中之一就是胡雪岩。胡雪岩在福建继续从事军火粮秣事宜，左宗棠说："迨臣自浙而闽而粤，迭次委办军火、军糈、络绎转运，无不应期而至，克济军需。"左宗棠将福州船政局交给胡雪岩办理，由胡雪岩向法国洋行购进造船机器，五年之后造出了十余艘轮船。

胡雪岩原是江西候补道员，左宗棠担任闽浙总督后将他调到福建，屡次保举。胡雪岩打通政商两途，号为"活财神"。他生活豪奢，广纳美妾。对胡雪岩，舆论褒贬不一，有人夸奖他"性好善，里中善举义事，皆力为之"，有人指责他"荒淫奢侈"。左宗棠在给儿子左孝威的信中，谈及胡雪岩的私人生活："至其广置妾媵，乃从前杭州未复时事。"不过左宗棠对胡雪岩好色，并没怎么在意，只是告诫儿子，既然知道此事，"但不宜向人多言，致惹议论"①。

同治五年（1866）八月，清廷任命左宗棠担任陕甘总督。左宗棠先后平定捻军和陕甘回民军。但新疆仍被阿古柏等占据。在

① ［清］左宗棠：《左宗棠全集·家书诗文》，刘泱泱校，岳麓书社 2014 年版，第 87 页。

军机大臣文祥的支持下，朝廷最终决定收复新疆，以左宗棠为钦差大臣，督办新疆事务。光绪三年（1877），左宗棠消灭阿古柏，驱逐白彦虎，收复新疆。

左宗棠西征的军饷，全赖东南各省关协款接济。胡雪岩全力为左宗棠的西征提供支持，军饷遇有缺乏，胡雪岩则出面筹集，预借各国银行款项，如果借款延误，则向华商筹借巨款填补。胡雪岩在上海与各国银行商讨借款，前后六次，合计 1595 万两。[①]光绪四年（1878），左宗棠认为："催领频仍，转运艰险，多系胡光墉（胡雪岩）一手经理"，"此次新疆底定，核其（胡雪岩）功绩，实与前敌将领无殊"。

不仅如此，胡雪岩还担任上海采办转运局委员，在沪采办各种新式武器。西方新式武器到上海后，胡雪岩亲自察看，了解其性能，以合适的价格采购，送至前方，这对左宗棠西征胜利起了巨大作用。左宗棠曾夸赞："关陇、新疆速定，虽曰兵精，亦由器利，则胡光墉之功，实有不可没者。"[②]

充足的款项、先进的武器，是左宗棠西征取胜的关键，使中国解决了严重的西北边疆危机。

左宗棠西征时还不忘建立洋务企业。光绪三年，为创办甘肃织呢总局，左宗棠命胡雪岩采购织呢机器。胡雪岩与德国泰来洋行接洽，采购全套织呢机器及蒸汽发动机，又聘请德国技师去传

---

① 沈其新：《左宗棠"西征借款"试析》，《兰州学刊》1986 年 12 月。

② ［清］左宗棠：《左宗棠全集·奏稿七》，刘泱泱校，岳麓书社 2014 年版，第 93 页。

授技术。光绪六年（1880），甘肃织呢总局在兰州开工生产。左宗棠在肃州开设金矿，采金机械也是胡雪岩所采购。

西征之战，胡雪岩为湘军出了大力。由于左宗棠的提携和保举，胡雪岩“官至江西候补道，衔至布政使，阶至头品顶戴，服至黄马褂，累赏御书”。同治五年（1866），左宗棠上奏，请赏加胡雪岩布政使衔。布政使为从二品，顶戴可用红珊瑚，故胡雪岩被称为“红顶商人”。光绪四年（1878），左宗棠特意为胡雪岩上奏，“破格优奖，赏穿黄马褂，以示优异之处”，黄马褂只有清廷最为亲信之人方可获赏。

虽然胡雪岩与左宗棠保持了密切的政商关系，但二人之间并没有什么金钱瓜葛。有时涉及亲戚师友之类的事务，左宗棠会出面请胡雪岩帮忙。同治三年（1864），左宗棠因侄女来浙江，路过上海，请胡雪岩予以关照。同治十三年（1874），左宗棠老师温葆深致仕，将养廉银万余两存在阜康钱庄，左宗棠特意致信胡雪岩，请加以关照。这些都是人之常情。左宗棠西征时，胡雪岩送去各类礼物，左宗棠会收下土产，退回贵重礼物。

左宗棠西征，军费在一亿两以上。如此庞大的军费开支，不得不依赖于对外借款。胡雪岩在西征之中出力甚巨，但外界骂声颇多，主要也是因为他主导的借洋债。

当时外国银行的普通借款，年息在三厘半至四厘，据曾纪泽记录，胡雪岩借款利率在八厘左右。借款利息高昂，接近借款总数一半，胡雪岩从中谋取私利甚丰。当时舆论对这般借款多有批评，认为此举不啻饮鸩止渴。光绪五年（1879），曾纪泽论及借款时认为："奸商谋利，病民蠹国，虽籍没其资财，科以汉奸之罪，殆不为枉。"①

虽然外界对胡雪岩借款有各种非议乃至谩骂，但左宗棠知道，没有胡雪岩的借款，就没有西征的胜利。左宗棠只能鼓励他。光绪三年（1877），左宗棠致函胡雪岩："此次成借，极费心力，感荷之至。""频年支持西事，全借沪局转馈之功，天下所共知者。"②

胡雪岩鼎盛时期商号遍及全国，有资产千万两白银，连清政府都要借助他的财力。他涉猎的产业甚广，当时最能赚钱的生意，诸如生丝、粮食、茶叶、房地产、药铺、当铺、钱庄等，他几乎全部插足，无一不及。胡雪岩以钱庄起家，在全国各地开设有多家钱号，所开当铺也有20余家，众多官商以巨资寄存于胡氏庄号。

丝业贸易是江浙出口大宗，鸦片战争后被洋商把持。光绪元年（1875），左宗棠写信给胡雪岩，谈及丝茶贸易："近与俄人谈及伊国意在销售湖茶及川丝（湖丝）、大黄等物，若能办通，亦中国一利源也。"③在官方授意下，胡雪岩用手中的资本投资丝业等出口贸易，与西方商人竞争。胡雪岩介入后，一度打破洋商垄

---

①［清］曾纪泽：《曾纪泽遗集》，岳麓书社1983年版，第384页。

②［清］左宗棠：《左宗棠全集·书信三》，刘泱泱校，岳麓书社2014年版，第534页。

③［清］左宗棠：《左宗棠全集·书信二》，刘泱泱校，岳麓书社2014年版，第492页。

断，“市值涨落，国外不能操纵，农民咸利赖之”[①]。

虽然胡雪岩投资一系列产业，并协助左宗棠办理过洋务企业如福州船政局，但他的眼界仍然是中国传统商人，他的主业也是传统商业行为。发家之后，除了将一部分资金用于商业投机外，胡雪岩在上海、杭州等地用巨额资金建造了各式豪宅。胡雪岩还在农村大量购置土地，拥有田地万亩，他将土地出租给农民耕种，自己则坐收地租。

胡雪岩虽然与西方人打过交道，也帮助左宗棠采购了大批西方武器，但他本人对近代企业表现出一种近乎本能的抵触。他以“畏洋商嫉妒”为借口，拒绝李鸿章投资轮船招商局的邀请，又以政府抵制为借口，拒绝与怡和洋行合办“机器棉纺织公司”。在胡雪岩破产之前，尽管缺钱，他却拒绝将手中持有的大批蚕茧卖给新式机器丝厂。

光绪九年（1883），胡雪岩投资丝业贸易失败，囤积大量货物，手中资金紧张，不想清廷不但不帮忙，反而落井下石，导致胡雪岩商业帝国崩盘。上海道道员邵友濂通过胡雪岩担保，向外商借了一笔款项。款项到期时，恰逢胡雪岩丝业贸易失利，邵友濂趁机不肯支付本息，成了压垮胡雪岩商业帝国的最后一根稻草。

有一说认为，李鸿章想打击左宗棠的亲信胡雪岩，命邵友濂故意拖延款项，予胡雪岩更大压力。外商乃向担保人胡雪岩追讨

① 刘体仁：《异辞录》，山西古籍出版社 1996 年版，第 85 页。

本息，“风声四播，取存款者云集潮涌”，导致阜康钱庄在各地分号挤兑压力加大。

在胡雪岩爆雷之前，光绪九年九月二十二日，两江总督左宗棠乘船至上海与他相聚，早晨九点钟时，胡雪岩登船拜见，双方叙谈良久，至十点钟，左宗棠登岸拜客。上岸之后，左宗棠又去后马路粮台局拜会胡雪岩，两人聚谈片刻。[①]不过两人所谈内容已不为外人所知。此次会面时，胡雪岩尚在苦撑，一度还为淮南盐场堤坝工程捐银31000余两。[②]

十月初六，杭州阜康钱庄面临倒闭危机，因得到浙江布政使帮忙，才勉强支持下来。但风声传出，存户纷纷涌至上海阜康钱庄提款，胡雪岩已无法应付。十一月初二日，上海阜康钱庄倒闭，两天后北京阜康分号倒闭，此后镇江、宁波、杭州、福州、南京、汉口、长沙等分号也相继倒闭。

阜康钱庄业务遍布全国，也经营官款解送、官款生息等官方业务。据统计，胡雪岩亏欠官款共计银160余万两，涉及江、粤、闽各海关解京饷银、福建汇解边防经费银、两江办军火银、上海道署公款银等。

阜康钱庄破产后，清廷令闽浙总督何璟、浙江巡抚刘秉璋清理阜康钱庄的公私款项，并查明其资财。十一月二十七日，御史延煦奏称，阜康号牵涉官私款项数百万，为害不止一方，建议将

① 《侯相拜客》，《申报》1883年10月23日。

② ［清］左宗棠：《左宗棠全集·奏稿八》，刘泱泱校，岳麓书社2014年版，第336页。

胡雪岩先革职，解交刑部监禁，迅速追回所欠公私款。

经过多方权衡之后，清廷决心严行追究胡雪岩的罪责。十一月二十八日，清廷令两江总督左宗棠："饬提该员（胡光墉）严行追究，将亏欠各处公私等款赶紧逐一清理。"左宗棠虽与胡雪岩关系密切，但此时也不好维护，于是下令将胡雪岩提至南京，由藩司梁肇煌提讯。胡雪岩至金陵不久，即乘坐小火轮船，于十二月二十一日午后返沪，船泊铁路大桥。

光绪十年（1884）正月，梁肇煌将调查详情禀报左宗棠，建议将胡雪岩的典当作抵，偿还官款，所欠私款则以店铺衣饰作抵。据此，左宗棠上奏，请将胡雪岩名下商号关闭，以资产抵偿所欠官款。

在胡雪岩商业帝国崩塌的过程中，未见到左宗棠出手帮助。胡雪岩虽然取得左宗棠授意，从事丝业贸易，但这终究是商业行为，左宗棠不可能动用官帑为他买单。且左宗棠与胡雪岩的政商合作，乃是为公；如果左宗棠介入，则是言私。左宗棠素来刚正，自然不会以私害公。

中枢之中，户部尚书阎敬铭对胡雪岩极为反感，认定其人"出身市侩，积惯架空罔利，最善交结官场"[①]，于是出手绞杀。四月，户部认定胡雪岩在西征借款中存在不当得利，要求偿还十万余两"行用补水"，由浙江巡抚追缴，同时令人查明胡雪岩有无隐匿资产。行用补水，是向外借款时给洋商的各类中介费，装运

① 黄鉴晖等编：《山西票号史料》，山西经济出版社 2002 年版，第 200 页。

时的水脚、保险等各类费用。此类费用，当初是左宗棠核准，于户部报销。此时户部刁难，使左宗棠很是难堪，于是出面为胡雪岩解释，请免除追缴。

此年左宗棠因为眼疾，清廷赏假四个月，离任养病。继任两江总督的曾国荃对追索行用补水大为不满。曾国荃认为，此笔费用乃是因公支用，不是侵吞，且根据户部章程已经报销，故而请户部不要追缴。虽然左宗棠、曾国荃再三为此辩护，但户部不给面子，继续追索这笔费用，并给出理由："既未奏咨立案，均系不准支销之款。"[①]

光绪十年五月，浙江巡抚刘秉璋查抄胡雪岩家产，以抵所欠各省公款。胡雪岩名下钱庄、典当，所有货本、器具、屋基，收缴抵偿。元宝街胡家房宅、胡庆余堂资产也被查抄，赔抵欠款。胡雪岩的商业帝国，至此彻底坍塌。

在清末大变动的时代中，胡雪岩以敏锐的眼光把握住一次次商机，并结交官员，上通下达，成为红顶商人。但此时的世界正处于资本主义快速发展时期，只有采纳新的技术与新的管理方式，方能在商业领域立于不败之地。胡雪岩却逆时代而行，其最终失败是必然的。

光绪十一年（1885）七月，左宗棠在福州病逝。十一月十二日，经户部尚书阎敬铭奏请，将已革道员胡雪岩拿交刑部，从严

---

① 经莉主编：《户部奏稿》第 9 册，全国图书馆文献缩微复制中心 2004 年版，第 4047 页。

治罪，可他已于此月初一日病逝。杭州知府与仁和、钱塘两县前去查看，只见棺材停放在堂。询问家属，才知所住房屋系租自朱姓，元宝街胡家园林宅邸早已变卖抵账。经官方逐一细点，只有桌椅板凳等家具，别无贵重之物，家属称："所有家产前已变抵公私各款，现今人亡财尽，无产可封。"至光绪十二年（1886）六月，刘秉璋才从胡雪岩最后余产中将判赔的官款余额追齐。

第六章

合作：买办与晚清的商战强国

在晚清时期，清廷迫于不变则亡的严峻形势，出台了一系列新政措施，以求实现富强、化解危机。可晚清中国社会在整体上仍是一个农业社会，中国走向现代化的道路是漫长而艰难的。清廷大员们希望通过“官督商办”，扶持新崛起的买办阶层，发展洋务企业，这导致传统政商格局发生改变。在新的政商关系中，具有一定独立性的新式商人开始与清廷合作，试图商战强国。但新式商人的努力，最终还是挫败于权力的强势干预。

从农业税到商业税：清廷的财赋转型

清代财政的吊诡在于，清廷奉行的国策一直被视为“重农抑商”，打压商业。可咸丰朝以前，清代的税收主要来自农业，商业税所占比重极低，主要是针对商品流通征收的榷税。

在咸丰朝以前，清廷财政收入主要有四项，即地丁、钱漕、关税、盐课，此外还有杂赋，常年收入在 4000 万两上下，田赋占据三分之二。田赋有永不加赋的限制，只有短收，而无溢收。其他三项，哪怕有溢收，也终归有限。每遇大的开销如治理黄河、用兵等，财政便吃紧，不得不依靠捐输等获得额外收入。道光一朝之捐监，30 年间所收银，数目约在 3380 万两。[①]

清代国家财政需求有限且稳定，而纳税人口庞大，使得清朝在 1900 年之前的人均纳税负担一直维持在一个前所未有的低水平。

咸丰朝之后，新增收入主要有三项，分别是洋税、厘金、按粮津贴等，此三项在同治十三年（1874）共计 2900 余万两，占财政总收入之半。由此清廷的财政收入从农业税为主，转为以厘

① 汤象龙：《道光朝捐监之统计》，《社会科学杂志》1931 年第 2 卷第 4 期。

金、洋税等工商税为主，且财政政策也从“量入为出”的紧缩政策，改为“量出制入”的扩张政策。

一、洋税

清代榷关税分常关税（国内关税）与海关税（国境关税）两类。常关税属于户部“户关”及工部“工关”，设在水路要冲和商品集散地，对各类货物计量征税，对水路船只按大小征收船科。海关税则对进出口货物征收。各处榷关税是大清收入的重要来源，其收入从清初百万余两，增加到雍正朝末期的300余万两，至乾隆朝中期激增至四五百万两，乾隆朝末期为七八百万两。

各处榷关，管理混乱，税率不一，征收手续繁琐，管理人员不时额外勒索，成为商业流通的阻滞因素。清廷知晓榷关存在的问题，诸如“官多、役多、事多”，任意勒索商贾之类，可除非引入外力，无法更革其弊。

咸丰年间，伴随着内忧外困，原先税关的局面发生改变。1854年，利用小刀会起义的机会，英、法、美三国与清廷上海海关监督吴健彰签订《上海海关协定》，共同管理上海海关。1858年的《中英通商章程善后条约》第十款规定：“任凭总理大臣邀请英人帮办税务。”1859年，清廷在上海设立总税务司署，两江总督何桂清任命英国人李泰国为总税务司，监督全国海关。

总税务司成立后，原先的海关关税业务部分被其接管。此后中国关税分为两个系统：一是由税关监督管理，对本国船舶征税，称常关，征常税；二是由外籍税务司主管，管理外国船舶贸易事宜，称洋关，征洋税。

1863年，李泰国去职，由赫德（Robert Hart）接任。赫德任职长达48年，长期掌控中国海关，将之彻底改造。1861年，福州、厦门、汕头、汉口、宜昌设立海关，1865年海关增加到14个，1894年增加到近30个。海关网络遍布中国各处口岸，海关收入持续增加。

赫德告诫各税务司，不要忘记自己乃先进文明的代表，该文明与中国文明截然不同。总税务司的工作不单单是收税，更在于促进工商业的发展，并尽可能地改善政治环境。赫德的基本理念就是，必须使一切交易依照条约规定的方式进行，简言之，就是执行条约。经过赫德经营，中国海关税收从他初代总税务司时的500万两，增加到700万两，成为清廷田赋之外的最大收入。

赫德在中国的各个领域引入新的内容，如邮政、灯塔、水文测量、引水管理、港口防疫、船舶安检、同文馆、博览会、气象观测、医学报告、堤坝、采矿、铁路、土地税等，对推动近代中国的富强，学习西方先进技术，功不可没。

但在后世中国人看来，由英国人赫德主持中国海关十分诡异，甚至有人视此为清廷出卖国权的举动。赫德是当时处于现代化浪潮冲击中的清廷无奈的选择，在与西方接触的过程中，清廷保留着顽固的天朝观念，而迎接西方挑战的方法，清廷并没有寻到。当时的清廷只好在保持天朝威望的前提下，以一种独特的、变通的方式在某些部门之中进行现代化的尝试，这也被一些人视为一种中国式的智慧。这种尝试，一方面可以接触了解西方；另一方面，又可以应付国内保守派的反对。此即“不妥章法”。如清廷以美国人蒲安臣担任中国外交使团钦差、以英国人赫德主持中国海关等，都是“不妥章法”的体现。

赫德管理海关，杜绝了清廷腐败制度下贪官对海关的扰乱，促进了中国商业的发展。而且，赫德希望通过总税务司带动中国的全面变革：“通过总税务司，打开一个通道，灌输各种改良的、有用的观念，这比之其他方法更好。”持续增长的关税收入，为清廷的一系列新式事业，如京师同文馆、神机营、江南制造总局、天津机器局、福州船政局、赴美留学使团、驻外使馆、1875年以后的新式海军计划等，提供了部分或全部经费。

总税务司是超然的存在，监督着大清帝国的财政，为大清帝国服务，且将洋税加以规范，提高了清廷的财赋能力，由此带动商业的规范化。虽然总税务司所涉及的主要是进出口贸易，但不能忽视其对中国内部贸易的影响与推动作用。

比如，在通常的认知中，中国人强调“君子不言利”，在清廷看来，贸易、关税、利益等是次要的，无关国本，乃至有“以商制夷”之说。但经由赫德所控制的总税务司，给中国人带来了全面的新思维，中国人逐步增强了国家、民族的意识，更有了明确的经济利益的意识。中国知识分子开始意识到，总税务司使中国丧失了“利权”，也就是经济上的权利。知识分子在高呼商战的同时，也要求中国人进入海关系统，并逐渐取代洋人。如曾纪泽就强烈要求撤换掉赫德。郑观应则认为，工商业关系国运，与西方列强的竞争，就是工商业的竞争，是“商战”，而不是往昔的“兵战”。要想国家自强，首先就要求富，就要发展工商业，扩大贸易。郑观应提出，为了在国家竞争中胜出，需要建立工艺职业学校，培养人才，推动采矿与农业现代化，改革税制，废除厘金，鼓励商业发展等。这一切的改变，都来自总税务司带来的冲击。

二、厘金

清代虽然以农为本，可商业是实打实的收益所在，权力也不得不对商业做出姿态，加以安抚。为表重商，嘉庆四年（1799），皇帝一度降旨，将各处关税盈余量为酌减，“加惠商民，俾资宽裕”。道光二十三年（1843），盛京将军禧恩建议征收“商税”，被户部以“扰民”为由，加以否决。虽然道光一朝陷入财政危机之中，却一直未曾开征商税。

太平天国战争加剧了清廷的财政压力，咸丰元年（1851）十月，清廷推广捐输，累计一年所得，有500余万两。此笔捐输收入，尚不能填补军费的巨大窟窿，且捐输为偶行之举，不能年年月月为之。

咸丰三年四月，左副都御史雷以诚（五月补授刑部侍郎）至扬州帮办军务，为筹集练勇军饷，在里下河设局劝捐。但劝捐效果有限，且为权宜之计，幕僚钱江出主意，开征厘金。此年九月开始，雷以诚在扬州仙女庙、邵伯、宜陵等镇，劝告米行捐厘助饷，每米一石，捐钱五十文，很快筹到两万贯。在此基础上，官方命令里下河各州县米行、各大行铺户，一律照捐，收取厘金。

厘金初期分活厘、坐厘两种，按照商品价格值百抽一，1% 即为一厘。活厘是对运输中的货物征收通行税，抽之于行商；坐厘为交易税，在产地或销售地征收，抽之于坐商。厘金是在商品流通环节所征收的税，主要涉及消费品，如盐、鸦片、肉、丝、茶之类的百货。厘金由各省督抚自定章程、自设机构、自派人员征收，自己支配。

雷以诚认为厘金“无损于民，有益于饷”，能缓解清廷财政压力，于是奏请清廷加以推广。但厘金之征，被人认为有损大义，遭到部分官员的反对。咸丰帝此时手中无钱，哪顾得了其他，便默许各省开征厘金。至咸丰七年（1857），正式在各省推广厘金制度。厘金制度本为战时措施，以解决军饷不足的问题，但太平天国战争结束后，仍然被清廷推行，成为固定税。“咸丰以前，商税之源未被朝廷充分利用，故至咸丰初年财政万分困难之际，目光锐利之人，乃得采之以为饷源。”①

厘金征收暂时缓解了清廷的财政危机，但跨省厘金对跨区贸易重复收税，提高了货物的交易成本，对国内分工、工商业的发展造成了严重的阻碍。与之相比，欧洲重商主义虽然用各种产业政策和关税保护阻碍国际贸易，但它废除了国内贸易关卡，减少了国内交易费用，促进了国内统一市场和分工的发展。

---

① 罗玉东：《中国厘金史》，商务印书馆 2010 年版，第 13 页。

三、按粮津贴

此项收入始于咸丰四年（1854），乃是太平天国战争中四川地方官员的发明。四川历来田赋相对较轻，且还是财政转移接收省份，每年由邻省协济二三十万两。太平天国军兴以后，四川因为军饷支绌，在正税（田赋）银一两之外，再加派一两，每年收银60余万两，一半解充京饷，一半供四川省饷粮自用。

“按粮津贴”实际上违背了清廷所谓“永不加赋”的祖制，引发了各地民众反弹。此举引发各种争议，但因清廷财政吃紧，对此加以默许。咸丰四年到咸丰十一年，八年共计征收按粮津贴430万余两。太平天国战争结束之后，此笔加征本应取消，却被保留下来，成为新税。

同治年间，中枢开始对厘金及地方财政加以整顿，以加强中央财政权。清廷下令各省督抚严查地方官抽厘，不得中饱私囊。同治二年（1863），清廷试图将厘金纳入中央财政系统，却遭到地方督抚们的反对。同治三年，在攻克金陵之后，又有裁撤厘卡的建议，因督抚们反对不了了之。之后清廷对地方厘卡加以整顿，一些小的厘卡被裁撤，大的厘卡开始规范化运行，并从中抽成至中央。

光绪五年（1879），清廷田赋、杂税、盐务、杂款等传统财政收入共2700余万两，此年厘金（盐厘、货厘）达到1800万两，关税收入达到1200万两。到了光绪二十七年（1901），关税收入增至

2300余万两，厘金则为1600余万两。[①]

光绪十七年（1891），户部奏定岁出岁入。其中岁入14项：地丁、杂赋、地租、粮折、漕折、漕项、耗羡、盐课、常税、生息、厘金、洋税、新关税、按粮津贴等。岁出21项：陵寝供应、交进银、祭祀、仪宪、俸食、科场、饷干、驿站、廪膳、赏恤、修缮、河工、采办、办漕、织造、公廉、杂支、营勇饷需、关局、洋款、还借息款等。

同光中兴时期，清廷的财政收入持续上升，且能保持盈余。据《光绪会计表》统计，光绪十七年（1891）清廷财政总收入约为银8968万两，总支出约为银7935万两，财政盈余近千万两。[②]清廷能获得持续的财政增长与盈余，是税收从传统农业税向商业税转型的结果。

之所以清廷能实现财赋转型，获得收益，在于辽阔的疆域、庞大的人口提供的巨大市场与持续税收。清廷不必对整个社会加以全面改造，就能够继续苟延残喘，且能有资金应对各类问题。与清廷相比，人口、市场有限的日本及欧洲国家面对财政问题时，不得不对国家加以全面改革，发展经济，增加财政。

新的收入来源，充实了清廷财政，老大帝国输入了新鲜的财政血液，得以继续维持统治。

① 罗玉东：《光绪朝补救财政之方策》，载《中国近代经济史研究集刊》1933年第1卷第2期，第190—191页。

② 刘岳云：《光绪会计表》，教育世界社光绪二十七年印本。

富强的迷梦：官督商办的推行与破产

工业革命后，英美等国在不到100年中所创造的生产力，比过去一切时代所创造的生产力还要多、还要大，“一切民族甚至最野蛮的民族都卷到文明中来了”。平定太平军的战争中，清廷大员们震惊于西方枪炮的锐利、机器的灵便，故曾国藩、左宗棠、李鸿章等朝廷重臣皆重视洋务。为了应对内外危机，大员们开始学习西方科学技术，开启了洋务运动的第一期。1861年，曾国藩在安庆设军械所，同年李鸿章创办上海、苏州洋炮局，此外还有江南及马尾船政局等。

洋务运动第一期，清廷集中创办了大型军工企业，这些官办军工企业耗资巨大，且如同官场一般，营私舞弊、领取干薪、因循推诿的现象普遍存在。军事工业的开办经费，早期主要来自政府“垫借”的官款、关税、饷款和报效等，需要归还本金且付利息。

此时清廷虽然号称“中兴”，但缺乏资金，所办军工企业也缺乏配套的矿业、冶炼工业、运输业等，更缺乏管理人才。官办的洋务企业很难达成求取富强的目标，这让当时的人开始思考，并认识到：“欲自强，必先裕饷，欲浚饷源，莫如振兴商务。”

李鸿章等洋务派官员认识到西方各国是以工商致富，由富而强，认为“求富”是“求强”的先决条件，于是开始鼓励民族工商业的发展。洋务运动从大力发展军事工业的求强，转向民用工业以求富，并推行官督商办模式，开启了洋务运动的第二期。

清廷办理洋务企业时，常受限于资金。此时中国民间商业力量拥有大量资本，只是中国商人忧虑被大清官员敲诈勒索，多依附于洋商名下。李鸿章对此很是气愤，曾指责：“近年华商殷实狡黠者，多附洋商名下，如旗昌、金利源等行，华人股份居其大半。”李鸿章虽然指责商人逐利，可他也清醒认识到，商业乃是立国之本：“查泰西各邦，皆有商律专以保护商人。盖国用出于税，税出于商，必应尽力维持，以为立国之本。”

为了破局，吸引华商投资，李鸿章祭出一招，即“官督商办”，其主要思路是官商共办企业，由官总其大纲，察其利弊，所有经营及盈亏，全归商人，与官无涉。官督商办企业的经营模式，是由官方出面吸纳商人资本，同时拨出部分官款（官本）投资，此后官款逐年摊还。出资的商人拥有经营权，官方则安排人员加以管理、监督。虽然名义上是商人掌握经营权，但官方掌握人事权、财务权、监督权，实际上仍处于官方控制下。

官督商办的初试验，乃是中国第一家民用企业——轮船招商局。[1]轮船招商局的创办，有着复杂的背景。在咸丰八年（1858）中英《天津条约》签订后，英国船只可以进入长江航行，其他各国相继也获得长江航行权。各国洋行如旗昌、怡和等，纷纷组建

① 其时凡招商承办者，俱称招商局，故加“轮船”等词以区别。

航运公司，介入长江航运。旗昌洋行组建了上海汽船公司，几年内就有 16 艘汽船从事沿海和沿江贸易。

西方洋行所办轮船公司拥有码头、仓栈、保险，业务发达。轮船公司利润巨大，也吸引了中国商人参与，他们依附于洋商名下，从事航运业务。怡和洋行所办华海轮船公司的第一批股本中，华商占了 56%。旗昌洋行的资本，原十三行行商伍崇曜（商名绍荣）就占了五分之三。1871 年至 1872 年间，“上海长江轮船多至十七八只，计其本已在一二百万，皆华商之资，附洋行而贸易者十居其九”①。

各国轮船公司在一番竞争后，最终旗昌公司胜出，垄断了长江航线，获得巨额利润。火轮烟囱高竖舟上，黑烟直上云霄，巨舶排山倒海，驶往各处贸易口岸，这予中国人以巨大刺激。当时洋务派开设的各类军工企业需要的大量煤炭，还有关系清廷命脉的漕运，各类大宗商品，都需要通过水路运输。

长江航路，关系国本，清廷自然不能坐视旗昌公司进一步扩张，不能无视长江航权丧失。1867 年，郝德就建议，中国应当自办轮船公司。1871 年，内阁学士宋晋上奏，批评福州船政局靡费太重，主张裁撤，并将所造轮船交给商人办理。宋晋认为，江南制造总局情况大体类似。就是否停办江南制造总局、福州船政局两家船厂，清廷内部发生激烈争论。

同治十年（1871），直隶暴发大水，李鸿章向东南绅商募捐。

① 夏东元编：《郑观应集》上册，上海人民出版社 1982 年版，第 54 页。

以胡雪岩为首的东南绅商积极响应，捐助了大量米粮、棉衣。但将物资从东南运到天津时，西方洋行所办轮船公司不肯多装，成本高昂造成不便。运输联通南北，关系天下命脉，李鸿章也产生自办轮船公司的念头。

1872 年，李鸿章决意打破旗昌公司垄断，吸纳华商资本，创办轮船招商局，以出身沙船世家的朱其昂为主办。

为了扶持轮船招商局，李鸿章从直隶军饷中拨出了 20 万串钱（合银 12 万余两），自己也出银 5 万两作为私股。总办朱其昂虽长期经营沙船业，但对新式轮船业缺乏认知，“既于外洋情形不熟，又于贸易未谙”。轮船招商局事务繁多，需联络官商，招集股本，选买船只，雇用管驾，在各口岸建立栈房、码头等，筹办极为艰难。

朱其昂买船贵而运货少，用人滥而靡费多，买回的洋船价高质次，导致亏损。在他主导下的轮船招商局，既让洋商不满，又使华商犹豫不敢入股，开局第一年，仅募得同样出身沙船世家的郁熙绳一万股，船只也只有四艘。就连被李鸿章寄予厚望的胡雪岩，也以“畏洋商嫉忌”为借口，拒绝入股。轮船招商局创办初期华商态度冷淡，不愿意投资。盖中国传统社会，集资主要依赖于个人信用，没有完善的受法律保障的制度化信用机制。当个人信用不足，对新事物如轮船招商局又缺乏认识时，则其募集资本的能力是有限的。初期的轮船招商局便出现了集资困难的局面。

要想借助民间商业力量，就必须取信于商，而不是如往日一般杀鸡取卵，以权势勒逼商人。李鸿章将招募的对象放在了新崛起的买办身上。他四处物色合适的人选，盛宣怀为他介绍了在商界具有强大影响力的英国怡和洋行总买办唐廷枢。

唐廷枢少年时在澳门求学，能说一口流利的英语，对西方社会科学、自然科学有较多了解。此人早年就展示出了出色的商业才能，他在香港开设当铺，获得了较高回报。1863 年，唐廷枢利用美国南北战争导致的国际棉花市场缺货，从事棉花贸易投机，大赚一笔。唐廷枢的商业才能吸引了怡和洋行的注意，将其聘任为买办。在怡和洋行，唐廷枢开通对中国钱庄的拆票业务，获得了高额利息。在航运领域，经过唐廷枢努力，提升了怡和洋行与美企旗昌洋行的竞争力。

买办在洋行之中可以获得巨额利润，但终究受制于洋商，在身份上也遭到洋人歧视。虽然唐廷枢拓展了怡和洋行的业务，可洋行的外方管理者对他还是采取防范态度，乃至怀疑他挪用洋行库款。唐廷枢回忆，自己搭乘洋船由沪返港，途中躲避风暴时，洋船船主给中国乘客每人一铁盒水，给所运羊一大桶水，“待人不如羊，殊为可恨”[①]。唐廷枢深受刺激，在上海集股银十万，先租两船，来往港沪。唐廷枢自己的生意也依附于洋行，他名下的三艘轮船委托给怡和洋行经营，一年就要缴纳十万两的佣金、码头费。

唐廷枢受的是西方教育，但内心有着强烈的家国情怀，期待

① 夏东元编：《郑观应集》下册，上海人民出版社 1988 年版，第 828 页。

着中国独立富强，他曾与买办徐润联合发起成立广肇公所，宗旨是“联乡里而御外辱”。“初学商战于外人，继则与外人商战”，以商战强国是唐廷枢、郑观应等买办的内心期望。故而当李鸿章发出邀请之后，唐廷枢便欣然应约。

1873年，唐廷枢至天津拜谒李鸿章，就招商局“商主商办”达成共识。为表诚意，李鸿章特意将“轮船招商公局”中的“公”字删除。同治十二年（1873）七月，李鸿章对轮船招商局加以改组，以唐廷枢担任招商局总办，朱其昂、盛宣怀、朱其诏等人为会办。

唐廷枢主持招商局后，制定章程，明确招商局为商办，面向社会招股，还将徐润等买办推荐给李鸿章。此时美国旗昌公司也想招募徐润，以他为总办。徐润谢绝了旗昌公司的高薪聘请，欣然加入招商局，他想要做出一番事业，实现商战强国的目标。

担任主办的唐廷枢事务繁多，外出时由徐润主持局中事务。作为官方代表的盛宣怀，名义上处于监督地位，实际上并无太大影响力。唐廷枢、徐润向社会公开发行股票，使招商总局的股值在一年内升了一倍半。徐润表现积极，自己入股48万两，邀请亲友入股不下五六十万两。至于朱其昂，则负责漕运事务，不再经手其他。凡募股、购船、造栈、揽载、开辟航路、设立各处码头等事，皆由唐廷枢一手经理。如盛宣怀所云：“轮船招商局之原起，中堂（李鸿章）鉴于中国官商不能如外国官商相联一气，是以创官督商办之局，为天下开风气之先。”轮船招商局是官商合作、官督商办的尝试，在当时有其特殊的价值，试图摆脱往日盘剥、依附型的政商关系，形成新的合作型政商关系。郑观应曾指出："全恃官力，则巨费难筹；兼集商资，则众擎易举。然全归商办，则土棍或至阻挠；兼集官威，则吏役又多需索。"[①] 通过官督商办，洋务先行者们期待能将此类弊端消除，官商各司其职，商人招股办理企业，官方只稽查征税，不得分外索求。

1872 年，李鸿章在上海开办的轮船招商局开启了国人的"求富"之路，此后的十余年间，煤矿、铁厂、缫丝厂、电厂、自来水厂、织布厂、电报、铁路相继开始建设，中国传统农业社会中第一次冒出了近代生产力的火花。一系列洋务企业，如轮船招商局、机器织布局、开平矿务局、上海电报局，都称局而不称公司，这也体现了其官督商办色彩。

一系列近代企业在清廷内部洋务派官员的扶持、鼓励下开始兴办，以"兴商务，浚饷源，图自强"为目标，这是工商业力量的增长和难能可贵的传统精神的变革，是中国历史上前所未有的变化。"正像商人捐纳官衔那样，官员和士绅也纷纷从商，从而扩大了商人队伍。到了 1900 年，有那么多人亦官亦商，致使经商活动已经变成仕途以外另一个受人尊敬地选择了。"[②]

但洋务运动常被视为一场保守的运动，是清廷在太平天国战争和英法联军入侵两重压力下不得已采取的策略，是清廷为了获得军事技术而采取的一场自救运动。洋务运动中的系列企业，仍

① 夏东元编：《郑观应集》上册，上海人民出版社 1982 年版，第 704 页。

② ［美］费正清、刘广京编：《剑桥中国晚清史 1800—1911 年》下卷，中国社会科学出版社 1985 年版，第 483 页。

然逃不过权力的控制，如同往日的徽商、晋商、行商一般，不断为朝廷捐输。1890 年至 1911 年间，仅轮船招商局报效清廷的金额就高达 160 多万两白银，用于北洋兵轮、学校捐助、商部报效、慈善赈捐、慈禧生日等。①

洋务运动的最高成就是北洋水师，但这一成就在中日甲午战争中被证明是夸大的。一向被中国视为“虾夷”的小邦日本在陆地击败了大清国经营多年的新式陆军；在海洋，击败了以举国之力打造的北洋水师，这给整个中国知识分子的刺激是深刻的。

如果说，1895 年以前中国士人对中国文化还充满自信，并对西方文化持漠视态度的话，那么到了 1895 年之后，这种自信已被彻底击破，此时的口号已是“不变法不能救中国”了。于是一场疾风骤雨的全面变法，在甲午中日战争战败后，被光绪帝在戊戌年所推行。光绪帝的咄咄逼人，让保守派感受到了压力，根基并不稳定的皇帝，在隐居幕后的慈禧太后的一击之下全面溃败。戊戌变法失败后，保守派全面登场，对外更加强硬，其中又牵涉到了权力的争斗。而此前几十年洋务运动所积累的成果，反而成为他们对外强硬的本钱，用来挑战西方列强，至于中国的全面改革、社会的发展，则不是他们所要考虑的了。

---

① 朱荫贵：《朱荫贵论招商局》，社会科学文献出版社 2012 年版，第 52 页。

商战强国：晚清的官商蜜月期

随着与西方各国交往的增多，一些清醒的中国知识分子意识到英国与入寇中原的游牧民族有着本质区别，即英国所图不过贸易，而非中国的疆域。如徐继畬云："逆夷（英人）以商贩为生，以利为命，并无攻城掠地割据疆土之意。所欲得者，中国著名之马头，以便售卖其货物耳。"①

清朝的有识之士也意识到了商业的重要性。1879年，曾担任曾国藩幕僚的薛福成系统提出了"商战"之说，他认为英国的富强在于工商为先："工商之务，蒸蒸日上，其富强甲于地球诸国。诸国从而效之，迭起争雄。"②郑观应则认为在列国竞争中，商战重于兵战，习兵战不如习商战。当时甚至有人提出："今之国若有十万之豪商，则胜于百万之劲卒。"

士人们期望修改与各国的不平等条约，重订税则，中国自主管理海关，长江航权收归中国所有。而这些目标，在当时列强干涉的背景下，很难达成，故而士人们从基础做起，希望发展实业，进而求取富强，改变中外不平等的格局。

---

① ［清］徐继畬：《松龛先生全集》上册，朝华出版社2019年版，第307页。

② 丁凤麟、王欣之编：《薛福成选集》，上海人民出版社1987年版，第540—541页。

要在商战中胜出，就必须工商并进，发展工业，提升生产技术。薛福成提出要兴办一系列追赶西方工业的产业，如织布、纺纱、开矿、炼铁、自来火、制炼煤油等。郑观应则提出，当务之急为制造，而制造之法以机器为先，应当招商募款，采购机器。

此外，就商业的组织制度、商业立法、建设海外领事维护中国商业利益、推进公司制度与保险制度、创办中国自己的银行等，士人们借鉴西方各国的做法，提出了大量建议。这些建议促进了当时中国民族工商业的发展，对清末中国社会结构、经济体制、社会心理都产生了巨大冲击，带动了未来中国的变革。

在商战思想提出之后，亲身投入其中，并带动中国工商业全面发展的，则是买办阶层。

鸦片战争前，在十三行制度下，对外贸易的模式是行商保雇通事，通事保雇买办，买办保雇小工的连锁保证制。成为买办，除了行商担保外，还要地方上族长担保，经过官方认可，给予腰牌印照。此时买办的主要工作，一是为商馆中的洋商采购各类食物及日用品，保管银库，负责现银的交付；一是为洋船采办食物，“夷商所需食用等物，因言语不通，不能自行采买，向设有买办之人”。

鸦片战争后，虽然英国以武力打开了对华贸易的大门，可当时的中国人对西方人普遍持排斥态度。洋商至口岸后，遭遇各种阻力，难以直接开展贸易。买办掌握外语，熟悉中国各地商情，能在官商两界来往，于是买办作为洋商代理，可以公开从事各类合法贸易。

此时成为买办，需要经过可靠的保人或铺户担保，并向洋商缴纳现金（俗称押柜），其数额根据业务的规模而定。成为买办后，还要以自己的各类财产作为担保。通过担保，买办获得洋商信任，在洋商与华商之间从事居中贸易，赚取佣金。起初买办佣金总额通常为经办货值的8%，后来不断下降，一般处于1%至2%之间。①

买办是近代中国迅速崛起的商人阶层。据估计，1842年至1894年买办的总收入（含买办收入和自己独立经商所得）约为5.3亿两。②如宝顺洋行的总买办徐润主持进出口业务，洋行每年贸易额达数千万两，徐润按营业额提取3%的佣金，积累了巨大的财富。

在服务洋商时，买办也获得了某些特权，如上海租界规定，买办涉及法律诉讼时，由其所服务的国家领事官直接来堂，或是遣人来堂听讼。此特权原本只存在于上海租界，后扩散到各个通商口岸。买办获得财富后，也如往日的商界前辈们一般，捐资获得功名，如买办容闳、唐廷枢、丁日昌、徐润等都曾获得顶戴花翎。

买办之中，以宁波买办实力最为强劲，但最早介入买办的乃是广东香山帮。香山地扼珠江出海口，毗邻澳门、广州，明中

① 汪敬虞：《十九世纪西方资本对中国的经济侵略》，人民出版社1983年版，第116页。

② ［美］郝延平：《十九世纪的中国买办——东西间桥梁》，李荣昌等译，上海社会科学院出版社1988年版，第126页。

期之后，当地人就与西方各国保持往来，积累了大量贸易经验。1840年之后，上海、香港崛起，澳门地位下降。原先在广东地区从事贸易的行商、通事、买办，转向各个口岸，而“广州英语”也传到了上海洋泾浜一带①，发展出了上海洋泾浜英语。

所谓洋泾浜英语，是以上海话和英语为基础，其中也夹杂一些其他语言的词汇。洋泾浜英语没有英语中的时态、格、单复数等变化，简单易学，成为上海地区对外交往的重要语言。上海人曾一度以汉字的笔画和部首充当字母，以使洋泾浜能够书写。在沪洋行的老板、茶馆中的服务生、街头的人力车夫、码头上的苦力，都能讲上几句洋泾浜。

在清代开海禁后，广州、澳门商贾云集，香山处于澳门与广州之间，利用地利大发横财。在外贸交易过程中，香山形成了大量商业世家，他们熟悉中外贸易，并能使用外语。“行商灭，买办兴”，上海开埠后，大批早先活动在广东的香山买办涌入上海。广帮实力在沪上首屈一指，“居沪之人亦推广帮为多，生意之本惟广帮为富”。上海开埠初期的怡和、旗昌、琼记等洋行买办多数来自广东香山。香山人徐钰亭是上海开埠后宝顺洋行的第一任买办，经其介绍，族人、同乡纷纷进入洋行当买办。香山买办中知名者有怡和洋行的唐廷枢、唐廷植，宝顺洋行的徐润，汇丰洋行的唐翘卿，太古洋行的莫仕扬、莫藻泉、莫干生，旗昌洋行的

---

① 洋泾浜是上海县城北面横贯东西的一条小河，在浦东的叫东洋泾浜，在浦西的叫西洋泾浜。1843年11月，上海开埠，洋泾浜河成为英法租界的分界线，沿河一带与黄浦江汇合处，成为各国商人与华商交易的场所。

吴健彰，此外还有郑观应、林清等。

买办与洋务官员的密切合作是晚清自强运动的突出特征。买办参与洋务企业，能交好官方，获得权力庇护，且能从投资中获得一定的利益，也能借由兴办实业，实现商战强国的目标。是故李鸿章提出官督商办后，买办便将资金投入至运输、金融、保险等产业之中。但买办不同于中国传统商人，他们在对外贸易中，深受西方各国的影响，具有了一定的自主性，在官商关系中，不是完全的俯首听命，而是具备了独立性。

1874年年初，上海新式商人就在报上刊登《同人公启》，痛斥苛捐杂税之弊，要求革除极大妨碍上海进出口贸易的各类卡捐。[1]买办的能力、资本是清廷官方所看重的，所以两者之间有了蜜月期；但买办的独立性又是清廷官方不能忍受的，所以后来双方分道扬镳。

官商合作的蜜月期，由轮船招商局开始。根据李鸿章的设想，轮船招商局的管理架构为：唐廷枢任总办，主持轮船管招商局业务；徐润任会办，负责日常经营；朱其昂管理漕运事务；盛宣怀作为李鸿章的代表，负责监督。轮船招商局遇到各类困难，需要官方出面时，唐、徐二人通过盛宣怀向李鸿章面陈具体事宜。如此官督商办，实现官商合作，共助大清。

后来，由于盛宣怀在招商局中没有发言权，心生不满，于是屡屡向李鸿章上书，批评唐、徐二人。当时李鸿章站在买办一

① 《同人公启》，《申报》1874年2月7日。

方。为了缓和关系，李鸿章考虑，如果盛宣怀自行辞职，则由其离去，以免生出风波。李鸿章与徐润之间一度保持了良好关系。徐润很早就攀附上了李鸿章，1866年，李鸿章调兵至浙江、福建镇压太平天国余部，徐润用船只为淮军转运粮饷、军械，得到李鸿章保奏加四品官衔。关系亲昵时，李鸿章称徐润为兄，自称为弟。

轮船招商局之外，唐廷枢还主持了其他企业。1874年，日本侵台，清廷开始重视海防，而要购置军舰，增强海防，势必要造船开矿。军机处密寄李鸿章、沈葆桢，在磁州（今河北磁县）、台湾试办煤矿。台湾煤矿开办顺利，磁州的煤矿却遭到了地方上的阻力。

1876年，招商局并购旗昌公司，轮船增至27艘，每年购煤需要用银万余两。此年，唐廷枢对开平进行考察后，建议李鸿章开煤铁、修铁路。他向李鸿章建议："开煤必须筑铁路，筑铁路必须采铁。煤与铁相为表里，自应一齐举办。"[①] 经唐廷枢倡议主持，兴建了中国自营的第一条铁路开平铁路、中国自营的第一家水泥厂唐山细绵土厂，铺设了中国第一条电报线等。

在吸纳唐廷枢、徐润进入轮船招商局后，李鸿章对他们全力支持，也未干预招商局的运营。东南的漕粮运输大半交给了招商局，官方水运也优先考虑招商局，轮船招商局遇到资金、运营难题时，李鸿章常出手扶持。李鸿章有需要时，轮船招商局也应召

① 唐廷枢：《论满盘筹算》，《申报》1878年1月17日。

赴命。官商之间保持默契，关系相对融洽，部分实现郑观应所希望的“官商势合”“用官权以助商力所不逮”的目的。

对于初期的招商局，李鸿章尊重商人的经营权，给予买办们充分的信任与支持，官商融洽也是早期招商局成功的原因所在。招商局会办叶廷眷一度建议李鸿章由官方出资200万两将招商局收归国有，如此每年可节省钱庄利息20万两，股东股息7万两。叶廷眷其人非常特殊，他是广东香山籍，曾担任过上海知县，李鸿章本指望他能招徕粤商，调和政商关系，不想适得其反，他反而要打压商人。于是李鸿章未接受他的建议，将他从招商局管理层裁撤。此后两江总督刘坤一建议将官方所借公款转为官股，进而实现官管时，也被李鸿章否决。

由于招商局收入高，一些地方官员免不了推荐人过来就职，为了处理好这些关系，招商局只能接收这些没有能力、只有背景的人。于是招商局中，不到局上班却领取干薪的人越来越多，反而成为沉重负担。为此，李鸿章曾再三告诫招商局，“不可碍于情面，滥行收录”。此外，招商局本身尚有一大弊病，“系总办、会办等，多用伊等亲戚友朋，充当局中司事，并不问其人之本事品行”。而官督商办更致命的问题在于官本、商本融合，产权界限模糊，造成商本容易被官方侵吞。

1877年，在清廷官方资金支持下，轮船招商局合并了美国旗昌轮船公司，一跃成为中国最大的轮船企业。招商局实力扩张，开辟至新加坡、菲律宾、日本、美国夏威夷和旧金山及英国伦敦等国际航线，大清龙旗飘扬四海。

招商局从创办到并购旗昌轮船公司，共借官款近190万两，来自北洋练饷、南洋六省库款等官银，由李鸿章加以担保。此外有商股73万两，总计260余万两。因为资本不足，另挪用浮存抵160万两。

并购旗昌轮船公司时，招商局曾从两江总督、南洋大臣沈葆桢处借官银100万两，由此南洋大臣享有部分债权，得以介入招商局事务。此次兼并旗昌公司，从发展战略上来说是成功的，此举扩大了招商局的业务，提高了轮船的质量。

但此次扩张也埋下了隐患，由于借了大量官款，官方资本对商人资本形成优势，不久之后便动摇了商办的格局。盛宣怀就曾以官本占优为由，争夺招商局督办的职位，试图控制招商局。但盛宣怀不仅未曾获得此职，反而引起李鸿章反感。1880年，国子监祭酒王先谦弹劾唐廷枢、徐润、盛宣怀在并购旗昌公司时营私舞弊。最终李鸿章决定弃车保帅，放弃盛宣怀，令其退出招商局，力保唐廷枢、徐润。

正是有了李鸿章对唐廷枢、徐润的信任与支持，才有了招商局的发展。徐润认为："唐君得国中最有权力、极高明之贵人李鸿章以为庇护之主，诚大幸也。"① 李鸿章对招商局的呵护，使两者之间形成了一段官商之间的蜜月期，但蜜月期很快告终。

---

①［清］徐润：《徐愚斋自叙年谱》，江西人民出版社2012年版，第74页。

权力的狡计：官督商办的本质

李鸿章大力推动官督商办模式，借重买办的经验、资本，试图开创出一条强国之路。但买办终究有自己独立的一面，而李鸿章等大员始终延续的是以官制商的思维，双方难免会产生分歧。

对实业强国，唐廷枢、徐润不可谓不用心。1877 年，唐廷枢根据招商局的经验，拟定了开平矿务局的招股模式，明确矿务局乃官督商办，所产煤铁由商人根据市价销售。他曾在 1883 年赴欧美考察时写道："事事以利我国家、利我商民为务，而不为纸上凿空之谈。"[①] 但香山买办们实业强国的理想、官商融洽的局面，在挪用招商局款项后不再维持。

1883 年秋，李鸿章命盛宣怀重回招商局。盛宣怀抓住机会，罗列了徐润在经营上的一系列问题，揭发其私下挪用局款，将徐润从轮船招商局驱逐。徐润亏欠局款银 16 万 2000 余两，交银 7000 余两，又以房地产契抵银 14 万数千两。徐润以上海的房产作抵，不想房价上涨，倒让招商局大赚了一把。其后，徐润被革去二品官衔，与李鸿章的关系也一落千丈，令其颇有卸磨杀驴之感。

---

① 袁祖志：《瀛海采问纪实》，岳麓书社 2016 年版，第 10 页。

对于唐廷枢，盛宣怀也利用他挪用局款的问题大做文章，使其失去李鸿章的信任。挪款事件打破官商之间的平衡，导致李鸿章震怒，大骂："唐、徐等阳奉阴违，往往自私自利，言之实堪痛恨。"[①]1885 年，李鸿章决定将唐廷枢调离招商局，另派其主持开平煤矿。唐廷枢离开轮船招商局后，全力经营开平矿务局。唐廷枢的哥哥唐茂枝积极支持乃弟的开平矿务。开平煤矿的开办资本，很大程度上依赖于唐茂枝的奔走筹集。唐茂枝 17 岁就在香港华人户籍司工作，可心中家国情怀充斥，处处维护华人的利益。1892 年，时任开平矿务局总办的唐廷枢于天津逝世。李鸿章委派股东张翼担任矿务局总办。张翼并不懂近代企业的经营，又大力向国外洋行贷款，导致股权流失，至 1900 年，英国获得了开平矿务局的控制权。

1885 年，李鸿章任命盛宣怀为招商局督办，全面接管轮船招商局事务。盛宣怀接手时，早先的商股基本上退出，招商局的股份结构变为官方为主，管理者也基本是具有官僚背景者，此时官督商办格局已经难以维持。

唐廷枢、徐润退出招商局，明面上是因为挪款事件，实质上是因为官商之间难以调和的矛盾。对招商局，唐、徐二人主张在经营中一切要遵守市场规则，权力不可干涉。而招商局自设立之日起，从业务运营、企业资本、人事任命到政府补贴，无不受到

① 陈旭麓、顾廷龙、汪熙主编：《轮船招商局》，上海人民出版社 2002 年版，第 228 页。

权力的影响。

在当权者眼中，招商局是服务于权力的一块肥肉，将招商局归为国有的动议从未停息。以挪款为契机，官方将唐、徐驱逐，进而控制招商局，改为官办。唐、徐被逐四年后，李鸿章云："中西情形不同，未便悉仿西法。从前唐、徐屡言不要官问，究不可靠。"[①]一语说出其中真相。

官办不如商办乃是事实，但洋务企业交由商办也是弊端多多。光绪十二年（1886），李鸿章抱怨招商局成立十余年来，不但本息不增，所欠官款洋债日益增加。"所谓利权，上不在国，下不在商，尽归于中饱之员绅，如唐廷枢、朱其昂之被参于前，徐润、张鸿禄之败露于后。"

官办企业不能见效，因为企业受到政局的影响，朝令夕改，办理之官员钻营奔走，逢迎献媚。但实行官督商办，商人往往摇身一变，成为红顶花翎之巨商，大都为"二品衔补道"，所施行的又是官场一套，以此打通政商，沆瀣一气，挪移款项，充作私用，最终还是换汤不换药。

轮船招商局之外，其他官督商办的洋务企业也出现了问题，尤以上海机器织布局最为明显。自从五口通商后，英国所产机器织布大量涌入中国，极大冲击中国国内市场。在华的西方商人，

① 陈旭麓、顾廷龙、汪熙主编：《轮船招商局》，上海人民出版社 2002 年版，第 281 页。

更是积极筹集股份，试图在华设立机器织布厂，占领中国市场。1874年，李鸿章就指出，英国呢布在中国每年售银3000余万两，抢走了大量中国工匠的收入。为了确保中国之利，应对洋布冲击，时人郑观应曾提出“自织洋布，以与之抗衡”。

1878年，彭汝琮向李鸿章建议设立机器织布局，李鸿章也希望“扩利源而敌洋产”。1879年，织布局开始筹办，由彭汝琮作为官方代表担任总办，郑观应担任会办。但在实际经营中，彭汝琮独断专行，郑观应根本没有发言权，遂与其邀请来的其他买办一起退出织布局。织布局无法吸纳资金，李鸿章将彭汝琮驱逐，再请郑观应、经元善入局，以商业力量经营，戴恒、龚寿图作为官方代表监督。

郑观应担任太古洋行总买办的同时，兼任轮船招商局帮办、机器织布局会办、上海电报局总办等职位。他对于官商合作没有唐廷枢那般乐观。在他看来，与太古洋行合作是契约关系，不必担心意外；与清廷合作，实是与虎狼共舞，不知何时事发，身家性命尚且难保。

不过在创办织布局时，郑观应还是全心投入。织布局的股份，由郑观应所募集来的为数最多。他未雨绸缪，为确保织布局开办之后能应对洋布挑战，特意争取到了十年的专营权。织布局的办公经费、房租餐费等都很紧张，郑观应自掏腰包，垫付万余两。李鸿章知道后，夸奖他性情谨厚：“其与人为谋之忠亦可敬矣。”[1]

1883年，郑观应订购的机器抵达上海。就在此年，上海金融风暴爆发，官商关系恶化，郑观应挪用股本事发，机器织布局交由经元善经营。1887年，龚寿图兄弟接手，侵吞了三成商股，导致织布局亏空严重。此后李鸿章换马建忠经营，又不成功，遂命无锡杨宗濂、杨宗瀚兄弟接手。杨氏兄弟与李鸿章关系密切，属北洋官僚系统，此后李鸿章便不再假手买办经营织布局。

机器织布局是中国第一家机器棉纺织工厂，其创设工作耗费了漫长时间，直至1890年才部分投产。1893年，织布局全部焚毁，此后由盛宣怀接手，他排斥杨氏兄弟，将织布局改组为华盛纺织总厂。织布局的股本也发生变化，北洋系官僚占据了主导权，从所谓官督商办变为全面官办。

虽然有对官督商办企业的扶持，有过官商合作的蜜月期，但清廷对新式企业的态度是强调国家控制，商业服从权力。至甲午战争后，清廷才鼓励民间商办，设立商务局，开设通商银行，扶持民营企业。

唐廷枢、郑观应、徐润等买办对李鸿章等洋务派最初抱有希望，希望通过官方扶持，得到保护。但在创办织布局的过程中，郑观应亲自体验到了“官督商办”的本质依然是官主商辅，官为刀俎，商为鱼肉。他在诗中抱怨：“名为保商实剥商，官督商办

① 顾廷龙、戴逸主编：《李鸿章全集》第三十七册《诗文》，安徽教育出版社2008年版，第166页。

势如虎。华商因此不及人，为丛驱爵成怨府。”

郑观应对官督商办持失望态度，进而主张铁路、轮船、纺织、制造等企业，“一体准民间开设，无所禁止。或集股，或自办，悉听其便，全以商贾之道行之，绝不拘以官场体统”[①]。只是这一切的实行，在当时却是遥遥无期。

“古今国势，必先富而后能强，尤必富在民生，而国本乃可益固。”[②]李鸿章如是说。可商业力量的成长，民生的改进，不是单纯的“官督商办”就可以达成。在洋务运动中，清廷没有保护商业资本的意识，反而无节制地侵吞商业资本。以买办为首的新型商业力量，怀着商战强国的梦想，结果却遭到了权力的限制和压榨，中国走向现代化的进程举步维艰。

同时，在创办洋务企业的过程中，官督商办表面上达成“官商一体”，可相关的商法、规章制度没有确立，产权、股权得不到保证，政策缺乏持续性与稳定性。商人入股，企业办好后，成为官方随时可以夺取的肥肉，如郑观应所云：“股商远虑他日办好，恐为官夺。”1899 年，轮船招商局被要求每年报效 14 万两，清廷从轮船招商局共获得报效 162 余万两。其他新式企业，如电报局、开平煤矿等也被要求向朝廷报效。

晚清时期，权力垄断了一切，所有大型生产活动必须经过官方的许可，处于官方的监督下，新式企业要处理好与官方的

① 夏东元编：《郑观应集》上册，上海人民出版社 1982 年版，第 612 页。

② 顾廷龙、戴逸主编：《李鸿章全集》第十册《奏议十》，安徽教育出版社 2008 年版，第 63 页。

关系才能生存，才能得到艰难的发展。至于市场发展所需要的财产保护、言论自由、法律保障等，更是严重匮乏。与权力的紧密结合，使新式企业只能局限在官方所要求的领域，且必须在官方监督之下，服务官方的需求。于是市场的自由空间受限，在生产活动中以大规模商业化运用为特征的工业资本主义不可能发展起来。

官督商办如同一个陷阱，实力雄厚的买办深受其害。后来买办们小心翼翼，逐渐摆脱官督，只求商办。如买办朱志尧随马相伯赴美、法等国考察后，发出感慨："机器者，真为国家命脉也。"1902年，朱志尧筹集资本，进口各类机器，创办"求新机器厂"。1906年，朱志尧筹资十万两，将上海南市电灯厂改为商办，更名为内地电灯公司。他还创办了榨油厂、轮船公司、纱厂、面粉厂、碾米厂等系列企业，都是利用外商银行的资本独立商办。平和洋行买办朱葆三则一手创办了覆盖金融、交通运输、矿业、日用等领域的商业集团。

洋务运动期间所办部分企业性质情况

创办人	企　业	性　质
唐廷枢、徐润	轮船招商局、开平煤矿	官督商办
郑观应	上海织布局、上海电报总局	官督商办
杨德	池州煤矿	官督商办
叶澄衷	燮昌火柴厂	商办
李松云	均昌船厂	商办

续表

创办人	企　业	性　质
陈可良	裕泰恒火轮面局	商办
祝大椿	源昌碾米厂	商办
朱志尧	求新机器厂	商办
曹子撝、曹子俊、郑观应	上海机器造纸局	商办

作为行商继承者的买办，完成了近代转型，创办了一批新式企业，从流通领域向生产领域转移，获得大发展。而原先财力最为雄厚的徽商、晋商却未能转型，最终被淘汰。客观而论，买办对中国近代社会的前行起到了推动作用。

但买办的地位并不高，当时及后世的社会风评也非常糟糕。早期买办大多数出身低微，如1858年创办甘章船厂的广东买办郭松（Kwok Acheong），早年曾干过海盗营生。小说《发财秘诀》中的买办蔡以善，就被描述为阉猪出身的粗人。最为奇特的是广东人刘丽川，他曾在旗昌洋行任买办、通事，后来却成为小刀会的首领。刘丽川发动起义后的对手，捐官而任上海道台的同乡吴健彰，则是宝顺洋行买办出身。吴健彰被小刀会擒获后，出于乡谊，刘丽川将他暗中释放。

原先买办居中贸易，服务洋商，承受了巨大的舆论压力，被视为洋商的走狗。当时国人对买办普遍持鄙夷态度，将之与娼妓、流氓归为一类，视为最为卑鄙无耻之徒。各种负面评价充斥于社会之中，乃至形成仇恨、鄙夷买办的浪潮。买办被描述为“糜烂腐朽、荒淫无耻的恶棍”。“洋奴买办们的发财秘诀，概言之有以下二条：一曰狠，狠到丧尽天良。二曰钻，曲意崇洋媚敌，丧失人格国格。”连对西方有较多了解，眼界宽广的王韬，也不肯将女儿嫁给姚姓买办，认为其人“美其名曰买办，实则服役”。

李鸿章虽然借重买办的才能和力量，但骨子里还是瞧不起买办。他认为买办主要是两种人：一是广东、宁波商帮子弟，平日里佻达游闲，只有学习外语，走通事一途。另一种则是英法等国设立的义学学生。这种学校招收贫苦人家子弟，教授语言，于是大多沾染洋人习气，信仰洋教。“两种人者，类皆资性蠢愚，心术卑鄙，货利声色之外，不知其他。”[1] 左宗棠曾经斥责买办杨坊，“以市侩依附洋商致富”。

相较于前身行商，买办在近代中国更招人痛恨，这是一系列因素作用的结果。

其一，近代中国面临内忧外患，国民的民族情绪高涨，特别是在中法战争、中日战争之后。而买办阶层依附洋商，通过对外贸易获得大量财富，引发了国人的强烈不满。

其二，中国传统社会对商人一直持鄙视态度。虽然清代官方也重视商业，但是商人的地位并没有得到根本性的改变。洋务运动中虽出现官督商办模式，对买办力量有所借重，但这并没有从根本上改变买办的地位。他们仍要通过捐输获得官衔，提高地

① 顾廷龙、戴逸主编：《李鸿章全集》第一册《奏议一》，安徽教育出版社2008年版，第208页。

位。但获得官衔或者官职，并不能带来身份上根本性的转变，且他们借助财富进入仕途，又会引发新的不满和嫉恨。小说《文明小史》中，洋行买办王淹卿死后，其妻不愿儿子学习洋文，训斥道："那劳什子的洋文读它做甚，据为娘的意见，不如请个先生家里来，教你读中国文。你叔叔也是翰林，你将来考中，和叔叔一样，何等体面。"

第三，买办阶层获得巨量的财富，过上了奢侈的生活，这一切又让当时处于内忧外患中的国人产生极大不满。

在这些因素的合力下，形成了全民性普遍痛恨、厌恶、仇视买办的心理，买办被彻底污名化。

当然，买办在处理政商关系时尚能保持一定的独立性，与中国传统的商人力量截然不同，买办是一种全新的、独特的存在，它是中国三千年未有之巨变的产物。买办的出现推动了中国社会的一些变革。晚清中国产生很多所谓"不妥章法"，这些"不妥章法"是农业社会向现代社会转变过程中的产物。买办的存在自有其合理性，不能由于买办遭人嫉恨，就否定它对中国近代社会的推动作用。

与买办阶层类似，在后世存有非议的人物，还有盛宣怀。

政商通吃：盛宣怀的手腕

盛宣怀是江苏武进人，1844年出生，祖上以诗书传家。他从小接受儒家教育，受父亲经世致用思想的影响，思维活跃，视野开阔，注重“有用之学”。1866年，盛宣怀考中秀才，此后连续三次乡试不中，遂断了在科举上发展的念头。同治九年（1870）春，李鸿章率军入陕，盛宣怀入李鸿章幕。因办事干练，得到李鸿章赏识，递保知府、道员，后被委以兴办洋务的重任。

1872年，盛宣怀参与办理轮船招商局。买办唐廷枢、徐润入局之后，二人实际掌握招商局的运作，而漕运事务则被朱其昂兄弟所控制。盛宣怀在招商局地位尴尬，除了帮助处理一些麻烦外，无法介入实际事务，“绝未一语会商，局内视为无足轻重之人”。在给唐廷枢的信中，盛宣怀自称“乃一挂名会办”。在谋取招商局督办的尝试失败后，盛宣怀不得不退出招商局。

1875年，在李鸿章支持下，他于湖北创办煤铁矿。湖北煤铁矿初期是官督商办，募集商业股份十万两。盛宣怀认为：“责之民办，而民无此力；责之商办，而商无此权；责之官办，而官不能积久无弊。”官督商办具有独特优势，可以商出资本、民出工力、官总其成，至于这“官”，就是他盛宣怀了。

但盛宣怀发现办理矿务艰难，乃向李鸿章请求，发给直隶练饷钱20万串，湖北发给公款钱十万串，于1876年将煤铁矿改为官办。改为官办之后，营业状况急转直下。不到三个月，李鸿章就警告盛宣怀："鄂厂现领官本，后难为继。"此后拒绝了盛宣怀继续调拨官本的请求。交通不便、经费短绌、误用猥劣矿师等因素叠加，导致湖北煤铁矿失败，盛宣怀另办的荆门矿务总局也告失败。

办理矿务失败，外界风传盛宣怀挪用办矿官本，任人唯亲，一度导致他与李鸿章闹得很不愉快。但湖北的失败并未让他气馁，旋即他创办了获利颇丰的电报局。电报系统在当时的重要性不言而喻，俄国、英国很早就想介入中国的电报业务。

在中国收回伊犁的交涉过程中，曾纪泽由俄国发来一封电报，朝发而夕至。要知道，当时由上海至北京，一封书信，由驿站传递则要十日，由轮船也要六七日。但清廷的态度是，自己不架设电线，也不许外人介入。1865年，上海利富洋行曾在浦东立了200余根电线杆，地方官却密令将电线杆全部拔去。盛宣怀意识到电报的重要性，认为电报虽然有军政上的重要性，而其根本在于"厚利商民"，有助于发展经济。

1879年，在李鸿章的主持下，官方在大沽口炮台与天津之间建设了一条电报线路，这是中国自办电报之始。1880年，尝到电报甜头的李鸿章以有利防务、便利通信为由，奏请在天津至上海间建设陆路电线，得到清廷许可。此年九月，官方又在天津设立电报总局，由盛宣怀任总办，并在天津办理电报学堂，培养人才。

电报总局开办之初，实行官本官办。1881 年 4 月，电线工程开工，11 月竣工，南北联为一体。电线杆在当时，从高层到民间都大加排斥，高层反对洋玩意，民间认为有伤风水，故而最初商人投资并不积极。盛宣怀在此年冬天，特意请官方加以保护，以免华商寒心。

1882 年 4 月，电报局改为商办之后，盛宣怀出任总办。盛宣怀强调，政府不得干预电报局事务，军机处、总理衙门、各省督抚等衙门所发电报，记总账以官款支付，其他官方电报则以现金支付。此时中法战争一触即发，于军事上而言，迫切需要架设电线联通南方浙、闽、粤各省。1884 年，盛宣怀移拨金州矿股 20 万元，用于架设电线，联通了中法战争前线各地。在苏、浙、闽、粤线竣工后，电报总局从天津转至上海。

电报招商局的开通，便利了商人的商业活动，各地商人通过电报局互通消息，加速了贸易的流动，“强富之功基于此矣”。创设电报局，也抵制了英国大东公司、丹麦大北公司在华拓展电报业务的企图。通过创办电报局，盛宣怀展示了自己的能力，重新获得李鸿章的信任。1883 年秋，盛宣怀重返招商局，两年后担任招商局督办。

在盛宣怀主持轮船招商局的十年内，经营状况不断好转。持续发展的招商局成为清廷眼中的肥肉，如 1894 年慈禧太后生日，招商局报效 5 万余两。甲午战争中，招商局借款 41 万余两给户部。1896 年年初，盛宣怀一反常态，主动向直隶总督、北洋大臣王文韶提出，招商局拟“删除官督，悉归商办，以顺商情”[①]。

盛宣怀一方面限制招商局自身业务的扩张，不再对外招募股本和扩充航线；另一方面，为了躲避清廷勒索，盛宣怀将招商局的资金分散，对外先后投资中国通商银行、华盛纺织总厂、汉阳铁厂、萍乡煤矿等；此外还将部分保险、公积金发给股东，扩大股东股本。

1886 年，盛宣怀被实授山东登莱青道兼烟台海关监督，电报局、招商局事务交给经元善等人办理。此时他的身份，不再是亦官亦商了，而是正经的官员。烟台六年任期内，盛宣怀创办了缫丝厂等新式企业，并扶持华侨张振勋学习西方技术，在烟台酿造葡萄酒，酒厂即延续至今的“张裕公司”。

1892 年，盛宣怀调任天津海关道。此时他掌握了一批关系国计民生的部门，如轮船招商局涉及全国运输，电报局涉及全国通信，乃是各方联系枢纽所在。

盛宣怀的崛起，也可以视为晚清的“不妥章法”。他是体制内的另类，只有秀才身份，却成为高官，掌握大清最重要的经济部门。就认知水平而言，他无法与郑观应相提并论；在企业经营的能力方面，他无法达到唐廷枢的高度。可他掌控各个洋务企业，混淆公私，既牟取私利，也服务于当时的政权。

盛宣怀是官商夹缝中成长出来的，其时清廷中枢权力开始减

① 夏东元编著：《盛宣怀年谱长编》下册，上海交通大学出版社 2004 年版，第 507 页。

弱，无力完成国家转型、健全法律体系、培育新型工商企业，也无法减少对工商业资本的侵吞。各地大员也纷纷建立自己的势力，创办洋务企业，既是为了对抗西方列强的侵蚀，也是为了增强自身实力，于是盛宣怀这样的人物脱颖而出，他一手官印，一手算盘，亦官亦商，左右逢源。盛宣怀既代表着官方旧势力，又控制着代表新生产力的各个洋务企业，他以官商兼具的双重身份，在其间长袖善舞，调和各方利益。

在甲午中日战争中，盛宣怀之弟盛星怀在平壤战役中阵亡，盛宣怀忧劳愤激，身染重病。盛宣怀的商业成就来源于实权人物如李鸿章的支持，没有权力支撑，他的商业帝国就难以为继。甲午战后，盛宣怀的政治靠山李鸿章失势，被免去直隶总督、北洋大臣的实职，只剩下一个协办大学士的虚名。

李鸿章失势后，盛宣怀迅速投奔接替李鸿章的王文韶，继续得到器重。1895 年，盛宣怀遭到弹劾，清廷命王文韶推荐其他人选接替盛宣怀电报局督办一职。但在官场上以滑头著称的王文韶力挺盛宣怀，认为除他之外，“竟无一人堪以胜任者”。

此时盛宣怀办理洋务企业卓有成效，清廷也要借重他的能力。而盛宣怀又在官场上找到了新的靠山，这就是湖广总督张之洞。此前几年，张之洞认为汉阳铁厂必须官办，盛宣怀则坚持官督商办，二人产生严重分歧。1896 年，汉阳铁厂用去官款 500 多万，却无起色。张之洞无奈，这才决定改为商办，交由盛宣怀主持。此年盛宣怀的事业蒸蒸日上，红得发紫，他督办汉阳铁厂、铁路公司，招商组织中国通商银行，并被授予太常寺少卿之衔和专折奏事的特权。

盛宣怀此时的身份，如张之洞所云："承上注下，可联南北，可联中外，可联官商。"乃至光绪帝、慈禧太后都对他青睐有加，百日维新期间，光绪帝召见盛宣怀两次。戊戌变法失败后，慈禧太后也亲自召见，命他暂时留京，随时商询要政。1899 年，盛宣怀担任会办商务大臣，权倾一时。

到 1900 年时，盛宣怀控制了轮船招商局、上海电报局、华盛纺织总厂、中国通商银行、汉阳铁厂、大冶铁矿、萍乡煤矿等一系列企业。这些企业的重要性是不言而喻的，它们直接关系着清廷的经济命脉。1898 年，伊藤博文参观了盛宣怀所办的企业后，曾发出感叹："这些企业是破屋子中的好桌子。"

1900 年，京师政治斗争激烈。5 月，北京城内出现义和拳，嗅觉灵敏的盛宣怀预感北京将有大变，以"前往上海考察货物时价"为由，离开旋涡中心。风雨飘摇之中，在沪的盛宣怀始终关注着京师政局走向。5 月 29 日，盛宣怀电告长江沿线及华北的 14 个电报局，"全夜勿停，京、津、保各电尤紧要"[①]。当北方由于动乱，电报线路被破坏后，盛宣怀调动各方力量，全力保障线路畅通。

6 月 10 日之后，西方各国联军与义和团在廊坊等处交战，京津线电报中断，随后天津与外界的电报线路也中断。盛宣怀紧急

① 陈旭麓、顾廷龙、汪熙主编：《义和团运动》，上海人民出版社 2001 年版，第 17 页。

安排，将电报先发至烟台，再由烟台以轮船送到天津。当清廷发布宣战诏书后，盛宣怀仍然尽力保持与京师的联系。

义和团运动的爆发，使盛宣怀在北方的企业遭受巨大损失。他投资经营的米、麦生意被迫停业；通商银行天津分行被关闭，流失款项 14 万两；通商银行北京分行被洗劫一空，损失 12 万两。如果义和团运动蔓延到南方，则盛宣怀所控制的其他新式企业势必灰飞烟灭，所以在东南互保中他奔走最为积极。

6 月 21 日，清廷发布宣战诏书，声称要与洋人一决雌雄。次日，盛宣怀致电奕劻、荣禄，反对“以一敌八”，又电告萍乡矿路，要求保护好西方技术人员。此时盛宣怀已得到李鸿章的来电，称 6 月 21 日的清廷上谕为伪诏。李鸿章明白表态，不会遵从清廷的上谕。

地方督抚中最有影响力的李鸿章态度已经明朗，接下来就看刘坤一、张之洞了。盛宣怀遂请张謇、赵凤昌立刻前往南京和武汉，当面向刘、张阐述危急情势，请共建东南互保。在得到张之洞、刘坤一的支持后，6 月 26 日下午，在盛宣怀主持下，东南各省官方代表、江浙士绅与英美领事在上海商定了《东南互保约款》《保护上海租界城厢内外章程》。

根据章程，各国负责租界内安全事务，租界外的在华洋商、传教士和教堂等，则由东南各省督抚保护，各国不得干涉，也不得派军舰进入长江。如果因此而引发动乱，中国不负赔偿责任。出于各种考虑，列强并未签署《东南互保约款》，但承认了互保章程的内容。

6 月 28 日，清廷宣战上谕在上海公布，盛宣怀电请刘坤一、张之洞坚定原议，不可动摇。刘坤一、张之洞互相致电，表示不管如何，东南互保断不可变。在联络了东南三总督之后，盛宣怀又积极联络各地督抚，加入互保同盟。8 月 20 日，慈禧太后在西逃途中发布《罪己诏》，等于正式承认了东南互保的合法性。对于东南互保，盛宣怀颇为自得，曾自叙道："生平但知埋头做事，功不铺张，过不辩白，吃亏在此。即如东南互保，非我画策，难免生灵涂炭。"①

1901 年 9 月，盛宣怀被任命为办理商税事务大臣，议办通商各条约，改定进口税则。一切事宜，就近会商刘坤一、张之洞妥为定议，此时的盛宣怀，已经进入了清廷核心权力圈。一手扶持起盛宣怀的李鸿章在此年去世，临终前手函盛宣怀，将补救晚清时局的重担，托付于他。

盛宣怀一生的理想是办大事、做高官。在政商两途上，他虽有起伏，但终究能执掌一国最要害的经济部门，进而步入权力中枢。1902 年，盛宣怀授工部左侍郎，为挽回时局，他勤勉异常，常彻夜不休。此年盛宣怀之父盛康去世，盛宣怀循例开去各项职差，守制丁忧。

此时袁世凯正担任北洋大臣，他利用此机会，夺取轮船招商局和上海电报局的控制权。面对实力派强势人物，盛宣怀虽具有

---

① 夏东元编著：《盛宣怀年谱长编》下册，上海交通大学出版社 2004 年版，第 957 页。

官方身份，却全无招架之力。袁世凯曾亲赴上海，商谈电报、招商二局事宜。迫于形势，盛宣怀表态，电报局可以官有，招商局则纯是商办，不可归官。不想袁世凯将二局全部归官，这让盛宣怀大为愤怒："但以后华商恐更寒心。"

电报局、招商局改为官办后，成为袁世凯北洋一系的重要财源，但管理混乱，腐败盛行，"官气日重，亏耗日巨"。盛宣怀手中两张王牌被夺，遂全力经营汉阳铁厂，1907 年 11 月，汉阳铁厂新炉出钢，盛宣怀欣喜若狂。在他的推动下，汉阳铁厂、大冶铁矿、萍乡煤矿合并，成立汉冶萍煤铁厂。铁厂的成功也让他如履薄冰，唯恐又如招商、电报二局一般收归官办。正是基于此种考虑，他向日本多次借款，引日本资本进入铁厂，以防止官方侵吞。

1908 年 3 月，盛宣怀补授邮传部右侍郎，主管船政、路政、电政、邮政四政。原本清廷是要将此职授予慈禧太后的亲信岑春煊的，如此则盛宣怀的商业帝国将拱手让人。危急之下，盛宣怀全力疏通，通过亲贵载泽帮忙，才获得此职位。可见，他虽经营商业，却常常被权力所羁绊，根本无法完全放开手脚。

1909 年 1 月，袁世凯被剥夺实权，返回河南老家"养疴"。盛宣怀压抑已久，立即着手收回招商局。袁世凯集团的骨干徐世昌此时正担任邮传部尚书，招商局中很大一部分股份被倾向于徐世昌的港商控制，称为"徐党"。为了抵制"徐党"，盛宣怀请出香山买办、粤商领袖郑观应。

徐润与郑观应都曾在宝顺洋行担任过买办，在很多领域有着深入合作。但在与盛宣怀的关系上，二人却截然相反。徐润与盛宣怀交恶，两次被盛宣怀排挤出轮船招商局。郑观应与盛宣怀关系亲密，在争夺轮船招商局时，郑观应都支持盛宣怀。

此年轮船招商局在上海召开股东大会，选举董事会，盛宣怀、郑观应、施肇曾等九人被选为董事，其中盛宣怀被选为董事会主席，由此夺回招商局的控制权。因他在权力圈中事务繁多，便将招商局的事务交给郑观应办理。盛宣怀大力推动招商局商办事宜，派郑观应赴京办理注册手续。

盛宣怀对自己进入权力圈的动机曾云："留此一官，内可以条陈时事，外可以维护实业。"即借助官方力量，发展工商业，维护工商业。就在盛宣怀摩拳擦掌，准备大展身手时，1911 年，辛亥革命爆发，中国局势大变，盛宣怀叱咤风云的时代告终。

第七章 叛离：新兴商业力量与晚清变革

在晚清的新政风潮中，新崛起的绅商阶层试图推动清廷从内部实行变革，但由于清廷、绅商们在宪政路线上的分歧，改革的目标最终未能实现。失望的新式绅商离心离德，对清廷从合作演变为叛离。新式绅商们试图推翻清廷，建立新的共和国。为了达成此目标，新式绅商与具有军事实力的督抚们结盟，共同推动晚清走向共和。

绅商：新兴商业力量的崛起

经由晚清的一系列变革，士农工商四民阶层被打破，士与商人两个阶层融合。陈旭麓云："绅商（由商而绅、由绅而商）和乡绅是官与民的中介，前者多在市，后者多在乡；前者与工商业结缘，后者与宗法、地租联姻，从他们身上可以捕捉到中国近代社会的脉络。"[①] 晚清的绅商阶层，一方面或具有科举功名，或经由捐纳获得官衔；另一方面又从事各类工商业活动，因此他们多具有官商双重身份。

在太平天国战争中，清廷财政吃紧，不得不鼓励民间捐纳监生及官职。凡捐输军饷的地方，增加生员学额作为赏赐。户部发放大量空白文武职衔及贡监执照，交给各省军营粮台，随时填发。而捐纳的价格则大幅下降，只需要少量银两便可捐官。据吴县文人沈守之记录，往日捐纳本极昂贵，一般要银1000两有余。自太平军兴起，京师捐输时，可以搭用大钱、宝钞，折银不过200两有零。外省防剿捐输，连军营饷票、河工欠发款项等都可以作为捐输，实纳不过100两有零。"时富商大贾，得以破格奖

① 陈旭麓：《陈旭麓文集》第五卷《浮想偶存》，上海教育出版社2018年版，第123页。

叙者，比比皆是。”[①] 同治三年（1864），据山东巡抚阎敬铭奏称，同治初年各省收捐价格仅为规定的 10% 至 30%。

19 世纪中期之后，经由捐纳，财富与科举一样成为获得社会地位的途径。上海滩上的知名买办几乎人人均有道员、知府、知县等头衔，“今之国子监生遍天下，皆由纳粟而入”。据郝延平估计，“1900 年前后在上海的 40 个著名买办中，至少有 15 个是候补道台。有些买办甚至捐了更高的官衔。例如，徐润于 1872 年捐了兵部郎中衔”[②]。

随着社会的转变，往日重文的苏州士绅阶层开始投入到买办事业中，进而由买办起家，积资捐官。如苏州东山席氏家族，在 13 家外商银行中有 23 人担任买办，其中以汇丰银行第二任买办席正甫名气最著。

1874 年，席正甫至天津为汇丰银行与清廷达成“福建、台湾海防借款”共 200 万两，由此有功，在当年接任汇丰银行买办。当时在沪外国银行，以汇丰银行实力最强。此后清廷向汇丰银行借款多笔，均由席正甫经手操办。通过政治贷款，席正甫与李鸿章建立密切关系。后经李鸿章保举，席正甫获得二品顶戴花翎，又捐了个道台的官职。

席正甫官商一体，长袖善舞，与把持洋务企业的盛宣怀私交甚笃，有很多业务往来。晚年时，席正甫还与上海道台袁树勋结

---

① 《再论保护商属》，《申报》1883 年 11 月 3 日。

② ［美］郝延平：《十九世纪的中国买办——东西间桥梁》，上海社会科学院出版社 1988 年版，第 229 页。

为换帖兄弟。他去世后，席家继续把持汇丰银行买办职务半个多世纪，直到孙子席鹿笙1929年被人枪杀方才告终。有趣的是，不仅中国买办发财后热衷捐官，西方在华银行职员也热衷于此。如汇丰银行北京大班赫利，平素便着清廷官袍，头戴朝珠朝帽。

张謇说："中国近日，官皆商也，商可官也。"新出现的绅商群体，既可指官员和文士，也可指商人。在士人参与创办新式企业的同时，很多官员也至企业中任职。由于权力加持，官员们从企业的监督者摇身一变成为经营管理者，将官商关系结合得更深。还有一些官员直接出面，投身新式企业的创办中。1906年，长芦盐运使、直隶臬司周学熙创办北洋滦州官矿公司。周学熙之父周馥乃清廷实力大员，历任两江总督、两广总督等要职，与李鸿章、袁世凯关系亲密。周学熙步入官场后，得到袁世凯的栽培，并受其委托办理企业。滦州官矿有限公司最初的股东由官股、私股组成，投资的私股中，很多是袁世凯北洋集团的要人。

除此之外，尚有大量取得功名的士人弃儒从商，投入新式企业的创办浪潮。1896年，湖南地方绅士王先谦（进士）、张祖同（前刑部官员）和杨巩（候补道员）创设恒丰火柴公司。1902年，监生禹之谟在湘潭开设了一家毛巾厂。在四川，巴县秀才杨海珊租德国商牌，在重庆设立了一家火柴厂。福建闽县人陈壁士是光绪三年进士，授内阁中书，"开办工艺局，兴工业；设纺织局，教女工"。生员孙逊在厦门开设了一家电灯公司。1905年，广东琼州府绅士联合筹议组织轮船公司。

"三年出一个状元易，三年出一个经纪难"，在晚清巨变中，状元也投身实业兴国之中，其中知名者有苏州状元陆润庠、南通状元张謇。

光绪二十一年（1895）五月，国子监祭酒陆润庠因双亲年老多病，奏请开缺回籍养亲。此时清廷受甲午战败的刺激，正大力发展新式工商业，并令各省设立商务局，各府州县在水陆通衢之处设立通商公所，兴办实业。

回到江苏后，陆润庠被两江总督张之洞看中，委任为苏州商务总办。在张之洞、刘坤一支持下，陆润庠集资在苏州创办了苏经丝厂、苏纶纱厂两家近代工厂。两厂的设立，资本复杂，最初计划是由官方向商人借款 54 万两，但商股募集不足，官方又拨款 23 万余两，两厂便成为公私合营。

1897 年，两厂投产，所出纱丝足以与上海名厂相匹敌。但投产之后获利甚浅，新股招募困难，已投资的商人又怨言四起。年近花甲的陆润庠失去办厂的信心，将两厂交给协助办厂的浙江商人祝承桂办理，自己则回朝，再入官场。在仕途上，陆润庠发展迅速，至清末时担任吏部尚书、内阁大学士，贵为一品。祝承桂以承租方式接管两厂后，与苏州商务局签了五年协议，任内亏损达 31 万两银之巨。最终，张之洞出手援助，另找新商接办，亏损窟窿则由商务局填补。

另一位状元，是绅商领袖之一的张謇。咸丰三年（1853），张謇出生在海门县常乐镇。他在科场上命运多舛，连续五次乡试均告失败，遂入吴长庆军中担任幕僚。光绪八年（1882），张謇协助吴长庆平定了朝鲜壬午兵变，名噪一时，很多督抚都想把他招到身边当幕僚。张謇还是选择了继续参加科举，至光绪十一年方才考中举人。朝中大佬翁同龢亲自拜访张謇，对他期许有加。

光绪十二年（1886）会试失利后，张謇有了新的想法。他意识到，读书人不能再将工商业视为贱业，必须兴办实业，实现国家富强。此年返乡之后，张謇试行创办实业，进行教育实践，开展慈善事业，为他未来的事业积累了经验。

创办实业的同时，他没有放弃在科举上的努力。1894 年，张謇参加殿试，当时翁同龢担任阅卷大臣，终将张謇取为第一，圆了他的心愿。1895 年，新科状元张謇返回南通，继续践行实业救国之志。此年张謇在南通筹办“大生纱厂”，大生之名取自《周易》“天地之大德曰生”。

纱厂开办后，经历了诸多挫折，最棘手的问题则是资本不足。张謇一度写信向盛宣怀求救，“告急之书，几于字字有泪”，盛宣怀却毫无响应。无奈之下，张謇只好求助于湖广总督张之洞和两江总督刘坤一。恰好原先筹建湖北纺纱官局时订购的洋行纱机正堆在上海杨树浦江边已三年，一直闲置未用。张謇无钱购置机器，乃商定将这批破烂“官机”折价 50 万两，作为官本入股，另招商股 50 万两，大生纱厂由此从商办变为官商合办。

官商合办，充满变数，商人疑虑颇多。张謇在征得刘坤一同意后，将原先官本 50 万两改为由盛宣怀、张謇各领一半，分别在上海、南通开厂，以此取信于商人。经过五年努力，1899 年，大生纱厂正式开机生产，此时恰逢纱价上涨，纱厂获得了巨大的商业机会。经营上的成功，使张謇获得更多投资，得以不断扩充纱厂规模，并从事其他业务。

张謇所创办的实业，以棉纺为主，涵盖盐垦、榨油、皂烛、磨面、蚕桑、运输、金融、印刷、市政等各个领域。张謇曾在南通进行城市规划，直至今日，南通仍然存留着他的烙印，城北的唐闸一带成为工业区，集中了大生纱厂、油厂、面粉厂、米厂、铁厂等一批工厂。

与传统政商关系的中的官尊商卑、以官制商不同，经过洋务运动，官商格局开始发生改变，“中国始有官商一体之风气”[①]。

商人地位的上升，也与对外贸易的发展和对外联系的加深相关。五口通商后，西方人对华贸易要借助买办帮助。因有洋商加持，中国商人地位迅速得到提升。在太平天国战争中，清廷虽然借重商人捐垫巨款，但商人尚不敢与官方大员抗礼。同治朝以后，清廷解款方式发生改变，改现银为汇票到京。库中应收、应放款项，都通过票号进行，遂令商人得以介入国家财政，“国家之财而出入于商人，则官商一体矣”[②]。

经过洋务运动，东南地区形成了一批士绅，他们表现出了与传统商人不同的特点，他们投身于新式的工商活动，积累了相当财富。他们有的兼具功名与商人身份，如状元张謇；有的是纯粹的商人，如上海巨商叶澄衷等。他们已经具有一定的世界眼光，经历了几十年洋务运动的洗礼，能开眼看世界。他们与地方大员

①《铁路闲评》，《申报》1881 年 1 月 18 日。

②《论官商相维之道》，《申报》1883 年 12 月 3 日。

有着千丝万缕的联系，在地方上具有相当影响力，能左右地方上的各类社会事务，可以看作地方精英。

此时绅商也开始认识到，清廷已经成为中国发展最大的阻碍，郑观应就说："政治不改良，实业万难兴盛。"绅商们提出了政治诉求："故振兴实业之关键在于通过立宪确立法治，限制政权，保障民权来改良政治环境与政治组织。"

作为新兴力量出现的绅商阶层，从走上历史舞台的那一刻，就站在了保守势力的对立面。在戊戌变法中，以张謇为代表的东南绅商阶层，大力支持维新变法。到了 1900 年，有风声传出，将要废黜光绪帝。以经元善为首的上海工商阶层 1200 余人联名抗议，反对废帝。1900 年 2 月 8 日，清廷命盛宣怀限期一个月将经元善缉拿治罪。盛宣怀暗中报信，经元善逃往澳门，家产被官方籍没。可见，这些新出现的绅商阶层有着强烈的社会责任感，并积极发出自己的声音，这使他们成为清末立宪运动最强大的推动力量。

在清末也涌现出了一批新式知识分子。这些新式知识分子，既具有传统学术的背景，也具有新式的眼光，他们更有着强烈的抱负，想要改变中国，使中国早日富强。他们或是创办报纸，或是办书院讲学，或是出国求学，希望能在思想层面改变中国。他们中的代表人物如汪康年、陈三立、沈曾植、严复、章太炎、容闳等，都本能地赞同变法，支持光绪帝，站在维新变法一边。当清廷决定借助义和团对抗西方各国之后，他们曾大力反对，陈三立甚至在东南游说，企图迎銮南下，逼迫慈禧太后归政光绪帝。

1902年，载振考察欧美、日本商务，归国后奏请设立商部。十月，在奕劻等人的奏请下，清廷同意设立商部。十一月，慈禧太后下谕，命正在总办粤汉铁路的张振勋入京陛见。张振勋是华侨商人，曾捐巨资20万两办理路矿学堂，并通过捐纳获得道台身份。光绪二十九年（1903）五月，清廷任命张振勋为商部大臣差遣委用，于是出现了中国历史上奇特的一幕，一名华侨，在南洋经营实业，同时还在中国位居高官。这又是一个“不妥章法”。

1903年，商部设立，地位仅次于外务部，位居第二。次年颁布《商会简明章程》《商律》《公司律》等振兴商务的法令。林作屏激动地称：“今日之天下，故一变而为重商主义，商人之力足以操纵天下之权利。”[1]

但果真如是吗？

到了19世纪末，中国的人口总数恢复到4亿，但这4亿人口中的95%以上集中在农村，新出现的产业工人在总人口中是很少的。虽然工商业有了大的发展，但整个社会经济结构仍然以农业为主，“当清朝在公元1911年覆灭的时候，大约有六百个中国人自己兴办的使用机器的制造业和矿业企业。已经铺设的铁路约5，600英里长。中国人在这些现代的商业冒险事业中的投资总额大概达到160，000，000元。这个数目相当大，但只合农业投资的百分之六、七”[2]。

---

① 林作屏：《商箴》，《绍兴商业杂志》1910年第5期，第11页。

② ［美］费正清、刘广京编：《剑桥中国晚清史 1800—1911年》下卷，中国社会科学出版社1985年版，第478页。

洋务运动开启的近代工业，只是在中国这样树大根深的农业社会中开启了一道资本主义的微小缝隙，它是星星之火，却不能燎原；几个城市中擦出的工商业火花，并不能蔓延至中国社会的广大农村；虽然出现了新的资本力量，但是它没有大到能左右整个社会，且还时时处于政治力量的干扰之中。

中国社会在整体上仍是一个农业社会，中国走向现代化的道路也是漫长而艰巨的。后来张謇曾总结自己的一生："生已愁到死，既死愁不休。"1926 年 8 月 24 日，张謇带着许多未曾实现的梦想去世，终年 74 岁。胡适曾评价张謇："做了三十年的开路先锋，养活了几百万人，造福于一方，而影响及于全国。终于因为他开辟的路子太多，担负的事业过于伟大，他不能不抱着许多未完成的志愿而死。"

竭泽而渔：清末的财政危机

“霸王之业，守位以财”，财政是维持权力统治的关键。

清朝自咸丰、同治二朝之后，经历了长期残酷的战争，各地一片萧条，“富者愈富，贫者愈贫”，民众生活越发艰辛。随着财政压力的增大，清廷从中央到地方政府的财政能力都被削弱，只能进一步盘剥民间，形成恶性循环。为了支持惨烈的太平天国战争，焦头烂额的清廷将财政权下移，令各省督抚就地筹饷与筹款，督抚们则广开财路，开厘金、借外债、劝捐加课等，获取额外收入。扩张型财政带来了额外财政收入，但中央失去了对各省正式和非正式各类财源的控制。

在甲午战争爆发之前，清廷虽部分丧失了地方财政权，但是清廷从未失去对封疆大吏人事上的控制，也有能力决定中央与地方之间的财政、军事资源的再分配。有学者观察指出：“中央权力下移与地方封疆大吏的自强、新政举措，两者互为因果。权力地方化本身并不是坏事，如果中央尚未失去对地方的最终控制权的话。”[①] 财权的下移，可以视作形成同光中兴三十年局面的关键。

---

① 李怀印：《中国是怎样成为现代国家的？——国家转型的宏观历史解读》，《开放时代》2017 年第 2 期，第 23 页。

1897年，英国驻沪领事根据光绪二十三年二月至光绪二十四年三月户部报表，统计清廷财政收入，得出如下数据：清廷田赋收入3100余万两，盐税收入1300余万两，厘金收入将近1300余万两，海关关税收入2200余万两，内地关税收入100余万两。鸦片税收收入220余万两，其他税收收入500余万两，合计8800余万两。

但与此同时，清廷各类费用也在增加。据英国领事统计，中央政府、皇室开支及满洲守备费、南北洋海军费、东三省及甘肃省边防费、海关炮台及土木诸费、十八省行政费及军备费、洋债费、其他诸费，合计8800余万两。①

光绪朝初期，清廷财政相对还算好过，厘金、关税在财政收入中所占比重不断上升，基本上能做到收支平衡，有时甚至还有盈余。在1894年之前，清政府在财政上并没有迫切压力，反而有财力支撑边疆的战争与军事上的现代化。正因为压力较小，清廷未能建立起新的金融体系，未能从民间与国际金融市场融入长期资本，加强国家治理能力。

甲午一战，清廷借款4000余万两用于战争。战后赔款2.2亿余两，一时无力筹集，又借外债3亿余两，前后总计6亿余两，此后清廷财政年年赤字，出现了巨大窟窿，根本无法填补，陷入恶性循环之中。据赫德统计，光绪二十五年（1899），财政岁入为8820万两，岁出为10112万两，财政赤字接近1300万

---

①［日］松冈忠美：《论清国财政》，《国民报》1901年第1期。

两[1]，而此年清廷需要偿还的外债更达2300万两。

至庚子年，清廷再败，战后各类赔款总计高达4.5亿两，加上年息四厘，计9.82亿两。此赔款由中国自筹，不得外借，前后分39年还清，每年需摊还2200万两。此时清廷岁入主要还是田赋、盐税、厘金、海关税、内地关税、鸦片税六类。庚子赔款以海关税、盐税、常关税作为担保，此三项占据了清廷财政收入的一半。[2]

至于每年需要赔偿的2200万两，中央偿还300万两，江苏等省份负担其余部分，其中江苏承担的份额最多，达250万两。为了赔偿此笔巨款，清廷上下的对策不外是开源节流，借筹集赔款的名义，各省开征了名目繁多的捐税，大大加重了民间的负担。

赔款之外，经历了甲午、庚子两次惨败的清廷为了自救而推行新政，内容包括了官制改革、教育改革、司法改革、军事改革等，其中以练新军为第一要务，但练军需要大量的经费。

光绪二十九年（1903），清廷设练兵处，决定编练新军三十六镇，每镇辖步兵二协，马队、炮队各一标，工程、辎重各一营，军乐一队。每协步兵二标，每标三营，每营分前后左右四队，每队三排，每排三棚，每棚兵十四名。粗略统计，每一镇各

① 中国近代史资料丛刊编辑委员会：《中国海关与义和团运动》，中华书局1983年版，第64—65页。

② 1902年，清廷废除漕运，1905年裁撤漕运总督，实物赋税－漕粮征解制至此告终。

类武器装备就要100余万两，常年经费需要200余万两，可见耗费之巨。

练兵经费初始主要依赖提取铜元余利。早在1889年，张之洞在广东开办广东钱局，用英国机器生产铜钱和银币，获利颇丰。1902年，沿江各省纷纷铸造铜元。初始铜元尚能缓解钱荒，获利丰厚，其中部分余利可被用于练兵。但随着各省开足马力铸造，又造成铜元泛滥。铜元充斥于市，引发物价上涨，不得不停铸，使练饷无着。清廷也曾计划在各省烟酒税、丁漕、田房契项下摊派各省练饷，但未成功。由于筹集军饷困难，新军编练工作推进缓慢。湖北原计划三年编练新军两镇，可至1906年，只练成一镇一协。由于财力窘迫，此后未再扩展，直到辛亥革命，湖北新军仍保持一镇一协的编制。山西原计划三年编练一镇，可款项无着，最后只练成军装器具不全的一协。

1901年之后推行的新政，以练饷、巡警、教育花费较大。教育与巡警两项，属地方事务，款项“就地自筹”。如奉天一省，办巡警每岁就要300万两。湖北一省，每年拨提地丁钱充作教育费用，就达60万两。1905年之后，在宪政旗帜下，又有官制改革、地方自治等系列内容，需要更多经费。中央将新政费用摊派到各省，各省则摊派给民众。如宣统三年（1911），湖南的财政预算中，教育加征捐税40余万两，行政经费21万两，警察经费8万余两。新政推行后，实际效果并不佳，赵炳麟云：“从纸片上观之，则百废具举；从事实上核之，则百举具废。”据他估算，大省每年需巡警费300万，小省需200万，司法费每省需百万以上，教育费各省也在百万以上。

面对财政困境，各省筹集款项的手段不外是加征田赋、厘金、土药（中国土制鸦片）税、盐斤税等。蛋糕并没有做大，可清廷的胃口已经不断扩大，原先的蛋糕不能满足，只能到处抢蛋糕。各省官方持续不断地向民间加征赋税，自以为每次所加数额有限，不致影响民生，可持续不断加征，民间已是无法承受。以直隶芦盐为例，1902 年庚子赔款每斤加价 4 文，1905 年新政加价 4 文，1908 年抵补土药税加价 4 文，1909 年筹建津浦铁路加价 4 文，持续不断加价之后，食盐每斤价格已达 44 文。

再以浙江为例。1906 年，因为摊派庚子赔款及各项新军军饷，浙江每年额外需要多征 150 余万两，通过加抽漕粮、牙税、酒烟糖茶及钱商典当房、膏盐课等各项捐税，仅得 130 余万两，尚有部分缺口。浙江官方商议后，决定自本年正月起，将浙产食盐按斤加收制钱 2 文，因民间每人一月食盐不到一斤，官府自以为如此加价，不会影响民生。可此前盐斤已经不断加价，此次再加 2 文，至每斤 36 文。不断推高的盐价，又带来了私盐的泛滥，导致盐税更难以征集，且私盐引发的地方冲突使时局更为混乱。

总体而言，晚清时中央财政收入虽不断增长，却抵不过无数开支，导致赤字连连。1903 年，清廷财政支出增至 1.35 亿两。1908 年，财政支出达 2.37 亿两。1909 年，财政支出为 2.6 亿两。1911 年，清政府财政预算收入为 2.9 亿两，支出为 3.3 亿两，赤字 4000 余万两。

清廷曾经做过努力，试图加强中央的财政权力。1904 年 8 月，铁良奉旨南下，筹集练兵经费，集中中央财权。此次南巡，铁良收获颇丰，他发现各省土膏捐中的巨大利益空间，于是建议朝廷将土膏统捐。所谓土膏统捐，是指将土药、烟膏合并征收捐税。1906年，清廷推动湖南、湖北、广东、广西、江苏、江西、安徽、福建八省合办土膏统捐改革。此前各省土药税率差别较大，税率混乱，各省为了招揽生意，折扣盛行。土膏统捐之后，各省土药税收由中央办理，各省可分配到一定数额的款项。如果土膏统捐顺利推行，中央财政确实能得到一笔稳定的收入，且以土膏统捐为突破，顺势还可加强中央财权，实现对其他各类捐税的控制。

1905年，本任贵州巡抚的柯逢时被清朝赏侍郎衔，奉命督办各省土膏统捐，设总局于湖北，并在各省设分局。柯逢时知道此项工作将面临的困难，一度上疏辞职，奈何清廷不许。上任之后，柯逢时遇到各省强大阻力，工作无法推进和开展，清廷集中财权的目标未能实现。柯逢时不得不做出妥协，对地方让步。清廷并未体谅他的难处，进而指责他失职。1907年，柯逢时入京，奏请将统捐总局裁撤归并。此年因各省禁烟，土膏统捐武昌总局裁撤，中央收地方财权之谋划最终成空。

一般而言，集中统一的财政是近代国家转型成功的重要保障。庚子之后，晚清在财政上呈现出中央弱、地方强的态势，且清廷中枢即使有充足财力，也无推动国家转型的意愿。1906年，中央度支部命令各省将“外销”款项奏明，遭到各省抵制。[①] 直隶总督袁世凯大力反对，认为如果将内外销款项和盘托出，各省将束手无策，影响新政推进。1908 年，清廷出台了《清理财政章程》，要求各省清查各项出入款及一切规费，并编造详细报告册，试图借此清理财政积弊，加强中央财权。

清廷中央与地方围绕财政权的多次博弈，未能形成有效的正式财政制度，也没有法律明确中央与地方各自的财政权利与义务，博弈带来的结果是财政体系更加紊乱。晚清时赵炳麟指出：“我中国财政散漫无纪，外人至因财政不统一，讥我非完全整齐之帝国。”[②]

清廷中央本希望通过强行摊派，把债务压力和还款责任分解到地方。这种摊还外债的方式虽然缓解了中央政府自身的压力，但也把自由筹款的权力给了地方。地方财政的膨胀和地区性分割局面的形成，使清廷中央在更大程度上失去了对地方财政的控制力。地方只要完成缴纳中央的任务，余下部分就可以截留，于是就有了更多的动力进行征敛，乃至为了增加收入，默许各类走私、非法贸易横行。地方上有了增加财政收入的驱动力，即使是在官僚制度不发达的情况下，也能全面渗入社会，有效汲取各类税收资源。

各级政府过度征敛，带来的恶果就是民变频发。清末民变遍

① 清代户部恪守部例，鲜有变通，外省核销支用时难以做到榫卯必合，常于收入中划出相当部分，自为核销，向不报部，此为外销。

② ［清］赵炳麟：《赵柏岩集》上册，广西人民出版社 2001 年版，第 427 页。

布全国，其中以江苏、浙江发生次数最多，各地民众冲击官府机构，特别是与新政相关的机构。如1910年春，山东莱阳发生大规模抗捐税民变，数万民众围攻莱阳县城。因为这一时期灾荒频发，民变中除了新政机构被冲击，也发生了大量的抢米运动。据统计，辛亥革命前十年的民变，遍及除台湾外的全国各省区，计1300余起，平均每两天半一次，而实际发生民变的次数可能更多。①

至清末，虽然田赋在清廷的财政收入中所占比重不断减少，但仍是财政收入的主要部分。据1911年的调查，中国竟有三分之二以上的农民是缺地少地的租户和半租户，而租种地主的土地之后，农民需要将半数以上的收成交给地主。拥有大量田产的地方士绅，承担了各类田赋的征收工作，在办理加征时，他们自然会考虑自身利益，将捐税转嫁给弱势群体。

清廷的各类捐税又多是人头税，并未考虑到贫富阶层间的差异性，底层民众受到的伤害往往最大。农民除了需缴纳沉重的地租外，还需负担田赋、徭役、兵差及各类苛捐杂税。从1902年起，中国各省每年需支付的庚子赔款就达1800万两，而这些只能从民间以“按粮捐输”“盐价加价”“增抽厘捐”等方式来征收。有人哀叹道：“近年以来，民力已极凋敝，加以各省摊派赔款，益复不支，剜肉补疮，生计日蹙，几同竭泽而渔。”

各地官方强加的捐税涉及每个人的日常生活，如肉捐、鱼

① 张振鹤、丁原英：《清末民变年表》，《近代史资料》1982年第3、第4期。

捐、米捐、果捐、家畜捐、马捐、轿捐、布捐、剃发捐、牛捐、鸡捐、麦捐、门牌捐等，千奇百怪。之所以多称捐而少称税，是因“新政待举而又避加税之名，势不得不另立名目”。后世胡善恒发出高呼：“赋税中最忌讳的是对小额所得课税。”① 观诸清末的各类加征，无一不是涉及民生的小额所得，最为弱势的农民是被伤害最深的群体。

由此也可理解，清廷财政收入之所以能从1900年的1亿两规模，迅速膨胀至1911年的3亿余两，其中缘由，部分是中央把地方财政中的大量外销款重新纳入分配指拨体系，部分则是清廷从中枢到地方对民间搜刮能力的大幅提升。

过高的捐税限制了农业的发展，由此导致清末时，农产品的产量直线下降。底层民众艰难求生，如果遇上各类天灾，则面临着生死存亡的危机，而处于衰竭状态的晚清政府已无力进行有效的荒政救济，于是民变四起，也就不足为怪了。

沉重的捐税导致占据人口绝大多数的农民可支配收入降低，消费欲望减弱，这又冲击了商业，最终带来百业萧条，形成无法挽救的恶性循环。经济越差，赋税越多，民间反抗越烈，各个阶层离心力越强，政府统治危机越深。

作为地方精英的士绅也深受其害，他们常被官府“劝捐”，不得不掏出大笔钱财。实业家张謇面对各处林立的厘卡，发出抱怨：“过捐卡而不思叛其上者非人情。”当逼迫过甚时，便会奋起

① 胡善恒：《赋税论》上册，商务印书馆1948年版，第88页。

反抗，如苏州商会就曾发起反抗统捐的斗争。

在庚子之变后，清廷推行系列改革，这些改革在中国历史上是前所未有的。本来改革是为了加强当局的执政能力，巩固其权力的合法性，但清末新政中的系列改革，主要集中在官制、新军、教育、司法等领域，在核心问题即政治权力分配（立宪）上，清廷与绅商存在巨大的分歧，未能达成一致。

当然，清廷所推行的改革，目的是增强中央权力，但中央加强集权的举措却损害了地方实力派的利益，新政未曾带来新的税源，反而增加了政府的开支。地方官员与绅商（立宪派）及民间都被各类乱局所困，当清廷对地方的掠夺超过他们可以忍耐的程度，官员、士绅和民众便都与清廷离心离德。

对外战争导致的赔款、新政费用及各地民变，使清廷财政资源日益匮乏，而清廷掠夺内部资源以维持统治的方式引发了社会的全面溃败。值得注意的是，在国家政权与社会力量之间，缺乏有效的沟通渠道。作为新兴势力的地方绅商阶层，一度以立宪党人的姿态迫切想与政权进行沟通，但清廷粗暴地关上了沟通大门。至于无数的底层民众，自始至终都无机会与政权进行沟通。

当沟通渠道被堵塞后，清廷便与整个社会处于紧张冲突之中。清末各地频起的民变，似一盘散沙，始终无法动摇清廷的统治；但在清廷内部，分布于各地的立宪派却具有强大的社会经济影响力，加之此时新军又具备了军事动员力，当立宪派、新军对清廷的离心力不断加强后，只需要一个契机，就能改变全局。

中央权威的丧失与财政的恶化，导致中央对地方缺乏足够的威慑力，也缺乏财力安抚地方上的分离主义倾向。清王朝终于由财政危机开始，进而转为全面的社会危机，在其他突发因素的叠加之下，最终陷入了革命危机，引爆辛亥革命，导致王朝的覆灭。

立宪之难：新式绅商与国会请愿运动

1906年，清廷谕令“预备立宪”，张謇、郑孝胥等立宪派闻讯后奔走相庆。同年12月，张謇、郑孝胥、汤寿潜等人在上海成立了立宪政团“预备立宪公会”，李平书、李云书、周金箴、许九香、周舜卿、王一亭等是会董，孙荫庭、李薇庄、徐润、夏粹芳、邵琴涛、虞洽卿、荣宗敬、荣德生、郁屏翰、朱葆三等是会员。这些绅商掌握着东南的新式企业，乃是中国最有活力的商业力量。

1907年，清廷宣布，筹备在中央设立资政院，各省设立谘议局。宣统元年（1909）七月，经过三次修改，资政院院章陆续公布。资政院的主要职掌：“一、国家岁出入预算事件；二、国家岁出入决算事件；三、税法及公债事件；四、新定法典及嗣后修改事件，但宪法不在此限；五、其余奉特旨交议事件。”

资政院不是正式的国会，无立法权，仅为咨询机关。虽然资政院的权限不能与国会相比，并受到钦定议员、皇帝等限制，但已是巨大进步，并具有了一定的权力，如资政院可以对国家财政、立法等事务进行讨论。

但以绅商为主力的立宪派，其主要目标为开国会、颁宪法与设责任内阁，其中又以开国会为最要。自光绪三十三年（1907）

起，杨度就开始在报纸上呼吁发起请愿运动，速开国会，并得到响应，“国会之声，日日响彻于耳膜”。到了此年春夏之际，各省代表陆续进京请愿，并递交请愿书，各省在请愿书上签名者一般有四五千人，多者在万人以上。

国会与资政院有很多差别。国会议员来自民选，资政院一半议员则为朝廷指派，另一半则由各省谘议局议员互选。国会议长由议员推举，资政院总裁则来自任命，且只对君主负责，不对议员负责。国会可以监督行政、财政，拥有立法权，这三项权力资政院具备得不是很充分。

光绪三十四年（1908）五月初八，军机大臣在颐和园外务部公所召开特别会议，列出疑难问题数十条询问杨度。杨度当场回答了军机大臣们的问题，并就国民文明程度作了清晰说明。

为了应对舆论，安抚立宪派，八月二十七日，清廷宣布以九年为期，召集国会，并颁布了《钦定宪法大纲》及九年筹备事宜清单。依据筹备事宜清单，1909年将在各省设立谘议局，于是立宪代表们纷纷投入开设谘议局的活动之中。谘议局创设后，地方士绅获得了更大的政治舞台。但士绅立宪派们并不满足于此，速开国会成为“第一要义”。

经江苏谘议局议长张謇联络，宣统元年十一月初五，16省代表共55人汇集上海，由沪乘轮船抵汉口，再改乘火车赴京，督促清廷速开国会，发起第一次国会请愿运动。此次请愿运动出发时各界往送者有千人，声势浩大，期望无限。

代表团到京后，向都察院递交了请愿书，要求一年内开国会。宣统元年十二月十一日（1910年1月21日），军机大臣接见请愿代表，奕劻、那桐表示赞成。鹿传霖则认为既然开了谘议局，就没必要再开国会。代表不得不详细解释两者的区别，年迈的鹿传霖还是不能领会。戴鸿慈询问代表："各种预备尚未完全，能否速开国会？"听了代表们的解释后，戴鸿慈表示："深以为然。"

十二月十三日，与军机大臣世续会谈时，代表们的陈述让他为之动容。十二月二十日，清廷颁布上谕，对立宪派请开国会，清廷"深为嘉悦"，但同时表示："惟我国幅员辽阔，筹备既未完全，国民智识程度又未划一。如一时遽开议院，恐反致纷扰不安，适足为宪政前程之累。"

立宪派对清廷的回复大为不满，针对"国民智识程度"未及的怀疑，立宪派回击道："及与不及，必试之而后见，不试之而强抑之，毋乃冤吾民乎？且所谓不及者，必有一标准，今日不及之标准安在？"

第一次国会请愿运动失败后，立宪派又继续发起第二次国会请愿运动。此次运动以江苏、直隶、广东三省为主力，分别派人前往各省游说，广东甚至派专人前往海外游说华侨。谘议局也利用自身的权限，逼迫清廷早开国会，威胁"国会不开，即停纳一切租税"，"国民既未有监督财政之权利，自应不任增重负担之义务"。

绅商们清醒地认识到，"今日世界，无不以工商业为立国之根本者。夫商人既一跃而居国中最重要之地位”①，要捍卫商业利益，就要争取政治权益。国会请愿运动中，绅商们表现积极。有识之士期待各省商会共举代表，大举请愿。上海总商会欢送国会请愿代表沈缦云时，发出呐喊：“今时吾国之需国会，如日月之经天，江河之就地，人生之于布帛菽粟，万无可缺之物也。”②

入京之后，沈缦云以同乡之名义，拜谒军机大臣吴郁生，二人均为江苏吴县人。沈缦云痛陈现时商界困难之情形，谓商力疲则国势弱，征税轻重不平，则商情避重就轻而涣散，挂洋旗入洋籍日见其多，则国未灭而种先亡。军机大臣吴郁生大为感动，问曰：“国民之程度如何？”沈缦云答：“国民程度未到，是反对宪政之口头禅，实则立宪国之国民，亦未必尽有国民之程度者。”③

立宪派在京创办报纸，宣传创设国会的必要性，并发起请愿签名运动。此次请愿声势浩大，各省入京递交的请愿书均有数万人签名，就连八旗士民也发起请愿团，请开国会。南美、澳洲、南洋等海外华侨也派代表到京，于五月初十（6月16日）递交请愿书。此次请愿书中，不再似以往那么客气，公开指责清廷对立宪缺乏诚意，敷衍之意较多，而阻挠国会召开的王公大臣则是“自全躯命保禄位”之徒。

载沣与军机大臣准备对请愿代表“严旨震吓”，但又怕节外生枝。五月二十一日（6月27日），载沣召开御前会议。会上王

---

①《国会请愿代表团敬告各省商会书》，《申报》1910年4月27日。

②《沪上各团体欢送国会代表之特色》，《申报》1910年5月23日。

③《国会代表与大僚问答纪》，《申报》1910年6月15日。

公大臣表示宪政尚在预备，国会不能骤开，“摄政王深以为然”。随后发布谕旨，训斥立宪派，并告诫“毋得再行渎请”。对于速开国会，载沣曾对军机大臣发表过个人看法。载沣认为现在朝廷的立宪是真立宪，为何这么说？因为载沣所推行的新政措施中，“如清理财政，即为将来预算决算根本，而预算决算又为将来上下议院实权。百姓尽纳税之义务也，须使知官吏如何用法，方对得起百姓”。现在各省财务问题重重，百姓不敢问，朝廷不能查，这如何立宪？大小臣工与百姓一起努力自强，去掉这些积习，中国才得享长久太平，这个时候，上下一心，君民一体，“彼时不用要请，亦自成为国会也”。进而载沣认为现在各省请速开国会，不过是闹腾虚名而已。

而主张速开国会者则认为，如果不先开国会，则无上下一心，君民一体。载沣的此番言论，还是在拖延开国会，“于吾国，国会二字终在梦幻泡影”。二次国会请愿运动之后，《时报》评说：“朝廷之弃吾民也，弃民者，即无异自弃其宗庙社稷也。”[①] 国会请愿代表沈缦云曾发起成立中国第一家商办储蓄银行。此次请愿失败后，他认为“舍革命无他法”，加入同盟会，此后倾尽家财，资助革命。

宣统二年（1910）十月，立宪派发起第三次国会请愿运动。此次运动声势浩大，各省都有民众大规模集会，向督抚递交请愿书。请愿代表的目标是发动两千五百万人签名，虽然未曾达到，

① 《敬告国民（为请愿无效事）》，《时报》1910年7月1日。

但也是数量可观。东三省有代表到京后，甚至准备剖腹自杀，以明心意。被劝住后，两名代表从身上割肉以示决心。

此次请愿运动也得到了地方督抚的有力支持。自从新政以来，中央开始加强中央集权，清理财政，压制督抚。督抚通过支持开国会，与中央博弈，争取地方利益。十月二十五日（11月26日），17省督抚及地方大员联合致电军机处，要求立即开设责任内阁，明年开设国会。刚刚开张的资政院也卷入了请愿风波之中。在民选议员力挺下，十月二十六日通过了速开国会的奏稿。

十一月三日，在御前会议上，毓朗建议先开内阁，再开国会，载泽赞同毓朗，建议可“明定宣统五年召集国会”，载沣表态同意，遂决定国会定限缩短三年。十一月四日，清廷颁布上谕，将在宣统五年召开国会，同时警告请愿代表，“即日散归，各安职业”，如果再搞请愿运动，将“按法惩办”。

对此结果，江浙两省代表认为达成了目标，决定“欢祝”。其他各省代表对此极为失望，认为“三年遥遥，夜长梦多”。一些省份的激进代表，聚集在国民报馆中议定：“同人各返本省，向谘议局报告清廷政治绝望，吾辈公决秘谋革命，并即以各谘议局中之同志为革命之干部人员，若日后遇有可以发难之问题，则各省同志应即竭力应援起义独立云云。”

十二月发起了第四次国会请愿运动，以东三省为主力。奉天省派出请愿代表赴京，再次请愿。行至天津时，天津学界积极响应，成立各种请愿会，联合绅商团体，要求直隶总督陈夔龙代奏朝廷，请再缩短期限，提前召开国会。

此时首席军机大臣奕劻一直被报纸攻击阻挠开设国会，对请愿运动深恶痛绝。清廷指示陈夔龙加以弹压，不准再行联名要求渎奏。陈夔龙遂派兵驱散天津请愿学生，又包围了保定师范学堂，禁止人员出入，并严查往来书信，已到北京的东三省代表则被步军统领衙门押回原籍。

四次国会请愿运动前后，清廷的表现并不是后世认为的冥顽不灵，“大率说来，朝廷对一些改革的意见，尚未深闭固拒”[①]。清廷的各类立宪活动，也是响应立宪派的呼声而推行，1908 年 8 月，军机大臣世续还因为反对立宪被免职。国会请愿运动中，清廷做出了让步的姿态。梁启超后来认为，立宪派在当时着实急切了些：“我们须知，天下事是急不来的，总要把求速效的心事去掉，然后效乃有可言。”[②]

清末十年，“朝廷正以前所未有的速度和广度推行全面改革，并无太多特别明显的暴戾苛政和‘失道’作为，却爆发了革命”。[③]之所以如此，是因为清廷与立宪派存在根本性的分歧。立宪派想要的是英国式的君主立宪，君主虚位，国会掌握实权。清廷想要的是日本式的君主立宪，既要保证清室的尊崇地位，又要总揽统治权，还要万世一系。

通过立宪，朝廷试图消弭革命、革除危机，获得缓冲时间，

---

① 张玉法：《清季的立宪团体》，北京大学出版社 2011 年版，第 356 页。

② 梁启超：《欧游心影录》，商务印书馆 2014 年版，第 34 页。

③ 罗志田：《革命的形成：清季十年的转折（上）》，《近代史研究》2012 年第 3 期，第 4 页。

达成日式君主立宪；绅商则希望直接介入权力，参与政治，实现英式君主立宪。双方的矛盾并非不可调和，但需要彼此妥协、达成契约。可在中国的传统政治文化中，从来缺乏的就是妥协精神、契约精神，最终矛盾无法调和，只能诉诸革命。

四次国会请愿运动之中，立宪派发行的普及立宪知识的“公民必读”书籍有十余种，有的发行量在十万册以上，同时各类报纸广泛刊载有关国会、选举、自治等方面的文章，各省开办的法政讲习所也培养了一批宪政人才。

清廷对于立宪派的宣传攻势感到头痛，据当时报载：“某满军机近因会议新政时，与诸公意见龃龉，深以援力薄弱为虑，忽异想天开，拟出巨资在南省某一通商城市，开设报馆，借以抵制异己，并得扩张权势。”为了限制报纸的活力，《报律》《集会结社律》先后被炮制出来。立宪派对此大为不满，认为言论、出版、集会是立宪国家的人民必有的三大自由，“今中国之立宪，乃先收此三自由于民”。

虽有阻力，但以内阁取代军机处已是大势所趋。面对请愿运动的压力，清廷将原定为九年的期限提前三年，即预定于1913年召开国会，并先设责任内阁。宣统三年（1911）四月初十日，责任内阁成立，军机处取消。责任内阁成员为“皇族内阁”，被视为缺乏立宪诚意，令绅商立宪派大失所望，他们纷纷转而同情革命。于是晚清的两大运动，革命运动、立宪运动开始合作，携手走向共和。

致命一击：东南绅商与北洋军头的结盟

今人回看中国历史，迫切想获得解答的一个问题是，为什么中国的商人阶级不能冲破对官场的依赖，成为一股独立的创业力量呢？① 其实在晚清，新的中国商人阶级已冲破对权力的依赖，成为一股独立的力量。

清末在国内推行新政和改革，天然的支持者是立宪派。在海外的康有为及其弟子虽然也主张立宪，但他们和国内的立宪派有着明显区别。首先，康、梁被清廷视为叛党，被悬赏通缉，活动范围主要在海外。而立宪派则活跃在国内，与清廷有着千丝万缕的联系。其次，康、梁等人的主要政治目标是拥戴光绪帝执掌权力，并以此为基础开展活动。国内立宪派活动的重心则在于立宪，即扩大地方立宪派的参政权，限制皇权。再次，立宪派以国内的新式绅商为骨干，很多人直接参与了新式企业的创办，康、梁保皇派则多为文人墨客。前者对社会民生有较多的体验，行动更具理性，也更具现实性。后者则是文人思维，所提出的行动方案，常有纸上谈兵之嫌。

① [美] 费正清：《美国与中国》，张理京译，世界知识出版社 1999 年版，第 46 页。

张朋园先生对清末15省的1643名立宪派进行过统计，其分析的结果是：立宪派90%具有功名背景。他们曾在中央或地方担任过各种职务，最高为监察御史，最低为州县教谕。随着时代的转变，他们中的许多人或入新式学堂就读，或负笈海外，其中留学日本者多达105人，占6.4%。立宪派大多家境富有，平均年龄为43岁。[①]这些背景形成了他们既保守又进取的性格。他们家境富有，又有功名，进可为官，退可为绅；凭前者可参与政治，凭后者可以为地方领袖。只要清朝不亡，有功名的他们可以保持既得利益，而家境富裕也使他们惧怕社会动荡，所以他们支持清廷，希望保持现状。他们受过新式教育，对国家与社会现实有着切身了解。他们很多人参与了新式企业的创建，对工商业的力量有着亲身体验。他们意识到政治不变革则中国不能强，所以他们主张立宪，希望清廷渐进改革。

立宪派以张謇、汤化龙、汤寿潜、谭延闿、蒲殿俊等为代表人物。他们主张建立君主立宪制度，反对暴力革命，主张在维持清廷统治的基础上，以和平请愿方式，促使清廷主动变革，达成开国会的目标，最终走上君主立宪道路。

立宪派领袖张謇在光绪二年（1876）曾入淮军吴长庆幕，担任文书。光绪六年冬，吴长庆至山东办理海防，调换帖兄弟袁保庆之子袁世凯入幕，帮办军务。张謇为吴长庆次子业师，袁世凯

① 张朋园：《立宪派的阶级背景》，《“中央研究院”近代史研究所集刊》1993年第22期，第221—222页。

此时也拜在张謇门下学习八股文。张謇私下抱怨，袁世凯不通文墨，文字芜秽，不能成篇，无从删改。不过袁世凯在办理军事上颇有能力，井井有条，很是干练，得到张謇欣赏。

光绪八年（1882），吴长庆领兵入朝鲜，张謇负责机密笔墨事宜。张謇向吴长庆推荐袁世凯“执行前敌营务处事”。袁世凯在军事上展现了才华，三年之间，“由食客而委员，由委员而营务处，由营务处而管带副营”。在朝鲜期间，袁世凯对军事相当留心，细心钻研操典、战术之类的军事书籍，并时常跟随部队到野外演习。据袁世凯自述，学习军事“比起做文章来，到底容易多了”。

不过二人在朝鲜相处得并不愉快。袁世凯野心勃勃，贪功求名。随着地位的提升，对老师张謇不再那么尊重，称谓也开始改变。张謇嘲讽道：“謇今昔犹是一人耳，而老师、先生、某翁、某兄之称，愈变愈奇，不解其故。”面对袁世凯，张謇甚至有自危之感：“慰廷（袁世凯）刚而无学，专而嗜名，不一年必有忿争倾构之事，吾甚危之。”

朝鲜平定后，吴长庆分兵，自统三营留守后方奉天金州，另将三营交给袁世凯统领。不到两个月，袁世凯暗中运作，搭上李鸿章这条线。袁世凯得了李鸿章撑腰，目中无人，更让吴长庆难堪。张謇大怒，写了封长信，指责袁世凯忘恩负义，事事任性，妄自尊大，二人断绝往来 20 年。

随着时间的推移，师徒二人，一个高中状元，创办实业，为东南绅商领袖；一个坐镇北洋，权倾朝野，手握重兵。1904 年，张謇力主实行君主立宪制，张之洞、汤寿潜等均劝告他要与袁世凯处好关系。此年 4 月，张謇在沪与袁世凯谋士会面，了解袁世凯的政治态度，之后给袁世凯写了一封信，希望他推动君主立宪。张謇知道袁世凯深为名利所惑。1905 年，他委托吴长庆之子北上，说服袁世凯带头奏请立宪。在给袁世凯的信中，他劝告道："安上全下，不朽盛业，公独无意乎？"袁世凯回复："尚须缓以俟时。"

庚子变乱后，在内外压力之下，清廷不得不表态，将推行改革。清廷的表态，并不是统治集团自身执政理念发生了变化，只是大势所迫，唯有如此方能维系其统治。至于改革如何推行，会造成怎样的后果，清廷不能预测。改革涉及哪些实际内容，清廷也很模糊。新政主要集中在兴办教育、裁汰冗官、筹饷练兵等，这是对旧体制的修补，而不是全面的改造。

拖到 1905 年，日俄战争中，日本击败俄国，这予中国以巨大刺激。"日俄之胜负，立宪专制之胜负也"，清廷开始认真对待改革问题。随后清廷派出五大臣出国考察立宪。五大臣先后考察了日本、美国、英国、法国、德国、俄国等国。回国后，他们认为推行立宪有"巩固皇位、减轻外患、消弭内乱"的好处，建议"宣布立宪"。

袁世凯不再观望，声称"官可不做，宪法不能不立"，赞同立宪派。共同的政治立场，修复了张謇与袁世凯的关系。1906 年 9 月 1 日，清廷发布了《预备仿行宪政》的谕旨。谕旨承认因当下中国的危局，须及时"仿行宪政"。但同时清廷认为"目前规制未备，民智未开”，不能立刻推行，而要经过一系列准备，如改革官制、厘定法律、兴办教育、整顿武备之后，才可施行宪政。改革的核心则是“大权统于朝廷，庶政公诸舆论”。

随后清政府就中央官制进行了改革，开始学习西方，创设了法部、邮传部、民政部、农工商部等部门。这些部门分别设尚书一人，侍郎二人，名义上规定高级官员不分满汉，但在十三名高级官员中，只有四名汉人。借助官制改革之名，清廷又将实力派大员张之洞、袁世凯调入京师，削掉他们的实权。“西太后的精神不外‘迁延’两字”①，以改革之名，拖延时间，使清廷获得喘息之机。

1907 年，清廷宣布，筹备在中央设立资政院，各省设立谘议局，并派达寿等三人分赴德、英、日三国考察宪政。又改考察政治馆为宪政编查馆，同时着手制定宪法。但这番改革，锣鼓敲得响亮，最后成果寥寥无几。民间的反应是，立宪“如镜之花，如水之月，可望而不可即”②。

光绪三十四年（1908）八月初一，为了应对立宪派的改革呼声，清廷颁布《钦定宪法大纲》，宣布九年之后正式推行宪政。此后不久，光绪帝、慈禧太后相继去世。慈禧太后在世，尚能控制局面，保持权威。慈禧太后死后，年轻气盛的满人亲贵走上前台，在缺乏权威号召力的情况之下，强行集中中枢权力，造成的

① 李剑农：《中国近百年政治史》，武汉大学出版社 2006 年版，第 194 页。

②《论国民之前途及救亡之责任》，《神州日报》1907 年 9 月 1 日。

结果是权威失序。

1909年年初，载沣委任贝勒载涛、毓朗，尚书铁良为专司训练禁卫军大臣，组建一万二千人的禁卫军，由载沣亲任统帅。此后载沣又自任海陆军大元帅，控制全国军政大权。陆军部之下，分设相当于参谋本部的军谘处（后改为军谘府）和筹办海军事务处（后改为海军部），一时大权统于朝廷。此年年初，清廷以“足疾”为由，令权倾一时的袁世凯“回籍养疴”。

宣统年间，立宪派发起了四次国会请愿运动。四次国会请愿运动的核心人物是商界人士，他们以独立姿态，发出自己的政治诉求与呼声，这在中国历史上是空前绝后的。四次请愿运动无果，立宪派被清廷推到了对立面，绝望之下，其中的激进派开始密谋发动革命。

宣统二年（1910）五月，张謇参观劝业会直隶馆，其中多有袁世凯所办的新政成果。张謇在日记中写道：“观直隶别馆，颇觉袁为直督之能任事，此人毕竟与人不同。”1911年5月，皇族内阁出台，舆论一片哗然。张謇、汤寿潜、赵凤昌、沈曾植等联名致书载沣，建议“当重用汉大臣之有学问阅历者”，不言而喻，即袁世凯。摄政王载沣面临压力，不得不认真对待，这为袁世凯复出提供了契机。

暗中的政治运作，在紧锣密鼓进行中。1911年，张謇进京途中，绕道河南彰德（安阳），拜会袁世凯，两人进行密谈。此番会面具有深远意义，张謇乃是立宪派领袖，代表的是东南新崛起的绅商阶层的利益，此行他即代表上海、广东、天津和湖北四省商业公会而来。袁世凯虽然下野，却对北洋新军保持着强大影响力。此次密谈，标志着东南绅商阶层与北洋新军集团结盟，直接影响着日后的中国政局。

6月7日（五月十一日）下午五时许，张謇抵达彰德，袁世凯早已派副官恭候。到洹上二人正式会面，两人已有28年不曾相见。此番会面，张謇判断袁世凯的认知远在衮衮诸公之上。袁世凯发豪言云：“不当问有利无利，人民能安业，即国家之利。”此语顿让张謇心目一开。面谈持续到夜间十二时，谈毕，袁世凯恳留张謇留宿，明日再谈，张以进京陛见为由，执意返回火车，当时已是凌晨三点。此番会晤，二人相谈融洽，在张謇所关注的立宪、治理淮河等问题上，袁世凯均表示支持。张謇对袁世凯也全面改观：“慰廷毕竟不错，不枉老夫此行也。”

进京之后，张謇还拜会了一批政坛要人，并得到摄政王载沣的接见。此时，支持袁世凯复出的呼声越发高涨。6月，内阁及亲贵大臣乘机保袁者不下六七人，如庆亲王奕劻、那桐、徐世昌等朝中大佬也为之助力，均曾在载沣面前上奏，东三省总督锡良、云贵总督李经羲也全力配合呼吁。内阁协理大臣那桐具奏请辞时，盛赞袁世凯“智勇深沉，谋猷宏远”，荐袁以自代。但隆庆太后、载沣、载泽等亲贵对袁世凯持有戒心，载泽曾对隆裕太后云：“切不可令入内阁，致有类引虎自卫。”袁世凯也知道出山将遭遇阻力，故以“洹上渔翁”形象出现在公众面前，表明自己无心政治。

武昌起义后，荫昌率领新军第二、第四镇南下，徘徊于孝感、信阳一带。荫昌在前方，无法驾驭北洋新军，作战不力。奕劻、那桐、徐世昌抓住机会，保举袁世凯复出。载沣对袁世凯不是很放心，载泽大骂："老庆（奕劻）保这个人出来，准把大清断送了的。"

军情越来越紧急，八月二十三日（10 月 14 日），清廷颁发上谕，起用袁世凯："袁世凯现简授湖广总督，所有该省军队暨各路援军，均归该督节制、调遣，荫昌、萨镇冰所带水陆各军并着袁世凯会同调遣，迅赴事机，以期早日戡定，钦此。"有传言说，袁世凯复出曾提出八款条件：（一）全权大臣便宜行事。（二）另刻关防。（三）长江水陆各军统归节制，荫昌须受其调遣。（四）调用旧员二十一人，内有段芝贵、赵秉钧、倪嗣冲、雷震春等。（五）关于财政，不准度支部留难掣肘。另有三款，无从得知。

此前荫昌领军南下，现在袁世凯复出，在鄂清军形成"一军两帅"的局面。10 月 27 日，清廷颁布"统一事权"上谕，授予袁世凯钦差大臣，"所有赴援之海陆各军，并长江水师，暨此次派出各项军队，均归该大臣节制调遣"，另以"部务繁重，势难在外久留"为由，调回荫昌。袁世凯再掌军权，意气风发，利用武昌起义带来的变局，与各派博弈。

九月初九（10 月 30 日），载沣解散皇族内阁，当日颁布罪己诏，将当前的乱象归咎于自己。三天之后，载沣任命袁世凯组织完全内阁。袁世凯被清廷任命为内阁总理的当日，张謇致电袁世凯，劝其赞成共和："大局土崩，事机瞬变，因不充分之立宪，致不得已之罪己，亦不能取信。"组阁后，袁世凯以张謇为农工商大臣。

武昌起义后，革命军与北洋军在武汉激战，从全国范围内而言，革命军在军事上不占优势，予清廷致命一击的是各地立宪派纷纷响应革命，与各地新军一起，推动各省独立。江苏、浙江、四川、云南、贵州、广西、广东、陕西、山西、湖北、湖南、江西、福建、安徽等14省，在地方立宪派与新军联手之下脱离清廷。

立宪党人不再支持清廷。张謇誓言不再去扶持落日，而要扶起朝阳，拥护共和，与江苏巡抚程德全策划江苏独立。立宪派领袖汤化龙表示赞成革命，“无不尽力帮忙”。湖南立宪派与革命党联系，“握手共生死”，支持革命党人起义，并在事后拥戴谭延闿为都督。四川起义之后，以立宪派蒲殿俊为都督。山西、云南、江西等省立宪派也纷纷附和革命。

1912年，袁世凯就任大总统前，邀张謇出任内阁要职。张謇婉言谢绝，告诫袁世凯，共和政体甫定，乱机潜伏，为大局计，“愿公勿尽置左右”于政府，而应“合诸界一炉而治”。张謇的建议很明白，即袁世凯不可以北洋一系独揽大权，而应该容纳南北，包容革命党及各路力量，特别是商业力量，形成共和政府。

雄兵在手，天下我有。此时的袁世凯，怎会听他的？

图书在版编目（CIP）数据

政商现形记 : 清朝的权力、贸易与商帮 / 袁灿兴著. -- 长沙 : 岳麓书社 , 2025. 5. -- ISBN 978-7-5538-2161-0

Ⅰ. F129.49

中国国家版本馆 CIP 数据核字第 2024Y9A130 号

ZHENGSHANG XIANXING JI:

QINGCHAO DE QUANLI, MAOYI YU SHANGBANG

政商现形记： 清朝的权力、贸易与商帮

作　　者 ｜ 袁灿兴

出 版 人 ｜ 崔　灿

策划编辑 ｜ 刘书乔

责任编辑 ｜ 冯文丹　陈　秦

责任校对 ｜ 舒　舍

书籍设计 ｜ 吾然设计工作室

营销编辑 ｜ 谢一帆　唐　睿　向媛媛

岳麓书社出版发行

地址 ｜ 长沙市岳麓区爱民路 47 号

承印 ｜ 长沙鸿发印务实业有限公司

开本 ｜ 640mm × 960mm 1/16　印张 ｜ 24. 5　字数 ｜ 267 千字

版次 ｜ 2025 年 5 月第 1 版　印次 ｜ 2025 年 5 月第 1 次印刷

书号 ｜ ISBN 978-7-5538-2161-0

定价 ｜ 78. 00 元

如有印装质量问题，请与本社印务部联系

电话 ｜ 0731-88884129